Der komische Kafka

# Der komische Kafka

## Eine Anthologie

Herausgegeben von Günter Stolzenberger

**marix**verlag

Bibliografische Information der Deutschen Nationalbibliothek
Die Deutsche Nationalbibliothek verzeichnet diese Publikation in der Deutschen
Nationalbibliografie; detaillierte bibliografische Daten sind im Internet über
http://dnb.d-nb.de abrufbar.

Es ist nicht gestattet, Texte dieses Buches zu scannen, in PCs oder auf CDs zu
speichern oder mit Computern zu verändern oder einzeln oder zusammen mit
anderen Bildvorlagen zu manipulieren, es sei denn mit schriftlicher Genehmigung
des Verlages.

Alle Rechte vorbehalten

© by marixverlag in der Verlagshaus Römerweg GmbH, Wiesbaden 2015
Covergestaltung: Kerstin Göhlich, Wiesbaden
Bildnachweis: Franz Kafka mit seiner Schwester Ottla vor dem
Oppelt-Haus in Prag, um 1914. ©akg-images/Archive Photos
Satz und Bearbeitung: SATZstudio Josef Pieper, Bedburg-Hau
Der Titel wurde in der Minion Pro gesetzt.
Gesamtherstellung: CPI books GmbH, Leck – Germany

ISBN: 978-3-7374-0982-7

www.verlagshaus-roemerweg.de

# INHALT

Kafkas Lieblingswitz
*von Günter Stolzenberger* . . . . . . . . . . . . . . . . . . . . . . 7

WUNSCH, INDIANER ZU WERDEN . . . . . . . . . . . . . . . . . 9

KAFKA IM WUNDERLAND . . . . . . . . . . . . . . . . . . . . . . . 29

DAS ACHTE WELTWUNDER . . . . . . . . . . . . . . . . . . . . . 73

LAUTER NIEMAND . . . . . . . . . . . . . . . . . . . . . . . . . . . . 123

DER GOTT DER ZUSAMMENGEBISSENEN ZÄHNE . . . . . 177

DIE MAUS, DIE SICH NICHT TRAUT . . . . . . . . . . . . . . . 219

IM HAUPTQUARTIER DES LÄRMS . . . . . . . . . . . . . . . . . 259

KLEINE BOSHEITEN . . . . . . . . . . . . . . . . . . . . . . . . . . . 301


ZU DIESER AUSGABE . . . . . . . . . . . . . . . . . . . . . . . . . . 311
ABKÜRZUNGEN . . . . . . . . . . . . . . . . . . . . . . . . . . . . . . 313
AUSFÜHRLICHES INHALTSVERZEICHNIS . . . . . . . . . . . 314

## Kafkas Lieblingswitz

Auf Fotografien ist er fast immer als ernster Mensch zu sehen; nur selten findet sich ein Lächeln auf seinem Gesicht. Das passt zu den schwierigen und düsteren Werken, die er geschrieben hat – *Die Verwandlung, Der Prozeß* – Generationen von Schülern wurden damit malträtiert. Es fällt nicht leicht, sich vorzustellen, dass dieser Franz Kafka sich über Witze amüsieren konnte. Konnte er aber.

Sein Lieblingswitz ist uns von seinem Biographen Klaus Wagenbach überliefert: Nach einem Opernbesuch kommt eine feine Dame an einem Bettler vorbei. »Liebe Frau«, sagt er und hält ihr unterwürfig seine Mütze hin, »ich habe seit drei Tagen nichts gegessen.« Die feine Dame bleibt stehen und betrachtet ihn voll Mitgefühl. »Junger Mann,« sagt sie. »Sie müssen sich zwingen.«

Die Fallhöhe der Pointe verdoppelt sich, wenn man weiß, dass Kafka unter Appetitlosigkeit litt und von allen Seiten gute Ratschläge bekam; Ratschläge, die er nicht wollte, schon gar nicht, wenn sie mit einem Zwang verbunden waren. Er hatte Zwänge genug: familiär, beruflich, erotisch – ein Mann unter Druck, aber zum Glück mit einer Gabe versehen, die in seiner Situation überlebenswichtig war: Kafka hatte Humor.

Er liebte es zu lachen. In seinen Briefen zeigt sich ein ganz anderer Mensch als der, dessen Bild sich bei uns eingeprägt hat. Unterhaltsam und pointiert, manchmal geradezu witzig schreibt er von seinem Leben, macht sich gern lustig und ist dabei selbst sein bevorzugtes Opfer. Aber bei Weitem nicht sein Einziges: Menschen, Tiere, Gegenstände, Begriffe und Strukturen, Hierarchien, Autoritäten – er hatte ein ausgeprägtes Talent, das Komische in den ungewöhnlichsten Dingen zu sehen. Und was er daraus machte, ist nicht einfach nur komisch; es ist komisch komisch.

## DER KOMISCHE KAFKA

Es ist zuerst überraschend. Ständig passiert etwas Unerwartetes, etwas, auf das man nie gekommen wäre. Kafkas Geschichten entwickeln sich in einer Art wildem Denken: sprunghaft und assoziativ, unlogisch, oder mit einer ganz anderen Logik gedacht und dadurch phantastisch und schräg. Es kann passieren, dass Raum, Zeit und Kausalität keine Rolle mehr spielen. Nicht zufällig fühlt man sich immer wieder an Alice im Wunderland erinnert, an das Traumhafte und Phantastische ihrer Abenteuer. Es gibt hier offensichtliche Parallelen. Man findet Charaktere, die mit Humpty Dumpty verwandt sein könnten; selbst motivisch gibt es Übereinstimmungen. Und ganz ähnlich wie Carroll macht uns Kafka mit kuriosen Dingen neugierig, bringt uns dann an die Grenzen unserer Denkgewohnheiten, und zeigt uns, dass es ein großes Vergnügen sein kann, sie zu übertreten.

Um das zu erreichen, benutzt er nicht selten herkömmliche Techniken, handhabt sie aber auf recht unkonventionelle Weise. Er parodiert und ist ironisch, macht Menschen zu Dingen und Dinge zu Menschen, lässt Tiere philosophieren und findet immer neue Analogien und Parabeln. Wenn der Schalk ihn reitet, ist er sich selbst für eine Kindsköpfigkeit nicht zu schade, und er kann sie so lange auf die Spitze treiben, bis aus ihr eine filmreife Slapstick-Einlage wird. Sein Repertoire reicht vom spontanen Einfall bis zur ausgefeilten Satire und dazwischen liegen kleine und große Meisterwerke der komischen Literatur, die darauf warten, endlich als solche entdeckt zu werden: ein Schwimmweltmeister, der gar nicht schwimmen kann, ein Geist, dem während einer spiritistischen Sitzung schlecht wird, ein Schreibtisch, der blaue Flecken macht, wenn man aufregende Dinge schreibt, ein Hut, unter dem es weiterregnet, wenn man ihn aufsetzt. Man staunt, man wundert sich. Was ist das? Es ist Kafka. Und es ist komisch.

# Wunsch,
## Indianer zu werden

## Wunsch, Indianer zu werden

Wenn man doch ein Indianer wäre, gleich bereit, und auf dem rennenden Pferde, schief in der Luft, immer wieder kurz erzitterte über dem zitternden Boden, bis man die Sporen ließ, denn es gab keine Sporen, bis man die Zügel wegwarf, denn es gab keine Zügel, und kaum das Land vor sich als glatt gemähte Heide sah, schon ohne Pferdehals und Pferdekopf.

EL 30

## Ich fragte einen Wanderer

Ich fragte einen Wanderer den ich auf der Landstraße traf ob hinter den sieben Meeren, die sieben Wüsten wären und hinter ihnen die sieben Berge, auf dem siebenten Berge das Schloß und o

DE 141

## Heraus aus dem Winkel!

In Voraussicht des Kommenden hatte ich mich in eine Zimmerecke geduckt und das Kanapee quervorgeschoben. Kam jetzt jemand herein, mußte er mich eigentlich für närrisch halten, aber der welcher kam tat es doch nicht. Aus seinem hohen Schaftstiefel zog er eine Hundepeitsche, schwang sie im Kreis um sich, hob und senkte sich auf den breit auseinander stehenden Beinen und rief: »Heraus aus dem Winkel! Heraus aus dem warmen Winkel! Wie lange noch?«

ZFG 156

## DER KOMISCHE KAFKA

### Ein Reiter ritt

Ein Reiter ritt auf einem Waldweg, vor ihm lief ein Hund. Hinter ihm kamen paar Gänse, ein kleines Mädchen trieb sie mit einer Gerte vor sich her. Trotzdem alle vom Hund vorn bis zu dem kleinen Mädchen hinten so schnell als möglich vorwärtseilten, war es doch nicht sehr schnell, jeder hielt leicht mit den andern Schritt. Übrigens liefen auch die Waldbäume zu beiden Seiten mit, irgendwie widerwillig, müde, diese alten Bäume. An das Mädchen schloß sich ein junger Athlet, ein Schwimmer, er schwamm mit kräftigen Stößen, den Kopf tief im Wasser, denn Wasser war wellenschlagend rings um ihn und wie er schwamm, so floß das Wasser mit, dann kam ein Tischler, der einen Tisch abzuliefern hatte, er trug ihn auf dem Rücken, die zwei vordern Tischbeine hielt er mit den Händen fest, ihm folgte der Kurier des Czaren, er war unglücklich wegen der vielen Menschen die er hier im Wald getroffen hatte, immerfort streckte er den Hals und sah nach wie vorn die Lage war und warum alles so widerwärtig langsam gieng, aber er mußte sich bescheiden, den Tischler vor sich hätte er wohl überholen können, aber wie wäre er durch das Wasser gekommen, das den Schwimmer umgab. Hinter dem Kurier kam merkwürdigerweise der Czar selbst, ein noch junger Mann mit blondem Spitzbart und zartem aber rundbäckigem Gesicht, das sich des Lebens freute. Hier zeigten sich die Nachteile so großer Reiche, der Czar kannte seinen Kurier, der Curier seinen Czaren nicht, der Czar war auf einem kleinen Erholungsspaziergang und kam nicht weniger schnell vorwärts, als sein Kurier, er hätte also die Post auch selbst besorgen können. Allerdings … … … … … .

ZFG 165

## Die Ersteigung des Knie

Wir liefen auf glattem Boden, manchmal stolperte einer und fiel hin, manchmal wäre einer seitlich fast abgestürzt, dann mußte immer der andere helfen, aber sehr vorsichtig, denn auch er stand ja nicht fest. Endlich kamen wir zu einem Hügel den man das Knie nennt, aber trotzdem er gar nicht hoch ist, konnten wir ihn nicht überklettern, immer wieder glitten wir ab, wir waren verzweifelt, nun mußten wir ihn also umgehn, da wir ihn nicht überklettern konnten, das war vielleicht ebenso unmöglich, aber viel gefährlicher, denn hier bedeutete ein Mißlingen des Versuches gleich Absturz und Ende. Wir beschlossen, um einander nicht zu stören, daß jeder es auf einer andern Seite versuchen sollte. Ich warf mich hin und schob mich langsam an den Rand, ich sah daß hier keine Spur eines Weges, keine Möglichkeit sich irgendwo festzuhalten war, ohne Übergang fiel alles ab in die Tiefe. Ich war überzeugt daß ich nicht hinüberkommen werde, war es nicht drüben auf der andern Seite ein wenig besser, was aber eben eigentlich nur der Versuch zeigen konnte, dann war es offenbar mit uns beiden zuende. Aber wagen mußten wir es, denn hier bleiben konnten wir nicht und hinter uns ragten abweisend und unzugänglich die fünf Spitzen die man Zehen nennt.

ZFG 142

## Eine Stirn

Ich bin gewohnt in allem meinem Kutscher zu vertrauen. Als wir an eine hohe weiße seitwärts und oben sich langsam wölbende Mauer kamen, die Vorwärtsfahrt einstellten, die Mauer entlang fahrend sie betasteten und schließlich der Kutscher sagte: Es ist eine Stirn.

BCM 128

## Ein Leichenwagen

Es trieb sich ein Leichenwagen im Land herum, er hatte eine Leiche aufgeladen, lieferte sie aber auf dem Friedhof nicht ab, der Kutscher war betrunken und glaubte, er führe einen Kutschwagen, aber auch wohin er mit diesem fahren solle hatte er vergessen. So fuhr er durch die Dörfer, hielt vor den Wirtshäusern und hoffte wenn ihm hie und da die Sorge nach dem Reiseziel aus der Trunkenheit aufblitzte, von guten Leuten einmal alles Nötige zu erfahren. So hielt er einmal vor dem »Goldenen Hahn« und ließ sich einen Schweinebraten

ZFG 157

## Zwanzig kleine Totengräber

Zwanzig kleine Totengräber, keiner größer als ein durchschnittlicher Tannenzapfen, bilden eine selbstständige Gruppe. Sie haben eine Holzbaracke im Bergwald, dort ruhen sie von ihrer schweren Arbeit aus. Es ist dort viel Rauch, Geschrei und Gesang, wie es eben ist, wenn zwanzig Arbeiter beisammen sind. Wie fröhlich diese Leute sind! Niemand bezahlt sie, niemand rüstet sie aus, niemand hat ihnen einen Auftrag gegeben. Auf eigene Faust haben sie sich ihre Arbeit erwählt, auf eigene Faust führen sie sie aus. Es gibt noch Mannesgeist in unserer Zeit. Nicht jeden würde ihre Arbeit befriedigen, vielleicht befriedigt sie auch diese Leute nicht ganz, aber sie lassen nicht ab vom einmal gefaßten Entschluß, sie sind ja gewöhnt die schwersten Lasten durch das dichteste Gebüsch zu zerren. Von Morgen bis Mitternacht dauert der Festlärm. Die einen erzählen, die andern singen, es gibt auch welche die stumm die Pfeife rauchen, alle aber helfen der großen Schnapsflasche den Tisch umwandern. Um Mitternacht erhebt sich der Führer und schlägt auf den Tisch, die Männer nehmen ihre Mützen vom Nagel; Seile, Schaufeln und Hacken aus der Ecke, sie ordnen sich zum Zuge, immer zwei und zwei.

ZFG 178

## Beinbruch

Einmal brach ich mir das Bein, es war das schönste Erlebnis meines Lebens

DE 144

## Das Handgelenk eines Anglers

Ich habe – wer kann noch so frei von seinen Fähigkeiten sprechen – das Handgelenk eines alten glücklichen unermüdlichen Anglers. Ich sitze z. B. zuhause, ehe ich angeln gehe, und drehe scharf zusehend die rechte Hand, einmal hin und einmal her. Das genügt, um mir im Anblick und Gefühl das Ergebnis des künftigen Angelns oft bis in Einzelheiten zu offenbaren. Ich sehe das Wasser meines Fischplatzes in der besondern Strömung der besondern Stunde, ein Querschnitt des Flusses zeigt sich mir, eindeutig an Zahl und Art, dringen sie an zehn, zwanzig ja hundert verschiedenen Stellen gegen diese Schnittfläche vor, nun weiß ich wie die Angel zu führen ist, manche durchstoßen ungefährdet mit dem Kopf die Fläche, da lasse ich die Angel vor ihnen schwanken und schon hängen sie, die Kürze dieses Schicksalsaugenblicks entzückt mich selbst am häuslichen Tisch, andere Fische dringen bis an den Bauch vor, nun ist hohe Zeit, manche ereile ich noch, andere aber entwischen der gefährlichen Fläche selbst mit dem Schwanz und sind für diesmal mir verloren, nur für diesmal, einem wahren Angler entgeht kein Fisch.

BCM 62

15

### DER KOMISCHE KAFKA

*Peter und der Wolf*

Peter begegnete im Wald einem Wolf. »Endlich!« sagte der Wolf, »den ganzen Tag suche ich schon etwas zum Fressen.« »Bitte, Wolf«, sagte Peter, »heute verschone mich noch, in einer Woche soll meine Hochzeit sein, laß mich die noch erleben.« »Ungern«, sagte der Wolf. »Und was für einen Vorteil soll ich denn vom Warten haben?« »Nimm uns dann beide, mich und meine Frau«, sagte Peter. »Und was soll bis zur Hochzeit geschehn?« sagte der Wolf. »Ich kann doch bis dahin nicht hungern. Schon jetzt habe ich Übelkeiten vom Hungern und wenn ich nicht sehr bald etwas bekomme, fresse ich Dich jetzt auch gegen meinen Willen auf.« »Bitte«, sagte Peter, »komm mit mir, ich wohne nicht weit, ich werde Dich die Woche über mit Kaninchen füttern.« »Ich muß auch zumindest ein Schaf bekommen.« »Gut, ein Schaf.« »Und fünf Hühner«

BCM 159

*Wo ist der Müller?*

»Wie?« sagte der Reisende plötzlich. War etwas vergessen? Ein Wort? Ein Griff? Eine Handreichung? Sehr möglich. Höchstwahrscheinlich. Ein grober Fehler in der Rechnung, eine grundverkehrte Auffassung, ein kreischender tintenspritzender Strich geht durchs Ganze. Wer stellt es aber richtig? Wo ist der Mann es richtig zu stellen. Wo ist der gute alte landsmännische Müller aus dem Norden, der die zwei grinsenden Kerle drüben zwischen die Mühlsteine stopft?

TB3 153

## Das Pferd des Angreifers

Das Pferd des Angreifers zum eigenen Ritt benützen. Einzige
Möglichkeit. Aber was für Kräfte und Geschicklichkeiten verlangt das? Und wie spät ist es schon!

TB3 224


## Es war um Mitternacht

Es war um Mitternacht. Fünf Männer hielten mich, über sie
hinweg hob ein sechster seine Hand um mich zu fassen. »Los«
rief ich und drehte mich im Kreis, daß alle abfielen. Ich fühlte irgendwelche Gesetze herrschen, hatte bei der letzten Anstrengung gewußt, daß sie Erfolg haben werde, sah wie alle
Männer jetzt mit erhobenen Armen zurückflogen, erkannte,
daß sie im nächsten Augenblick alle gemeinsam gegen mich
stürzen müßten drehte mich zum Haustor um – ich stand
knapp davor – öffnete das förmlich freiwillig und in ungewöhnlicher Eile aufspringende Schloß und entwich die dunkle Treppe hinauf. Oben im letzten Stock stand in der Wohnungstür meine alte Mutter mit einer Kerze in der Hand. »Gib
acht, gib acht« rief ich schon vom vorletzten Stockwerk hinauf »sie verfolgen mich.« »Wer denn? Wer denn?« fragte meine Mutter. »Wer könnte Dich denn verfolgen, mein Junge.«
»Sechs Männer« sagte ich atemlos. »Kennst Du sie« fragte die
Mutter. »Nein, fremde Männer« sagte ich. »Wie sehn sie denn
aus?« »Ich habe sie ja kaum gesehn. Einer hat einen schwarzen Vollbart, einer einen großen Ring am Finger, einer hat einen roten Gürtel, einer hat die Hosen an den Knien zerrissen,
einer hat nur ein Auge offen und der letzte zeigt die Zähne.«
»Jetzt denke nicht mehr daran«, sagte die Mutter, »geh in Dein
Zimmer, lege Dich schlafen, ich habe aufgebettet.« Die Mut-

ter! diese alte Frau! schon unangreifbar vom Lebendigen, mit einem listigen Zug um den bewußtlos 80jährige Narrheiten wiederholenden Mund. »Jetzt schlafen?« rief ich.

TB3 24

## Kampf der Hände

Meine zwei Hände begannen einen Kampf. Das Buch in dem ich gelesen hatte, klappten sie zu und schoben es bei Seite, damit es nicht störe. Mir salutierten sie und ernannten mich zum Schiedsrichter. Und schon hatten sie die Finger ineinander verschränkt und schon jagten sie am Tischrand hin, bald nach rechts bald nach links je nach dem Überdruck der einen oder der andern. Ich ließ keinen Blick von ihnen. Sind es meine Hände, muß ich ein gerechter Richter sein, sonst halse ich mir selbst die Leiden eines falschen Schiedsspruchs auf. Aber mein Amt ist nicht leicht, im Dunkel zwischen den Handtellern werden verschiedene Kniffe angewendet, die ich nicht unbeachtet lassen darf, ich drücke deshalb das Kinn an den Tisch und nun entgeht mir nichts. Mein Leben lang habe ich die Rechte, ohne es gegen die Linke böse zu meinen, bevorzugt. Hätte doch die Linke einmal etwas gesagt, ich hätte, nachgiebig und rechtlich wie ich bin, gleich den Mißbrauch eingestellt. Aber sie muckste nicht, hing an mir hinunter und während etwa die Rechte auf der Gasse meinen Hut schwang, tastete die Linke ängstlich meinen Schenkel ab. Das war eine schlechte Vorbereitung zum Kampf, der jetzt vor sich geht. Wie willst Du auf die Dauer, linkes Handgelenk, gegen diese gewaltige Rechte Dich stemmen? Wie Deine mädchenhaften Finger in der Klemme der fünf andern behaupten? Das scheint mir kein Kampf mehr, sondern natürliches Ende der Linken. Schon ist sie in die äußerste linke Ecke des Tisches gedrängt,

und an ihr regelmäßig auf und nieder schwingend wie ein
Maschinenkolben die Rechte. Bekäme ich angesichts dieser
Not nicht den erlösenden Gedanken, daß es meine eigenen
Hände sind, die hier im Kampf stehn und daß ich sie mit einem leichten Ruck von einander wegziehn kann und damit
Kampf und Not beenden – bekäme ich diesen Gedanken
nicht, die Linke wäre aus dem Gelenk gebrochen vom Tisch
geschleudert und dann vielleicht die Rechte in der Zügellosig-
keit des Siegers wie der fünfköpfige Höllenhund mir selbst ins
aufmerksame Gesicht gefahren. Statt dessen liegen die zwei
jetzt übereinander, die Rechte streichelt den Rücken der Linken, und ich unehrlicher Schiedsrichter nicke dazu.

BCM 105

## Neues Verkehrsmittel

Heute habe ich im Traum ein neues Verkehrsmittel für einen
abschüssigen Park erfunden. Man nimmt einen Ast, der nicht
sehr stark sein muß, stemmt ihn schief gegen den Boden, das
eine Ende behält man in der Hand setzt sich möglichst leicht
darauf, wie im Damensattel, der ganze Zweig rast dann natürlich den Abhang hinab, da man auf dem Ast sitzt wird man
mitgenommen und schaukelt behaglich in voller Fahrt auf
dem elastischen Holz. Es findet sich dann auch eine Möglichkeit, den Zweig zum Aufwärtsfahren zu verwenden. Der
Hauptvorteil liegt abgesehen von der Einfachheit der ganzen
Vorrichtung darin, daß der Zweig dünn und beweglich wie er
ist, er kann ja gesenkt und gehoben werden nach Bedarf überall durchkommt, wo selbst ein Mensch allein schwer durch-
käme

TB2 182 f

## Durch das Parterrefenster

Durch das Parterrefenster eines Hauses an einem um den Hals gelegten Strick hineingezogen und ohne Rücksicht wie von einem der nicht acht gibt, blutend und zerfetzt, durch alle Zimmerdecken, Möbel, Mauern und Dachböden hinaufgerissen werden, bis oben auf dem Dach die leere Schlinge erscheint, die meine Reste erst beim Durchbrechen der Dachziegel verloren hat.

TB2 183

## Die Aeroplane von Brescia

Nun aber kommt der Apparat, mit dem Blériot den Kanal überflogen hat; keiner hat es gesagt, alle wissen es. Eine lange Pause und Blériot ist in der Luft, man sieht seinen geraden Oberkörper über den Flügeln, seine Beine stecken tief als Teil der Maschinerie. Die Sonne hat sich geneigt und unter dem Baldachin der Tribünen durch beleuchtet sie die schwebenden Flügel. Hingegeben sehn alle zu ihm auf, in keinem Herzen ist für einen andern Platz. Er fliegt eine kleine Runde und zeigt sich dann fast senkrecht über uns. Und alles sieht mit gerecktem Hals, wie der Monoplan schwankt, von Blériot gepackt wird und sogar steigt. Was geschieht denn? Hier oben ist 20 M. über der Erde ein Mensch in einem Holzgestell verfangen und wehrt sich gegen eine freiwillig übernommene unsichtbare Gefahr. Wir aber stehn unten ganz zurückgedrängt und wesenlos und sehen diesem Menschen zu.

Alles geht gut vorüber. Der Signalmast zeigt gleichzeitig an, daß der Wind günstiger geworden ist und Curtiss um den großen Preis von Brescia fliegen wird. Also doch? Kaum verständigt man sich darüber, schon rauscht der Motor des Curtiss, kaum sieht man hin, schon fliegt er von uns weg, fliegt über die Ebene, die sich vor ihm vergrößert, zu den Wäldern in der Ferne, die jetzt erst aufzusteigen scheinen. Lange geht sein Flug über jene Wälder, er verschwindet, wir sehen die Wälder an, nicht ihn. Hinter Häusern, Gott weiß wo, kommt er in gleicher Höhe wie früher hervor, jagt gegen uns zu; steigt er, dann sieht man die unteren Flächen des Biplans dunkel sich neigen, sinkt er, dann glänzen die oberen Flächen in der Sonne. Er kommt um den Signalmast herum und wendet, gleichgültig gegen den Lärm der Begrüßung, geradeaus dorthin, von wo er gekommen ist, um nur schnell wieder klein und einsam zu werden. Er führt fünf solche Runden aus, fliegt 50 Km. in 49′ 24″ und gewinnt damit den großen Preis von Brescia, L. 30.000. Es ist eine vollkommene Leistung.

EL 318

*Der Vogel*

Als ich abend nachhause kam, fand ich in der Mitte des Zimmers ein großes ein übergroßes Ei. Es war fast so hoch wie der Tisch und entsprechend ausgebaucht. Leise schwankte es hin und her. Ich war sehr neugierig, nahm das Ei zwischen die Beine und schnitt es vorsichtig mit dem Taschenmesser entzwei. Es war schon ausgetragen. Zerknitternd fiel die Schale auseinander und hervorsprang ein storchartiger, noch federloser, mit zu kurzen Flügeln die Luft schlagender Vogel. »Was willst Du in unserer Welt?« hatte ich Lust zu fragen, hockte mich vor den Vogel nieder und sah ihm in seine ängstlich zwinkernden Augen. Aber er verließ mich, und hüpfte die Wände entlang, halb flatternd, wie auf wehen Füßen. »Einer hilft dem andern«, dachte ich, packte auf dem Tisch mein Abendessen aus und winkte dem Vogel, der drüben gerade seinen Schnabel zwischen meine paar Bücher bohrte. Gleich kam er zu mir, setzte sich, offenbar schon ein wenig eingewöhnt, auf einen Stuhl, mit pfeifendem Atem begann er die Wurstschnitte die ich vor ihn gelegt hatte zu beschnuppern, spießte sie aber lediglich auf und warf sie mir wieder hin. »Ein Fehler«, dachte ich, »natürlich, man springt nicht aus dem Ei um gleich mit Wurstessen anzufangen. Hier wäre Frauenerfahrung nötig.« Und ich sah ihn scharf an, ob ihm vielleicht seine Essenswünsche von außen abzulesen wären. »Kommt er«, fiel mir dann ein, »aus der Familie der Störche, dann werden ihm gewiß Fische lieb sein. Nun ich bin bereit sogar Fische ihm zu verschaffen. Allerdings nicht umsonst. Meine Mittel erlauben mir nicht mir einen Hausvogel zu halten. Bringe ich also solche Opfer, will ich einen gleichwertigen lebenerhaltenden Gegendienst. Er ist ein Storch, möge er mich also bis er ausgewachsen und von meinen Fischen gemästet ist, mit in die südlichen Länder nehmen. Längst schon verlangt es mich dorthin zu reisen und nur mangels Storchflügel habe ich es bisher unterlassen.« Sofort holte ich Papier und Tinte, tauchte des Vogels Schnabel ein und schrieb, ohne daß mir vom Vogel irgendein Widerstand entgegengesetzt worden wäre, folgendes: »Ich, storchartiger Vogel, verpflichte mich für den Fall, daß Du mich mit Fischen, Fröschen und Würmern (diese zwei letztern Lebensmittel fügte ich der Billigkeit halber hinzu) bis zum Flüggewerden nährst, Dich auf meinem Rükken in die südlichen Länder zu tragen.« Dann wischte ich den Schnabel rein und hielt dem Vogel nochmals das Papier vor Augen, ehe ich es zusammenfaltete und in meine Brieftasche legte. Dann aber lief ich gleich um Fische; diesmal mußte ich sie teuer bezahlen, doch versprach mir der Händler nächstens immer verdorbene Fische und reichlich Würmer für billigen Preis bereitzustellen. Vielleicht würde die südliche Fahrt nicht gar zu teuer werden. Und es freute mich zu sehn wie das Mitgebrachte dem Vogel schmeckte. Glucksend wurden die Fische hinabgeschluckt und füllten das rötliche Bäuchlein. Tag für Tag, unvergleichlich mit Menschenkindern, machte der Vogel Fortschritte in seiner Entwicklung. Zwar verließ der unerträgliche Gestank der faulen Fische nicht mehr mein Zimmer und nicht leicht war es, den Unrat des Vogels immer aufzufinden und zu beseitigen, auch verbot die Winterkälte und die Kohlenteuerung die außerordentlich nötige Lüftung – was tat es, kam das Frühjahr, schwamm ich in leichten Lüften dem strahlenden Süden zu. Die Flügel wuchsen, bedeckten sich mit Federn, die Muskeln erstarkten, es war Zeit mit den Flugübungen zu beginnen. Leider war keine Storchmutter da, wäre der Vogel nicht so willig gewesen, mein Unterricht hätte wohl nicht genügt. Aber offenbar sah er ein, daß er durch peinliche Aufmerksamkeit und größte Anstrengung die Mängel meiner Lehrbefähigung ausgleichen müsse. Wir begannen mit dem Sesselflug. Ich stieg hinauf, er folgte, ich sprang mit ausgebreiteten Armen hinab, er flatterte hinterher. Später giengen wir zum Tisch über und zuletzt zum Schrank, immer aber wurden alle Flüge systematisch vielemal wiederholt.

BCM 87

## *Ausbrechen darf man*

Das ist ein Leben zwischen Kulissen. Es ist hell, das ist ein Morgen im Freien, dann wird gleich dunkel und es ist schon Abend. Das ist kein komplicierter Betrug, aber man muß sich fügen, solange man auf den Brettern steht. Nur ausbrechen darf man, wenn man die Kraft hat, gegen den Hintergrund zu, die Leinwand durchschneiden und zwischen den Fetzen des gemalten Himmels durch, über einiges Gerümpel hinweg in die wirkliche enge dunkle feuchte Gasse sich flüchten, die zwar noch immer wegen der Nähe des Teaters Teatergasse heißt, aber wahr ist und alle Tiefen der Wahrheit hat.

ZFG 174

## Gespräch mit dem Betrunkenen

Als ich aus dem Haustor mit kleinem Schritte trat, wurde ich von dem Himmel mit Mond und Sternen und großer Wölbung und von dem Ringplatz mit Rathaus, Mariensäule und Kirche überfallen.

Ich ging ruhig aus dem Schatten ins Mondlicht, knöpfte den Überzieher auf und wärmte mich; dann ließ ich durch Erheben der Hände das Sausen der Nacht schweigen und fing zu überlegen an:

»Was ist es doch, daß Ihr tut, als wenn Ihr wirklich wäret. Wollt Ihr mich glauben machen, daß ich unwirklich bin, komisch auf dem grünen Pflaster stehend? Aber doch ist es schon lange her, daß du wirklich warst, du Himmel, und du Ringplatz bist niemals wirklich gewesen.«

»Es ist ja wahr, noch immer seid Ihr mir überlegen, aber doch nur dann, wenn ich Euch in Ruhe lasse.«

»Gott sei Dank, Mond, du bist nicht mehr Mond, aber vielleicht ist es nachlässig von mir, daß ich dich Mondbenannten noch immer Mond nenne. Warum bist du nicht mehr so übermütig, wenn ich dich nenne ›Vergessene Papierlaterne in merkwürdiger Farbe‹. Und warum ziehst du dich fast zurück, wenn ich dich ›Mariensäule‹ nenne und ich erkenne deine drohende Haltung nicht mehr Mariensäule, wenn ich dich nenne ›Mond, der gelbes Licht wirft‹.«

»Es scheint nun wirklich, daß es Euch nicht gut tut, wenn man über Euch nachdenkt; Ihr nehmt ab an Mut und Gesundheit.«

»Gott, wie zuträglich muß es erst sein, wenn Nachdenkender vom Betrunkenen lernt!«

»Warum ist alles still geworden. Ich glaube es ist kein Wind mehr. Und die Häuschen, die oft wie auf kleinen Rädern über den Platz rollen, sind ganz festgestampft – still – still – man sieht gar nicht den dünnen, schwarzen Strich, der sie sonst vom Boden trennt.«

Und ich setzte mich in Lauf. Ich lief ohne Hindernis dreimal um den großen Platz herum und da ich keinen Betrunkenen traf, lief ich ohne die Schnelligkeit zu unterbrechen und ohne Anstrengung zu verspüren gegen die Karlsgasse. Mein Schatten lief oft kleiner als ich neben mir an der Wand, wie in einem Hohlweg zwischen Mauer und Straßengrund.

Als ich bei dem Hause der Feuerwehr vorüberkam, hörte ich vom kleinen Ring her Lärm und als ich dort einbog, sah ich einen Betrunkenen am Gitterwerk des Brunnens stehn, die Arme wagrecht haltend und mit den Füßen, die in Holzpantoffeln staken, auf die Erde stampfend.

Ich blieb zuerst stehn, um meine Atmung ruhig werden zu lassen, dann ging ich zu ihm, nahm meinen Zylinder vom Kopfe und stellte mich vor:

»Guten Abend, zarter Edelmann, ich bin dreiundzwanzig Jahre alt, aber ich habe noch keinen Namen. Sie aber kommen sicher mit erstaunlichen, ja mit singbaren Namen aus dieser großen Stadt Paris. Der ganz unnatürliche Geruch des ausgleitenden Hofes von Frankreich umgibt Sie.«

»Sicher haben Sie mit Ihren gefärbten Augen jene großen Damen gesehn, die schon auf der hohen und lichten Terasse stehn, sich in schmaler Taille ironisch umwendend, während das Ende ihrer auch auf der Treppe ausgebreiteten bemalten Schleppe noch über dem Sand des Gartens liegt. – Nicht wahr, auf langen Stangen, überall verteilt, steigen Diener in grauen frechgeschnittenen Fräcken und weißen Hosen, die Beine um die Stange gelegt, den Oberkörper aber oft nach hinten und zur Seite gebogen, denn sie müssen an Stricken riesige graue Leinwandtücher von der Erde heben und in der Höhe spannen, weil die große Dame einen nebligen Morgen wünscht.«

Da er sich rülpste, sagte ich fast erschrocken: »Wirklich, ist es

25

wahr, Sie kommen Herr aus unserem Paris, aus dem stürmischen Paris, ach, aus diesem schwärmerischen Hagelwetter?« Als er sich wieder rülpste, sagte ich verlegen: »Ich weiß, es widerfährt mir eine große Ehre.«

Und ich knöpfte mit raschen Fingern meinen Überzieher zu, dann redete ich inbrünstig und schüchtern:

»Ich weiß, Sie halten mich einer Antwort nicht für würdig, aber ich müßte ein verweintes Leben führen, wenn ich Sie heute nicht fragte.«

»Ich bitte Sie, so geschmückter Herr, ist das wahr, was man mir erzählt hat. Gibt es in Paris Menschen, die nur aus verzierten Kleidern bestehn und gibt es dort Häuser, die bloß Portale haben und ist es wahr, daß an Sommertagen der Himmel über der Stadt fliehend blau ist, nur verschönt durch angepreßte weiße Wölkchen, die alle die Form von Herzen haben? Und gibt es dort ein Panoptikum mit großem Zulauf, in dem bloß Bäume stehn mit den Namen der berühmtesten Helden, Verbrecher und Verliebten auf kleinen angehängten Tafeln.«

»Und dann noch diese Nachricht! Diese offenbar lügnerische Nachricht!«

»Nicht wahr, diese Straßen von Paris sind plötzlich verzweigt; sie sind unruhig, nicht wahr? Es ist nicht immer alles in Ordnung, wie könnte es auch sein! Es geschieht einmal ein Unfall, Leute sammeln sich, aus den Nebenstraßen kommend mit dem großstädtischen Schritt, der das Pflaster nur wenig berührt; alle sind zwar in Neugierde, aber auch in Furcht vor Enttäuschung; sie atmen schnell und strecken ihre kleinen Köpfe vor. Wenn sie aber einander berühren, so verbeugen sie sich tief und bitten um Verzeihung: ›Es tut mir sehr leid, – es geschah ohne Absicht – das Gedränge ist groß, verzeihen Sie, ich bitte – es war sehr ungeschickt von mir – ich gebe das zu. Mein Name ist – mein Name ist Jerome Faroche, Gewürzkrä-

## WUNSCH, INDIANER ZU WERDEN

mer bin ich in der rue du Cabotin – gestatten Sie, daß ich Sie
für morgen zum Mittagessen einlade – auch meine Frau würde so große Freude haben.‹ So reden sie, während doch die
Gasse betäubt ist und der Rauch der Schornsteine zwischen
die Häuser fällt. So ist es doch. Und wäre es möglich, daß da
einmal auf einem belebten Boulevard eines vornehmen Vier-
tels zwei Wagen halten. Diener öffnen ernst die Türen. Acht
edle sibirische Wolfshunde tänzeln hinunter und jagen bel-
lend über die Fahrbahn in Sprüngen. Und da sagt man, daß es
verkleidete junge Pariser Stutzer sind.«

Er hatte die Augen fast geschlossen. Als ich schwieg, steck-
te er beide Hände in den Mund und riß am Unterkiefer. Sein
Kleid war ganz beschmutzt. Man hatte ihn vielleicht aus einer
Weinstube hinausgeworfen und er war darüber noch nicht im
Klaren.

Es war vielleicht diese kleine, ganz ruhige Pause zwischen
Tag und Nacht, wo uns der Kopf, ohne daß wir es erwarten,
im Genicke hängt und wo alles, ohne daß wir es merken, still
steht, da wir es nicht betrachten, und dann verschwindet.
Während wir mit gebogenem Leib allein bleiben, uns dann
umschaun, aber nichts mehr sehn, auch keinen Widerstand
der Luft mehr fühlen, aber innerlich uns an der Erinnerung
halten, daß in gewissem Abstand von uns Häuser stehn mit
Dächern und glücklicherweise eckigen Schornsteinen, durch
die das Dunkel in die Häuser fließt, durch die Dachkammern
in die verschiedenartigen Zimmer. Und es ist ein Glück, daß
morgen ein Tag sein wird, an dem, so unglaublich es ist, man
alles wird sehen können.

Da riß der Betrunkene seine Augenbrauen hoch, so daß
zwischen ihnen und den Augen ein Glanz entstand und erklärte in Absätzen: »Das ist so nämlich – ich bin nämlich
schläfrig, daher werde ich schlafen gehn. – Ich habe nämlich
einen Schwager am Wenzelsplatz – dorthin geh ich, denn dort

27

wohne ich, denn dort habe ich mein Bett. – Ich geh jetzt. – Ich weiß nämlich nur nicht, wie er heißt und wo er wohnt – mir scheint, das habe ich vergessen – aber das macht nichts, denn ich weiß ja nicht einmal, ob ich überhaupt einen Schwager habe. – Jetzt gehe ich nämlich. – Glauben Sie, daß ich ihn finden werde?«

Darauf sagte ich ohne Bedenken: »Das ist sicher. Aber Sie kommen aus der Fremde und Ihre Dienerschaft ist zufällig nicht bei Ihnen. Gestatten Sie, daß ich Sie führe.«

Er antwortete nicht. Da reichte ich ihm meinen Arm, damit er sich einhänge.

EL 311

## Weit verbannt

Wiederum, wiederum, weit verbannt, weit verbannt. Berge, Wüste, weites Land gilt es zu durchwandern.

HAL 198

## Träumend

Träumend hing die Blume am hohen Stengel. Abenddämmerung umzog sie.

DE 119

## Mannigfaltigkeiten

Die Mannigfaltigkeiten, die sich mannigfaltig drehen in den Mannigfaltigkeiten des einen Augenblicks, in dem wir leben. Und noch immer ist der Augenblick nicht zuende, sieh nur!

DE 119

# Kafka im Wunderland

*Nie gesehene Dinge*

Es giebt nie von uns gesehene, gehörte oder auch nur gefühlte Dinge, die sich außerdem nicht beweisen lassen, wenn es
auch noch niemand versucht hat und hinter denen man doch
gleich herläuft, trotzdem man die Richtung ihres Laufes nicht
gesehen hat, die man einfängt, ehe man sie erreicht hat und in
die man einmal fällt mit Kleidern, Familienandenken und ge-
sellschaftlichen Beziehungen, wie in eine Grube, die nur ein
Schatten auf dem Wege war.

BR1 92

*Das Eichhörnchen*

Das Klettern  Senait  Es war ein Eichhörnchen, es war ein
Eichhörnchen, eine wilde Nuß-Aufknackerin, Springerin,
Kletterin und ihr buschiger Schwanz war berühmt in den
Wäldern. Dieses Eichhörnchen, dieses Eichhörnchen war immer auf der Reise, immer auf der Suche, es konnte nichts darüber sagen, nicht weil ihm die Rede fehlte, aber es hatte nicht
die allergeringste Zeit.

DE 141 f

*Wo = F.?*

Wo ist F.? Ich habe ihn schon lange nicht gesehn.
F.? Sie wissen nicht, wo F. ist? F. ist in einem Labyrint, er wird
wohl kaum mehr herauskommen.
F.? Unser F.? F. mit dem Vollbart?
Ebender.
In einem Labyrint?
Ja.

ZFG 179

### Verstand in die Hand

Ich habe meinen Verstand in die Hand vergraben, fröhlich, aufrecht trage ich den Kopf, aber die Hand hängt müde hinab, der Verstand zieht sie zur Erde. Sieh nur die kleine, harthäutige, aderndurchzogene, faltenzerrissene, hochädrige, fünffingrige Hand, wie gut daß ich den Verstand in diesen unscheinbaren Behälter retten konnte. Besonders vorzüglich ist, daß ich zwei Hände habe. Wie im Kinderspiel frage ich: In welcher Hand habe ich meinen Verstand, niemand kann es erraten, denn ich kann durch Falten der Hände im Nu den Verstand aus einer Hand in die andere übertragen.

DE 118

### Was soll ich tun?

Was soll ich tun? oder Wozu soll ich es tun? sind keine Fragen dieser Gegenden.

BCM 163

### Die Sorge des Hausvaters

Die einen sagen, das Wort Odradek stamme aus dem Slawischen und sie suchen auf Grund dessen die Bildung des Wortes nachzuweisen. Andere wieder meinen, es stamme aus dem Deutschen, vom Slawischen sei es nur beeinflußt. Die Unsicherheit beider Deutungen aber läßt wohl mit Recht darauf schließen, daß keine zutrifft, zumal man auch mit keiner von ihnen einen Sinn des Wortes finden kann.

Natürlich würde sich niemand mit solchen Studien beschäftigen, wenn es nicht wirklich ein Wesen gäbe, das Odra-

32

dek heißt. Es sieht zunächst aus wie eine flache sternartige Zwirnspule, und tatsächlich scheint es auch mit Zwirn bezogen; allerdings dürften es nur abgerissene, alte, aneinander geknotete, aber auch ineinander verfitzte Zwirnstücke von verschiedenster Art und Farbe sein. Es ist aber nicht nur eine Spule, sondern aus der Mitte des Sternes kommt ein kleines Querstäbchen hervor und an dieses Stäbchen fügt sich dann im rechten Winkel noch eines. Mit Hilfe dieses letzteren Stäbchens auf der einen Seite, und einer der Ausstrahlungen des Sternes auf der anderen Seite, kann das Ganze wie auf zwei Beinen aufrecht stehen.

Man wäre versucht zu glauben, dieses Gebilde hätte früher irgendeine zweckmäßige Form gehabt und jetzt sei es nur zerbrochen. Dies scheint aber nicht der Fall zu sein; wenigstens findet sich kein Anzeichen dafür; nirgends sind Ansätze oder Bruchstellen zu sehen, die auf etwas Derartiges hinweisen würden; das Ganze erscheint zwar sinnlos, aber in seiner Art abgeschlossen. Näheres läßt sich übrigens nicht darüber sagen, da Odradek außerordentlich beweglich und nicht zu fangen ist.

Er hält sich abwechselnd auf dem Dachboden, im Treppenhaus, auf den Gängen, im Flur auf. Manchmal ist er monatelang nicht zu sehen; da ist er wohl in andere Häuser übersiedelt; doch kehrt er dann unweigerlich wieder in unser Haus zurück. Manchmal, wenn man aus der Tür tritt und er lehnt gerade unten am Treppengeländer, hat man Lust, ihn anzusprechen. Natürlich stellt man an ihn keine schwierigen Fragen, sondern behandelt ihn – schon seine Winzigkeit verführt dazu – wie ein Kind. »Wie heißt du denn?« fragt man ihn. »Odradek«, sagt er. »Und wo wohnst du?« »Unbestimmter Wohnsitz«, sagt er und lacht; es ist aber nur ein Lachen, wie man es ohne Lungen hervorbringen kann. Es klingt etwa so, wie das Rascheln in gefallenen Blättern. Damit ist die Unterhaltung meist zu Ende. Übrigens sind selbst diese Antworten nicht immer zu erhalten; oft ist er lange stumm, wie das Holz, das er zu sein scheint.

Vergeblich frage ich mich, was mit ihm geschehen wird. Kann er denn sterben? Alles, was stirbt, hat vorher eine Art Ziel, eine Art Tätigkeit gehabt und daran hat es sich zerrieben; das trifft bei Odradek nicht zu. Sollte er also einstmals etwa noch vor den Füßen meiner Kinder und Kindeskinder mit nachschleifendem Zwirnsfaden die Treppe hinunterkollern? Er schadet ja offenbar niemandem; aber die Vorstellung, daß er mich auch noch überleben sollte, ist mir eine fast schmerzliche.

EL 222 f

### Spaziergang

Unbekümmert gieng ich weiter. Weil ich aber als Fußgänger die Anstrengung der bergigen Straße fürchtete, ließ ich den Weg immer flacher werden und sich in der Entfernung endlich zu einem Thale senken.

Die Steine verschwanden nach meinem Willen und der Wind wurde still und verlor sich im Abend. Ich gieng in gutem Marsch und da ich bergab gieng, hatte ich den Kopf erhoben und den Körper gesteift und die Arme hinter dem Kopf verschränkt. Da ich Fichtenwälder liebe, gieng ich durch Fichtenwälder und, da ich gerne stumm in den ausgesternten Himmel schaue, so giengen mir auf dem großausgebreiteten Himmel die Sterne langsam und ruhig auf, wie es auch sonst ihre Art ist. Nur wenige gestreckte Wolken sah ich, die ein Wind, der nur in ihrer Höhe wehte, durch die Luft zog.

Ziemlich weit meiner Straße gegenüber, wahrscheinlich durch einen Fluß von mir getrennt, ließ ich einen hohen Berg aufstehn, dessen Höhe mit Buschwerk bewachsen an den Himmel grenzte. Noch die kleinen Verzweigungen und Bewegungen der höchsten Äste konnte ich deutlich sehn. Dieser Anblick, wie gewöhnlich er auch sein mag, freute mich so, daß ich als ein kleiner Vogel auf den Ruten dieser entfernten struppigen Sträucher schaukelnd daran vergaß, den Mond aufgehn zu lassen, der schon hinter dem Berge lag, wahrscheinlich zürnend wegen der Verzögerung.

Jetzt aber breitete sich der kühle Schein, der dem Mondaufgang vorhergeht, auf dem Berge aus und plötzlich hob der Mond selbst sich hinter einem der unruhigen Sträucher. Ich jedoch hatte indessen in einer andern Richtung geschaut und als ich jetzt vor mich hin blickte und ihn mit einem Male sah, wie er schon fast mit seiner ganzen Rundung leuchtete, blieb ich mit trüben Augen stehn, denn meine abschüssige Straße schien gerade in diesen erschreckenden Mond zu führen.

Aber nach einem Weilchen gewöhnte ich mich an ihn und betrachtete mit Besonnenheit, wie schwer ihm der Aufstieg wurde, bis ich endlich, nachdem ich und er einander ein großes Stück entgegengegangen waren, eine angenehme Schläfrigkeit verspürte, die wie ich glaubte, wegen der Anstrengungen des Tages über mich kam, an die ich mich freilich nicht mehr erinnern konnte. Ich gieng eine kleine Zeit mit geschlossenen Augen, indem ich mich nur dadurch wachend erhielt, daß ich laut und regelmäßig die Hände zusammenschlug.

Dann aber, als der Weg mir unter den Füßen zu entgleiten drohte und alles müde wie ich zu entschwinden begann, beeilte ich mich den Abhang an der rechten Seite der Straße mit aufgeregter Bewegung zu erklettern, um noch rechtzeitig in den hohen verwirrten Fichtenwald zu kommen, in dem ich die Nacht verschlafen wollte. Die Eile war nöthig. Die Sterne dunkelten schon und der Mond versank schwächlich im Himmel, wie in einem bewegten Gewässer. Der Berg war schon ein Stück der Nacht, die Landstraße endete beängstigend dort, wo ich zum Abhang mich gewendet hatte und aus dem Innern des Waldes hörte ich das näherkommende Krachen fallender Stämme. Nun hätte ich mich gleich auf das Moos zum Schlaf werfen können, aber da ich die Ameisen fürchte, kroch ich mit um den Stamm gewundenen Beinen auf einen Baum, der auch schon baumelte ohne Wind, legte mich auf einen Ast, den Kopf an den Stamm gelegt und schlief hastig ein, indeß ein Eichhörnchen meiner Laune mit steilem Schwanz auf dem bebenden Ende des Astes saß und sich wiegte.

Der Fluß war breit und seine kleinen lauten Wellen waren beschienen. Auch am andern Ufer waren Wiesen, die dann in Gesträuch übergiengen, hinter dem man in großer Fernsicht helle Obstalleen sah, die zu grünen Hügeln führten.

Erfreut über diesen Anblick legte ich mich nieder und dachte, während ich mir die Ohren gegen gefürchtetes Weinen zuhielt, hier könnte ich zufrieden werden. »Denn hier ist es einsam und schön. Es braucht nicht viel Muth, hier zu leben. Man wird sich hier quälen müssen wie anderswo auch, aber man wird sich dabei nicht schön bewegen müssen. Das wird nicht nöthig sein. Denn es sind nur Berge da und ein großer Fluß und ich bin noch klug genug, sie für leblos zu halten. Ja, wenn ich am Abend allein auf den steigenden Wiesenwegen stolpern werde, so werde ich nicht verlassener sein, als der Berg, nur daß ich es fühlen werde. Aber ich glaube, auch das wird noch vergehn.«

So spielte ich mit meinem künftigen Leben und versuchte hartnäckig zu vergessen. Ich sah dabei blinzelnd in jenen Himmel, der in einer ungewöhnlich glücklichen Färbung war. Ich hatte ihn schon lange nicht so gesehn, ich wurde gerührt und an einzelne Tage erinnert, an denen ich auch geglaubt hatte, ihn so zu sehn. Ich gab die Hände von meinen

Ohren, breitete meine Arme aus und ließ sie in die Gräser fallen.

BK 62-65

## Ich bin so klein, ich bin so groß

»Was sollen unsere Lungen thun«, schrie ich, schrie, »athmen sie rasch, ersticken sie an sich, an innern Giften; athmen sie langsam ersticken sie an nicht athembarer Luft, an den empörten Dingen. Wenn sie aber ihr Tempo suchen wollen, gehn sie schon am Suchen zugrunde.«

Dabei dehnten sich die Ufer dieses Flusses ohne Maß und doch berührte ich das Eisen eines in der Entfernung winzigen Wegzeigers mit der Fläche meiner Hand. Das war mir nun nicht ganz begreiflich. Ich war doch klein, fast kleiner als gewöhnlich und ein Strauch mit weißen Hagebutten, der sich ganz schnell schüttelte überragte mich. Ich sah das, denn er war vor einem Augenblick nahe bei mir.

Aber trotzdem hatte ich mich geirrt, denn meine Arme waren so groß, wie die Wolken eines Landregens, nur waren sie hastiger. Ich weiß nicht, warum sie meinen armen Kopf zerdrücken wollten.

Der war doch so klein, wie ein Ameisenei, nur war er ein wenig beschädigt, daher nicht mehr vollkommen rund. Ich führte mit ihm bittende Drehungen aus, denn der Ausdruck meiner Augen hätte nicht bemerkt werden können, so klein waren sie.

Aber meine Beine, doch meine unmöglichen Beine lagen über den bewaldeten Bergen und beschatteten die dörflichen Thäler. Sie wuchsen, sie wuchsen! Schon ragten sie in den Raum der keine Landschaft mehr besaß, längst schon reichte ihre Länge aus der Sehschärfe meiner Augen.

Aber nein, das ist es nicht – ich bin doch klein, vorläufig klein – ich rolle – ich rolle – ich bin eine Lawine im Gebirge! Bitte, vorübergehende Leute, seid so gut, sagt mir wie groß ich bin, messet mir diese Arme, diese Beine.

BK 91

*Ich war steif und kalt*

Ich war steif und kalt, ich war eine Brücke, über einem Abgrund lag ich, diesseits waren die Fußspitzen, jenseits die Hände eingebohrt, in bröckelndem Lehm hatte ich mich festgebissen. Die Schöße meines Rockes wehten zu meinen Seiten. In der Tiefe lärmte der eisige Forellenbach. Kein Tourist verirrte sich zu dieser unwegsamen Höhe, die Brücke war in den Karten noch nicht eingezeichnet. So lag ich und wartete; ich mußte warten; ohne abzustürzen kann keine einmal errichtete Brücke aufhören Brücke zu sein. Einmal gegen Abend, war es der erste war es der tausendste, ich weiß nicht, meine Gedanken giengen immer in einem Wirrwarr, und immer immer in der Runde – gegen Abend im Sommer, dunkler rauschte der Bach, hörte ich einen Mannesschritt. Zu mir, zu mir. Strecke Dich Brücke, setze Dich in Stand, geländerloser Balken, halte den Dir Anvertrauten, die Unsicherheiten seines Schrittes gleiche unmerklich aus, schwankt er aber, dann gib Dich zu erkennen und wie ein Berggott schleudere ihn ans Land. Er kam, mit der Eisenspitze seines Stockes beklopfte er mich, dann hob er mit ihr meine Rockschöße und ordnete sie auf mir, in mein buschiges Haar fuhr er mit der Spitze und ließ sie, wahrscheinlich weit umherblickend, lange drin liegen. Dann aber – gerade träumte ich ihm nach über Berg und Tal – sprang er mit beiden Füßen mir mitten auf den Leib. Ich erschauerte in wildem Schmerz, gänzlich unwissend.

Wer war es? Ein Kind? Ein Turner? Ein Waghalsiger? Ein Selbstmörder? Ein Versucher? Ein Vernichter? Und ich drehte mich um, ihn zu sehn. Brücke dreht sich um! Ich war noch nicht umgedreht, da stürzte ich schon, ich stürzte und schon war ich zerrissen und aufgespießt von den zugespitzten Kieseln, die mich so friedlich immer angestarrt hatten aus dem rasenden Wasser.

BCM 39 f

## Was denn? Was denn?

»Was denn? Was denn?« rief ich, noch vom Schlaf im Bett niedergehalten und streckte die Arme in die Höhe. Dann stand ich auf, der Gegenwart noch lange nicht bewußt, hatte das Gefühl, als müßte ich einige Leute, die mich hinderten, zur Seite schieben, tat auch die nötigen Handbewegungen und kam so endlich zum offenen Fenster.

HAL 49

## Der Engel

Vom frühen Morgen an bis jetzt zur Dämmerung gieng ich in meinem Zimmer auf und ab. Das Fenster war offen, es war ein warmer Tag. Der Lärm der engen Gasse trieb ununterbrochen herein. Ich kannte schon jede Kleinigkeit im Zimmer durch das Anschauen während meines Rundganges. Alle Wände hatte ich mit den Blicken abgestreift. Dem Muster des Teppichs und seinen Altersspuren war ich bis in die letzten Verzweigungen nachgegangen. Den Tisch in der Mitte hatte ich vielemal mit Fingerspannen abgemessen. Zum Bild des verstorbenen Mannes meiner Wirtin hatte ich schon die Zähne

oft gefletscht. Gegen Abend trat ich zum Fenster und setzte
mich auf die niedrige Brüstung. Da blickte ich zufällig zum erstenmal ruhig von einem Platz in das Innere des Zimmers
und zur Decke auf. Endlich, endlich begann wenn ich mich
nicht täuschte dieses so vielfach von mir erschütterte Zimmer
sich zu rühren. An den Rändern der weißen mit schwachen
Gipsverzierungen umzogenen Decke begann es. Kleine Mör-
telstücke lösten sich los und fielen wie zufällig hie und da mit
bestimmtem Schlag zu Boden. Ich streckte die Hand aus und
auch in meine Hand fielen einige, ich warf sie ohne mich in
meiner Spannung auch nur umzudrehn, über meinen Kopf
hinweg in die Gasse. Die Bruchstellen oben hatten noch keinen Zusammenhang, aber man konnte ihn sich immerhin
schon irgendwie bilden. Aber ich ließ von solchen Spielen ab,
als sich jetzt dem Weiß ein bläuliches Violett beizumischen
begann, es gieng von dem weiß bleibenden, ja geradezu weiß
erstrahlenden Mittelpunkt der Decke aus, in welchen knapp
oben die armselige Glühlampe eingesteckt war. Immer wieder
in Stößen drängte sich die Farbe oder war es ein Licht, gegen
den sich jetzt verdunkelnden Rand hin. Man achtete gar nicht
mehr auf den fallenden Mörtel, der wie unter dem Druck eines sehr genau geführten Werkzeuges absprang. Da drängen
in das Violett von den Seiten her gelbe, goldgelbe Farben. Die
Zimmerdecke färbte sich aber nicht eigentlich, die Farben
machten sie nur irgendwie durchsichtig, über ihr schienen
Dinge zu schweben, die durchbrechen wollten, man sah schon
fast das Treiben dort in Umrissen, ein Arm streckte sich aus,
ein silbernes Schwert schwebte auf und ab. Es galt mir, das war
kein Zweifel, eine Erscheinung, die mich befreien sollte, berei-
tete sich vor. Ich sprang auf den Tisch, um alles vorzubereiten,
riß die Glühlampe samt ihrem Messingstab heraus und
schleuderte sie auf den Boden, sprang dann herunter und
stieß den Tisch aus der Mitte des Zimmers zur Wand hin. Das,

was kommen wollte, konnte sich ruhig auf den Teppich niederlassen und mir melden, was es zu melden hatte. Kaum war ich fertig, brach die Decke wirklich auf. Noch aus großer Höhe, ich hatte sie schlecht eingeschätzt senkte sich im Halbdunkel langsam ein Engel in bläulich violetten Tüchern, umwickelt mit goldenen Schnüren, auf großen weißen seidig glänzenden Flügeln herab, das Schwert im erhobenen Arm wagrecht ausgestreckt. »Also ein Engel!« dachte ich »den ganzen Tag fliegt er auf mich zu und ich in meinem Unglauben wußte es nicht. Jetzt wird er zu mir sprechen.« Ich senkte den Blick. Aber als ich ihn wieder hob, war zwar noch der Engel da, hieng ziemlich tief unter der Decke, die sich wieder geschlossen hatte, war aber kein lebendiger Engel, sondern nur eine bemalte Holzfigur von einem Schiffsschnabel, wie sie in Matrosenkneipen an der Decke hängen. Nichts weiter. Der Knauf des Schwertes war dazu eingerichtet Kerzen zu halten und den fließenden Talg aufzunehmen. Die Glühlampe hatte ich heruntergerissen, im Dunkel wollte ich nicht bleiben, eine Kerze fand sich noch, so stieg ich also auf einen Sessel, steckte die Kerze in den Schwertknauf, zündete sie an und saß dann noch bis in die Nacht hinein unter dem schwachen Licht des Engels.

TB2 161-3


## Der Regen

Die Unterlippe hielt er mit den Oberzähnen fest, sah vor sich hin und rührte sich nicht. »Dein Benehmen ist ganz sinnlos. Was ist Dir denn geschehn? Dein Geschäft ist nicht ausgezeichnet, aber doch auch nicht schlecht; selbst wenn es zugrundegienge – aber davon ist keine Rede – wirst Du doch sehr leicht Dich irgendwo anhalten, Du bist jung, gesund,

DER KOMISCHE KAFKA

kräftig, kaufmännisch gebildet und tüchtig, hast nur für Dich und Deine Mutter zu sorgen, also ich bitte Dich, Mensch, fasse Dich und erkläre mir, warum Du mich mitten am Tage hergerufen hast und warum Du so dasitzst?« Nun war eine kleine Pause, ich saß auf der Fensterbrüstung, er auf einem Sessel mitten im Zimmer. Schließlich sagte er: »Gut, ich werde Dir alles erklären. Was Du gesagt hast war alles richtig, aber bedenke: seit gestern regnet es unaufhörlich, etwa um fünf Uhr nachmittags – er sah auf die Uhr – hat es gestern zu regnen angefangen und heute um vier Uhr regnet es noch immer. Das kann einem doch wohl zu denken geben. Während es aber sonst nur auf der Gasse regnet und in den Zimmern nicht, scheint es diesmal umgekehrt zu sein. Sieh aus dem Fenster, bitte, es ist unten doch trocken, nicht wahr? Nun also. Hier aber steigt das Wasser unaufhörlich. Mag es, mag es steigen. Es ist schlimm, ich ertrag es doch. Ein wenig guten Willen und man erträgt es, man schwimmt eben mit seinem Sessel etwas höher, die Verhältnisse ändern sich ja nicht sehr, alles schwimmt eben und man schwimmt etwas höher. Aber dieses Schlagen der Regentropfen auf meinem Kopf, das ertrag ich nicht. Es scheint eine Kleinigkeit, aber eben diese Kleinigkeit ertrage ich nicht oder vielleicht würde ich sogar das ertragen, ich ertrage es nur nicht, dagegen wehrlos zu sein. Und ich bin wehrlos, ich setze einen Hut auf, ich spanne den Schirm aus, ich halte ein Brett über den Kopf, nichts hilft, entweder dringt der Regen durch alles durch oder es fängt unter dem Hut, dem Schirm, dem Brett ein neuer Regen mit der gleichen Schlagkraft an.«

ZFG 118 f

## Als er ausbrach

Als er ausbrach, war es Abend. Nun, das Haus lag ja am Wald. Ein Stadthaus, regelrecht städtisch gebaut, einstöckig, mit einem Erker nach städtischem oder vorstädtischem Geschmack, mit einem kleinen vergitterten Vorgärtchen, mit feinen durchbrochenen Vorhängen hinter den Fenstern, ein Stadthaus und lag doch einsam weit und breit. Und es war ein Winterabend und sehr kalt war es hier im freien Feld. Aber es war doch kein freies Feld, sondern städtischer Verkehr, denn um die Ecke bog ein Wagen der Elektrischen, aber es war doch nicht in der Stadt, denn der Wagen fuhr nicht, sondern stand seit jeher dort, immer in dieser Stellung, als biege er um die Ecke. Und er war seit jeher leer und gar kein Wagen der Elektrischen, ein Wagen auf vier Rädern war es und in dem durch die Nebel unbestimmt sich ausgießenden Mondlicht konnte er an alles erinnern. Und städtisches Pflaster war hier, pflasterartig war der Boden gestrichelt, ein musterhaft ebenes Pflaster, aber es waren nur die dämmerhaften Schatten der Bäume, die sich über die verschneite Landstraße legten

DE 159

## Die drei Kartenspieler

Ich kam durch einen Nebeneingang, ängstlich, ich wußte nicht, wie es sich verhält, ich war klein und schwach, ich sah sorgenvoll an meinem Anzug hinab, es war recht finster, über einen gewissen leeren Umkreis sah man nicht hinaus, der Boden war mit Gras bedeckt, ich bekam Zweifel ob ich am richtigen Ort war. Da sah ich in der Ferne einen matten silbrigen Schein, das gab mir Vertrauen, ich ging in dieser Richtung. Es war ein Tisch, in der Mitte stand eine Kerze, ringsum saßen drei Kartenspieler. »Bin ich hier richtig angekommen?« fragte ich, »ich wollte zu den drei Kartenspielern.« »Das sind wir«, sagte der eine, ohne von den Karten aufzublicken.

ZFG 122

## Hotel Edthofer

Ich wohnte im Hotel Edthofer, Albian oder Cyprian Edthofer oder noch anders, ich kann mich an den ganzen Namen nicht mehr erinnern, ich würde es wohl auch nicht wieder auffinden, trotzdem es ein sehr großes Hotel war, übrigens auch vorzüglich eingerichtet und bewirtschaftet. Ich weiß auch nicht mehr, warum ich, trotzdem ich kaum länger als eine Woche dort gewohnt habe, fast jeden Tag das Zimmer wechselte, ich wußte daher oft meine Zimmernummer nicht und mußte, wenn ich während des Tages oder am Abend nachhause kam das Stubenmädchen nach meiner jeweiligen Zimmernummer fragen. Allerdings lagen alle Zimmer, die für mich in Betracht kamen, in einem Stock und überdies auf einem Gang. Es waren nicht viele Zimmer, herumirren mußte ich nicht. War etwa nur dieser Gang für Hotelzwecke bestimmt, das übrige Haus aber für Mietwohnungen oder anderes? Ich weiß es nicht mehr, vielleicht wußte ich es auch damals nicht, ich kümmerte mich nicht darum. Aber es war doch unwahrscheinlich, das große Haus trug in großen, weit von einander befestigten, nicht sehr leuchtenden, eher rötlich-matten Metallbuchstaben das Wort Hotel und den Namen des Besitzers. Oder sollte nur der Name des Besitzers dort gestanden sein ohne die Bezeichnung Hotel? Es ist möglich und das würde dann freilich vieles erklären. Aber noch heute aus der unklaren Erinnerung heraus würde ich mich doch eher dafür entscheiden, daß Hotel dort gestanden ist. Es verkehrten viele Offiziere im Haus. Ich war natürlich meist den ganzen Tag in der Stadt, hatte allerlei zu tun und so vieles zu sehn und hatte also nicht viel Zeit das Hotelgetriebe zu beobachten, aber Offiziere sah ich dort oft. Allerdings war nebenan eine Kaserne, vielmehr sie war nicht eigentlich nebenan, die Verbindung zwischen dem Hotel und der Kaserne muß anders gewesen sein, sie war sowohl loser als enger. Das ist heute nicht mehr leicht zu beschreiben, ja schon damals wäre es nicht leicht gewesen, ich habe mich nicht ernstlich bemüht, das festzustellen, trotzdem mir die Unklarheit manchmal Schwierigkeiten verursachte. Manchmal nämlich wenn ich zerstreut von dem Lärm der Großstadt nachhause kam, konnte ich den Eingang zum Hotel nicht gleich finden. Es ist richtig, der Eingang zum Hotel scheint sehr klein gewesen zu sein, ja es hat vielleicht – trotzdem das freilich sonderbar gewesen wäre – gar keinen eigentlichen Hoteleingang gegeben, sondern man mußte wenn man ins Hotel wollte, durch die Tür der Restauration gehn. Nun mag es also so gewesen sein, aber selbst die Tür der Restauration konnte ich nicht immer auffinden. Manchmal wenn ich vor dem Hotel zu stehen glaubte, stand ich in Wahrheit vor der Kaserne, es war zwar ein ganz anderer Platz, stiller, reiner als der vor dem Hotel, ja totenstill und vornehm-rein, aber doch so, daß man die zwei verwechseln konnte. Man mußte erst um eine Ecke gehn und dann erst war man vor dem Hotel. Aber es scheint mir jetzt, daß es manchmal, freilich nur manchmal anders war, daß man auch von jenem stillen Platz aus – etwa mithilfe eines Offiziers, der den gleichen Weg ging – die Hoteltür gleich finden konnte undzwar nicht etwa eine andere, eine zweite Tür, sondern eben die eine gleiche Tür, welche auch den Eingang zur Restauration bildete, eine schmale, innen mit einem schönen weißen bändergeschmückten Vorhang verdeckte, äußerst hohe Tür. Dabei waren Hotel und Kaserne zwei grundverschiedene Gebäude, das Hotel hoch im üblichen Hotelstil, allerdings mit einem Einschlag von Zinshaus, die Kaserne dagegen ein romanisches Schlößchen, niedrig aber weiträumig. Die Kaserne erklärte die fortwährende Anwesenheit von Offizieren, dagegen habe ich Mannschaften nie gesehn. Wie ich es erfahren habe, daß das scheinbare Schlößchen eine Kaserne war, weiß ich nicht mehr, Ursache mich mit ihr zu beschäftigen, hatte ich aber wie erwähnt öfters, wenn ich, ärgerlich die Hoteltüre suchend, mich auf dem stillen Platze herumtrieb. War ich aber einmal oben im Gang, war ich geborgen. Ich fühlte mich dort sehr heimisch und war glücklich in der großen fremden Stadt einen solchen behaglichen Ort gefunden zu haben.

DE 113–116

## Jeder Mensch trägt ein Zimmer in sich

Jeder Mensch trägt ein Zimmer in sich. Diese Tatsache kann man sogar durch das Gehör nachprüfen. Wenn einer schnell geht und man hinhorcht, etwa in der Nacht wenn alles ringsherum still ist, so hört man z. B. das Scheppern eines nicht genug befestigten Wandspiegels oder der Schirm

BCM 44

## In der Loge

Ich sah in der Loge, neben mir meine Frau. Es wurde ein aufregendes Stück gespielt, es handelte von Eifersucht, gerade hob in einem strahlenden von Säulen umgebenen Saal ein Mann den Dolch gegen seine langsam zum Ausgang hin strebende Frau. Gespannt beugte man sich über die Brüstung, ich

fühlte an meiner Schläfe das Lockenhaar meiner Frau. Da
zuckten wir zurück, etwas bewegte sich auf der Brüstung; was
wir für die Samtpolsterung der Brüstung gehalten hatten, war
der Rücken eines langen dünnen Mannes, der, genau so
schmal wie die Brüstung, bis jetzt bäuchlings da gelegen war
und sich jetzt langsam wendete, als suche er eine bequemere
Lage. Meine Frau hielt sich zitternd an mich. Ganz nah vor
mir war sein Gesicht, schmäler als meine Hand, peinlich rein
wie eine Wachsfigur, mit schwarzem Spitzbart. »Warum erschrecken Sie uns?« rief ich, »was treiben Sie hier?« »Entschuldigung!« sagte der Mann, »ich bin ein Verehrer Ihrer
Frau; ihre Elbogen auf meinem Körper fühlen macht mich
glücklich.« »Emil, ich bitte Dich, schütze mich«, rief meine
Frau. »Auch ich heiße Emil«, sagte der Mann, stützte den
Kopf auf eine Hand und lag da wie auf einem Ruhebett.
»Komm zu mir, süßes Frauchen.« »Sie Lump«, sagte ich,
»noch ein Wort und Sie liegen unten im Parterre«, und als sei
ich sicher daß dieses Wort noch kommen werde, wollte ich
ihn schon hinunterstoßen, aber das war nicht so einfach, er
schien doch fest zur Brüstung zu gehören, er war wie einge-
baut, ich wollte ihn wegwälzen, aber es gelang nicht, er lachte
nur und sagte: »Laß das, Du kleiner Dummer, entkräfte Dich
nicht vorzeitig, der Kampf beginnt erst und wird allerdings
damit enden, daß Deine Frau meine Sehnsucht erfüllt.« »Niemals!« rief meine Frau und dann zu mir gewendet: »also bitte
stoß ihn doch schon hinunter.« »Ich kann es nicht«, rief ich,
»Du siehst doch wie ich mich anstrenge, aber es ist hier irgendein Betrug und es geht nicht.« »Oh weh, oh weh«, klagte
meine Frau, »was wird aus mir werden.« »Sei ruhig«, sagte
ich, »ich bitte Dich, durch Deine Aufregung machst Du es nur
ärger, ich habe jetzt einen neuen Plan, ich werde mit meinem
Messer hier den Samt aufschneiden und dann das Ganze mit
dem Kerl hinunter ausschütten.« Aber nun konnte ich mein

Messer nicht finden. »Weißt Du nicht wo ich mein Messer habe«, fragte ich. »Sollte ich es im Mantel gelassen haben?« Fast wollte ich in die Garderobe laufen, da brachte mich meine Frau zur Besinnung. »Jetzt willst Du mich allein lassen, Emil«, rief sie. »Aber wenn ich kein Messer habe«, rief ich zurück. »Nimm meines«, sagte sie und suchte mit zitternden Fingern in ihrem Täschchen, aber dann brachte sie natürlich nur ein winziges Perlmuttermesserchen hervor.

ZFG 137 f

### Durch die Allee

Durch die Allee eine unfertige Gestalt, der Fetzen eines Regenmantels, ein Bein, die vordere Krempe eines Hutes, flüchtig von Ort zu Ort wechselnder Regen.

HAL 210

### Ich lebe nur hie und da

Ich kann es nicht verstehn und nicht einmal glauben. Ich lebe nur hie und da in einem kleinen Wort, in dessen Umlaut (oben »stößt«) ich z. B. auf einen Augenblick meinen unnützen Kopf verliere. Erster und letzter Buchstabe sind Anfang und Ende meines fischartigen Gefühls.

TB1 33 f

## Der Bau

Ich habe den Bau eingerichtet und er scheint wohlgelungen. Von außen ist eigentlich nur ein großes Loch sichtbar, dieses führt aber in Wirklichkeit nirgends hin, schon nach paar Schritten stößt man auf natürliches festes Gestein, ich will mich nicht dessen rühmen diese List mit Absicht ausgeführt zu haben, es war vielmehr der Rest eines der vielen vergeblichen Bauversuche, aber schließlich schien es mir vorteilhaft, dieses eine Loch unverschüttet zu lassen. Freilich manche List ist so fein, daß sie sich selbst umbringt, daß weiß ich besser als irgendwer sonst und es ist gewiß auch kühn, durch dieses Loch überhaupt auf die Möglichkeit aufmerksam zu machen, daß hier etwas Nachforschungswertes vorhanden ist. Doch verkennt mich wer glaubt daß ich feige bin und etwa nur aus Feigheit meinen Bau anlege. Wohl tausend Schritte von diesem Loch entfernt liegt von einer abhebbaren Moosschichte verdeckt der eigentliche Zugang zum Bau, er ist so gesichert, wie eben überhaupt auf der Welt etwas gesichert werden kann, gewiß, es kann jemand auf das Moos treten oder hineinstoßen, dann liegt mein Bau frei da und wer Lust hat – allerdings sind wohlgemerkt auch gewisse nicht allzuhäufige Fähigkeiten dazu nötig – kann eindringen und für immer alles zerstören. Das weiß ich wohl und mein Leben hat selbst jetzt auf seinem Höhepunkt kaum eine völlig ruhige Stunde, dort an jener Stelle im dunkeln Moos bin ich sterblich und in meinen Träumen schnuppert dort oft eine lüsterne Schnauze unaufhörlich herum. Ich hätte, wird man meinen, auch dieses wirkliche Eingangsloch zuschütten können, oben in dünner Schicht mit fester, weiter unten mit lockerer Erde, so daß es mir immer nur wenig Mühe gegeben hätte, mir immer wieder von neuem den Ausweg zu erarbeiten. Es ist aber doch nicht möglich, gerade die Vorsicht verlangt, daß ich eine sofortige

Auslaufmöglichkeit habe, gerade die Vorsicht verlangt wie leider so oft, das Risiko des Lebens; das alles sind recht mühselige Rechnungen und die Freude des scharfsinnigen Kopfes an sich selbst ist manchmal die alleinige Ursache dessen, daß man weiterrechnet. Ich muß die sofortige Auslaufmöglichkeit haben, kann ich denn trotz aller Wachsamkeit nicht von ganz unerwarteter Seite angegriffen werden? Ich lebe im innersten meines Baues in Frieden und inzwischen bohrt sich langsam und still der Gegner von irgendwoher an mich heran, ich will nicht sagen, daß er bessern Spürsinn hat als ich, vielleicht weiß er ebensowenig von mir wie ich von ihm, aber es gibt leidenschaftliche Räuber, die blindlings die Erde durchwühlen und bei der ungeheueren Ausdehnung meines Baues haben selbst sie Hoffnung irgendwo auf einen meiner Wege zu stoßen, freilich ich habe den Vorteil in meinem Haus zu sein, alle Wege und Richtungen genau zu kennen, der Räuber kann sehr leicht mein Opfer werden und ein süß schmeckendes, aber ich werde alt, es gibt viele die kräftiger sind als ich und meiner Gegner gibt es unzählige, es könnte geschehn, daß ich vor einem Feind fliehe und dem andern in die Fänge laufe, ach was könnte nicht alles geschehn, jedenfalls aber muß ich die Zuversicht haben, daß irgendwo vielleicht ein leicht erreichbarer, völlig offener Ausgang ist, wo ich, um hinauszukommen, gar nicht mehr zu arbeiten habe, so daß ich nicht etwa, während ich dort verzweifelt grabe, sei es auch in leichter Aufschüttung, plötzlich – bewahre mich der Himmel – die Zähne des Verfolgers in meinen Schenkeln spüre. Und es sind nicht nur die äußern Feinde die mich bedrohen, es gibt auch solche im Innern der Erde, ich habe sie noch nie gesehn, aber die Sagen erzählen von ihnen und ich glaube fest an sie. Es sind Wesen der innern Erde, nicht einmal die Sage kann sie beschreiben, selbst wer ihr Opfer geworden ist hat sie kaum gesehn, sie kommen, man hört das Kratzen ihrer Krallen

knapp unter sich in der Erde, die ihr Element ist, und schon
ist man verloren. Hier gilt auch nicht daß man in seinem Haus
ist, vielmehr ist man in ihrem Haus. Vor ihnen rettet mich
auch jener Ausweg nicht, wie er mich ja wahrscheinlich überhaupt nicht rettet, sondern verdirbt, aber eine Hoffnung ist er
und ich kann ohne ihn nicht leben.

DE 165 ff


Wir graben den Schacht von Babel.

HAL 280


## Immer wieder verirre ich mich

Immer wieder verirre ich mich, es ist ein Waldweg, aber deutlich erkennbar, nur über ihm führt die Aussicht auf einen
Himmelsstreifen, überall sonst ist der Wald dicht und dunkel.
Und doch das fortwährende, verzweifelte Verirren, und außerdem mache ich einen Schritt vom Weg bin ich gleich tausend Schritt im Wald, verlassen daß ich umfallen möchte und
liegen bleiben für immer

ZFG 152


## Der Dorfschullehrer

Diejenigen, ich gehöre zu ihnen, die schon einen kleinen gewöhnlichen Maulwurf widerlich finden, wären wahrscheinlich vom Widerwillen getötet worden, wenn sie den Riesenmaulwurf gesehen hätten, der vor einigen Jahren in der Nähe
eines kleinen Dorfes beobachtet worden ist, das dadurch eine
gewisse vorübergehende Berühmtheit erlangt hat. Jetzt ist es

allerdings schon längst wieder in Vergessenheit geraten und
teilt damit nur die Ruhmlosigkeit der ganzen Erscheinung,
die vollständig unerklärt geblieben ist, die man aber zu erklären sich auch nicht sehr bemüht hat und die infolge einer unbegreiflichen Nachlässigkeit jener Kreise, die sich darum hätten kümmern sollen und die sich tatsächlich angestrengt um
viel geringfügigere Dinge kümmern, ohne genauere Untersuchung vergessen worden ist. Darin daß das Dorf weit von der
Eisenbahn abliegt, kann jedenfalls keine Entschuldigung dafür gefunden werden, viele Leute kamen aus Neugierde von
weither, sogar aus dem Ausland, nur diejenigen die mehr als
Neugierde hätten zeigen sollen, die kamen nicht. Ja, hätten
nicht einzelne ganz einfache Leute, Leute, deren gewöhnliche
Tagesarbeit ihnen kaum ein ruhiges Aufatmen gestattete, hätten nicht diese Leute uneigennützig sich der Sache angenommen, das Gerücht von der Erscheinung wäre wahrscheinlich
kaum über den nächsten Umkreis hinausgekommen. Es muß
zugegeben werden, daß selbst das Gerücht, das sich doch
sonst kaum aufhalten läßt, in diesem Falle geradezu schwer-
fällig war, hätte man es nicht förmlich gestoßen, es hätte sich
nicht verbreitet. Aber auch das war gewiß kein Grund sich mit
der Sache nicht zu beschäftigen, im Gegenteil, auch diese Erscheinung hätte noch untersucht werden müssen. Statt dessen
überließ man die einzige schriftliche Behandlung des Falles
dem alten Dorflehrer, der zwar ein ausgezeichneter Mann in
seinem Berufe war, aber dessen Fähigkeiten ebenso wenig wie
seine Vorbildung es ihm ermöglichten, eine gründliche und
weiterhin verwertbare Beschreibung geschweige denn eine
Erklärung zu liefern. Die kleine Schrift wurde gedruckt und
an die damaligen Besucher des Dorfes viel verkauft, sie fand
auch einige Anerkennung, aber der Lehrer war klug genug
einzusehn, daß seine vereinzelten von niemand unterstützten
Bemühungen im Grunde wertlos waren. Wenn er dennoch in

ihnen nicht nachließ und die Sache, trotzdem sie ihrer Natur nach von Jahr zu Jahr verzweifelter wurde, zu seiner Lebensaufgabe machte, so beweist dies einerseits wie groß die Wirkung war welche die Erscheinung ausüben konnte und andererseits welche Ausdauer und Überzeugungstreue sich in einem alten unbeachteten Dorflehrer vorfinden kann. Daß er aber unter der abweisenden Haltung der maßgebenden Persönlichkeiten schwer gelitten hat, beweist ein kleiner Nachtrag, den er seiner Schrift folgen ließ, allerdings erst nach einigen Jahren, also zu einer Zeit, als sich kaum jemand mehr erinnern konnte, um was es sich hier gehandelt hatte. In diesem Nachtrag führt er vielleicht nicht durch Geschicklichkeit aber durch Ehrlichkeit überzeugend Klage über die Verständnislosigkeit, die ihm bei Leuten begegnet ist, wo man sie am wenigsten hätte erwarten sollen. Von diesen Leuten sagt er treffend: »Nicht ich, aber sie reden wie alte Dorflehrer.« Und er führt unter anderem den Ausspruch eines Gelehrten an, zu dem er eigens in seiner Sache gefahren ist. Der Name des Gelehrten ist nicht genannt aber aus verschiedenen Nebenumständen läßt sich erraten, wer es gewesen ist. Nachdem der Lehrer große Schwierigkeiten überwunden hatte, um bei dem Gelehrten, bei dem er sich wochenlang vorher angemeldet hatte, überhaupt Einlaß zu erlangen, merkte er schon bei der Begrüßung, daß der Gelehrte in einem unüberwindbaren Vorurteil inbetreff seiner Sache befangen war. In welcher Zerstreutheit er dem langen Bericht des Lehrers zuhörte, den dieser an der Hand seiner Schrift erstattete, zeigte sich in der Bemerkung, die er nach einiger scheinbarer Überlegung machte. »Gewiß es gibt verschiedene Maulwürfe, kleine und große. Die Erde ist doch in ihrer Gegend besonders schwarz und schwer. Nun, sie gibt deshalb auch den Maulwürfen besonders fette Nahrung und sie werden ungewöhnlich groß.« »Aber so groß doch nicht«, rief der Lehrer und maß, in seiner Wut ein wenig übertreibend, zwei Meter an der Wand ab. »O doch«, antwortete der Gelehrte, dem das Ganze offenbar sehr spaßhaft vorkam, »warum denn nicht?« Mit diesem Bescheide fuhr der Lehrer nachhause zurück. Er erzählt, wie ihn am Abend im Schneefall auf der Landstraße seine Frau und seine sechs Kinder erwartet hätten und wie er ihnen das endgiltige Mißlingen seiner Hoffnungen bekennen mußte.

Als ich von dem Verhalten des Gelehrten gegenüber dem Lehrer las, kannte ich noch gar nicht die Hauptschrift des Lehrers. Aber ich entschloß mich sofort, alles was ich über den Fall in Erfahrung bringen konnte, selbst zu sammeln und zusammenzustellen. Da ich dem Gelehrten nicht die Faust vor das Gesicht halten konnte, sollte wenigstens meine Schrift den Lehrer verteidigen oder besser ausgedrückt nicht so sehr den Lehrer, als die gute Absicht eines ehrlichen aber einflußlosen Mannes. Ich gestehe ich bereute später diesen Entschluß, denn ich fühlte bald, daß seine Ausführung mich in eine sonderbare Lage bringen mußte. Einerseits war auch mein Einfluß beiweitem nicht hinreichend um den Gelehrten oder gar die öffentliche Meinung zugunsten des Lehrers umzustimmen, andererseits aber mußte der Lehrer merken, daß mir an seiner Hauptabsicht, dem Nachweis der Erscheinung des großen Maulwurfes weniger lag, als an der Verteidigung seiner Ehrenhaftigkeit, die ihm wiederum selbstverständlich und keiner Verteidigung bedürftig schien. Es mußte also dahin kommen, daß ich, der ich mich dem Lehrer verbinden wollte, bei ihm kein Verständnis fand, und wahrscheinlich statt zu helfen für mich einen neuen Helfer brauchen würde, dessen Auftreten wohl sehr unwahrscheinlich war. Außerdem bürdete ich mir mit meinem Entschluß eine große Arbeit auf. Wollte ich überzeugen, so durfte ich mich nicht auf den Lehrer berufen, der ja nicht hatte überzeugen können. Die Kenntnis seiner Schrift hätte mich nur beirrt, und ich vermied es da-

her sie vor Beendigung meiner eigenen Arbeit zu lesen. Ja ich
trat nicht einmal mit dem Lehrer in Verbindung. Allerdings
erfuhr er durch Mittelspersonen von meinen Untersuchungen, aber er wußte nicht ob ich in seinem Sinne arbeitete oder
gegen ihn. Ja er vermutete wahrscheinlich sogar das Letztere,
wenn er es später auch leugnete, denn ich habe Beweise darüber, daß er mir verschiedene Hindernisse in den Weg gelegt
hat. Das konnte er sehr leicht, denn ich war ja gezwungen alle Untersuchungen, die er schon durchgeführt hatte, nochmals vorzunehmen und er konnte mir daher immer zuvorkommen. Das war aber der einzige Vorwurf der meiner
Methode mit Recht gemacht werden konnte, übrigens ein
unausweichlicher Vorwurf, der aber durch die Vorsicht, ja
Selbstverleugnung meiner Schlußfolgerungen sehr entkräftet
wurde. Sonst aber war meine Schrift von jeder Einflußnahme
des Lehrers frei, vielleicht hatte ich in diesem Punkte sogar
allzu große Peinlichkeit bewiesen, es war durchaus so, als hätte bisher niemand den Fall untersucht, als wäre ich der erste
der die Augen- und Ohrenzeugen verhörte, der erste, der die
Angaben aneinanderreihte, der erste, der Schlüsse zog. Als ich
später die Schrift des Lehrers las – sie hatte einen sehr um-
ständlichen Titel: Ein Maulwurf, so groß, wie ihn noch niemand gesehen hat, – fand ich tatsächlich, daß wir in wesentlichen Punkten nicht übereinstimmten, wenn wir auch beide
die Hauptsache, nämlich die Existenz des Maulwurfes bewiesen zu haben glaubten. Immerhin verhinderten jene einzelnen Meinungsverschiedenheiten die Entstehung eines freund-
schaftlichen Verhältnisses zum Lehrer, das ich eigentlich trotz
allem erwartet hatte. Es entwickelte sich fast eine gewisse
Feindseligkeit von seiner Seite. Er blieb zwar immer bescheiden und demütig mir gegenüber aber desto deutlicher konnte man seine wirkliche Stimmung merken. Er war nämlich der
Meinung, daß ich ihm und der Sache durchaus geschadet ha-

be und daß mein Glaube, ich hätte ihm genützt oder nützen können, im besten Fall Einfältigkeit, wahrscheinlich aber Anmaßung oder Hinterlist sei. Vor allem wies er öfters darauf hin, daß alle seine bisherigen Gegner ihre Gegnerschaft überhaupt nicht oder bloß unter vier Augen oder wenigstens nur mündlich gezeigt hätten, während ich es für nötig gehalten hatte, alle meine Aussetzungen sofort drucken zu lassen. Außerdem hätten die wenigen Gegner, welche sich wirklich mit der Sache wenn auch nur oberflächlich beschäftigt hatten, doch wenigstens seine, des Lehrers Meinung, also die hier maßgebende Meinung angehört, ehe sie sich selbst geäußert hatten, ich aber hatte aus unsystematisch gesammelten und zum Teil mißverstandenen Angaben Ergebnisse hervorgebracht, die selbst wenn sie in der Hauptsache richtig waren, doch unglaubwürdig wirken müßten undzwar sowohl auf die Menge als auch auf die Gebildeten. Der schwächste Schein der Unglaubwürdigkeit war aber das Schlimmste was hier geschehen konnte. Auf diese wenn auch verhüllt vorgebrachten Vorwürfe hätte ich ihm leicht antworten können – so stellte z. B. gerade seine Schrift wohl den Höhepunkt der Unglaubwürdigkeit dar – weniger leicht aber war es gegen seinen sonstigen Verdacht anzukämpfen und dies war der Grund, warum ich mich überhaupt im Ganzen ihm gegenüber sehr zurückhielt. Er glaubte nämlich im Geheimen, daß ich ihn um den Ruhm hatte bringen wollen, der erste öffentliche Fürsprecher des Maulwurfes zu sein. Nun war ja für seine Person gar kein Ruhm vorhanden, sondern nur eine Lächerlichkeit, die sich aber auch auf einen immer kleineren Kreis einschränkte und um die ich mich gewiß nicht bewerben wollte. Außerdem aber hatte ich in der Einleitung zu meiner Schrift ausdrücklich erklärt, daß der Lehrer für alle Zeiten als Entdecker des Maulwurfes zu gelten habe – der Entdecker war er aber nicht einmal – und daß nur die Anteilnahme am Schicksal des Leh-

rers mich zur Abfassung der Schrift gedrängt habe. »Der
Zweck dieser Schrift ist es,« – so schloß ich allzu pathetisch,
aber es entsprach meiner damaligen Erregung – »der Schrift
des Lehrers zur verdienten Verbreitung zu helfen. Gelingt
dies, dann soll mein Name, der vorübergehend und nur äußerlich in diese Angelegenheit verwickelt wird, sofort aus ihr
gelöscht werden.« Ich wehrte also geradezu jede größere Be-
teiligung an der Sache ab; es war fast, als hätte ich irgendwie
den unglaublichen Vorwurf des Lehrers vorausgeahnt. Trotzdem fand er gerade in dieser Stelle die Handhabe gegen mich
und ich leugne nicht, daß eine scheinbare Spur von Berechtigung in dem was er sagte, oder vielmehr andeutete, enthalten
war, wie mir überhaupt einigemal auffiel, daß er in mancher
Hinsicht mir gegenüber fast mehr Scharfsinn zeigte, als in seiner Schrift. Er behauptete nämlich, meine Einleitung sei dop-
pelzüngig. Wenn mir wirklich nur daran lag, seine Schrift zu
verbreiten, warum befaßte ich mich nicht ausschließlich mit
ihm und seiner Schrift, warum zeigte ich nicht ihre Vorzüge,
ihre Unwiderlegbarkeit, warum beschränkte ich mich nicht
darauf die Bedeutung der Entdeckung hervorzuheben und
begreiflich zu machen, warum drängte ich mich vielmehr unter vollständiger Vernachlässigung der Schrift in die Entdek-
kung selbst. War sie etwa nicht schon getan? Blieb etwa in dieser Hinsicht noch etwas zu tun übrig? Wenn ich aber wirklich
glaubte die Entdeckung noch einmal machen zu müssen, warum sagte ich mich dann in der Einleitung von der Entdek-
kung so feierlich los. Das hätte heuchlerische Bescheidenheit
sein können, aber es war etwas Ärgeres. Ich entwertete die
Entdeckung, ich machte auf sie aufmerksam nur zu dem
Zweck um sie zu entwerten, ich hatte sie erforscht und legte
sie bei Seite, es war vielleicht rings um diese Sache ein wenig
stiller geworden, ich machte nun wieder Lärm, machte aber
gleichzeitig die Lage des Lehrers schwieriger als sie jemals ge-

wesen war. Was bedeutete denn für den Lehrer die Verteidigung seiner Ehrenhaftigkeit. An der Sache, nur an der Sache lag ihm. Diese aber verriet ich weil ich sie nicht verstand, weil ich sie nicht richtig einschätzte, weil ich keinen Sinn für sie hatte. Sie gieng himmelhoch über meinen Verstand hinaus. Er saß vor mir und sah mich mit seinem alten faltigen Gesicht ruhig an, und doch war nur dieses seine Meinung. Allerdings war es nicht richtig, daß ihm nur an der Sache lag, er war sogar recht ehrgeizig und wollte auch Geldgewinn, was mit Rücksicht auf seine zahlreiche Familie sehr begreiflich war, trotzdem schien ihm mein Interesse an der Sache vergleichsweise so gering, daß er glaubte sich für vollständig uneigennützig hinstellen zu dürfen ohne eine allzugroße Unwahrheit zu sagen. Und es genügte tatsächlich nicht einmal für meine innere Befriedigung, wenn ich mir sagte, daß die Vorwürfe des Mannes im Grunde nur darauf zurückgehn, daß er gewissermaßen seinen Maulwurf mit beiden Händen festhält und jeden, der ihm nur mit dem Finger nahe kommen will einen Verräter nennt. Es war nicht so, sein Verhalten war nicht durch Geiz, wenigstens nicht durch Geiz allein zu erklären, eher durch die Gereiztheit, welche seine großen Anstrengungen und deren vollständige Erfolglosigkeit in ihm hervorgerufen hatte. Aber auch die Gereiztheit erklärte nicht alles. Vielleicht war mein Interesse an der Sache wirklich zu gering, an Fremden war für den Lehrer Interesselosigkeit schon etwas gewöhnliches, er litt darunter im allgemeinen, aber nicht mehr im Einzelnen, hier aber hatte sich endlich einer gefunden, der sich der Sache in außerordentlicher Weise annahm, und selbst dieser begriff die Sache nicht. Einmal in diese Richtung gedrängt wollte ich gar nicht leugnen. Ich bin kein Zoologe, vielleicht hätte ich mich für diesen Fall wenn ich ihn selbst entdeckt hätte, bis auf den Herzensgrund ereifert, aber ich hatte ihn doch nicht entdeckt. Ein so riesengroßer Maulwurf ist gewiß eine Merkwürdigkeit, aber die dauernde Aufmerksamkeit der ganzen Welt darf man nicht dafür verlangen, besonders wenn die Existenz des Maulwurfes nicht vollständig einwandfrei festgestellt ist und man ihn jedenfalls nicht vorführen kann. Und ich gestand auch ein, daß ich mich wahrscheinlich für den Maulwurf, selbst wenn ich der Entdecker gewesen wäre, niemals so eingesetzt hätte, wie ich es für den Lehrer gern und freiwillig tat.

Nun hätte sich wahrscheinlich die Nichtübereinstimmung zwischen mir und dem Lehrer bald aufgelöst, wenn meine Schrift Erfolg gehabt hätte. Aber gerade dieser Erfolg blieb aus. Vielleicht war sie nicht gut, nicht überzeugend genug geschrieben, ich bin Kaufmann, die Abfassung einer solchen Schrift geht vielleicht über den mir gesetzten Kreis noch weiter hinaus als dies beim Lehrer der Fall war, trotzdem ich allerdings in allen hiefür nötigen Kenntnissen den Lehrer bei weitem übertraf. Auch ließ sich der Mißerfolg noch anders deuten, der Zeitpunkt des Erscheinens war vielleicht ungünstig. Die Entdeckung des Maulwurfes, die nicht hatte durchdringen können, lag einerseits noch nicht so weit zurück, als daß man sie vollständig vergessen hätte und durch meine Schrift also etwa überrascht worden wäre, andererseits aber war genug Zeit vergangen, um das geringe Interesse, das ursprünglich vorhanden gewesen war, gänzlich zu erschöpfen. Jene, die sich überhaupt über meine Schrift Gedanken machten, sagten sich mit einer Art Trostlosigkeit, die schon vor Jahren diese Diskussion beherrscht hatte, daß nun wohl wieder die nutzlosen Anstrengungen für diese öde Sache beginnen sollen und manche verwechselten sogar meine Schrift mit der des Lehrers. In einer führenden landwirtschaftlichen Zeitschrift fand sich folgende Bemerkung, glücklicher Weise nur zum Schluß und klein gedruckt: »Die Schrift über den Riesenmaulwurf ist uns wieder zugeschickt worden. Wir erinnern uns, schon einmal vor Jahren über sie herzlich gelacht zu haben. Sie ist seitdem nicht klüger geworden und wir nicht dümmer. Bloß lachen können wir nicht zum zweitenmal. Dagegen fragen wir unsere Lehrervereinigungen, ob ein Dorfschullehrer nicht nützlichere Arbeit finden kann, als Riesenmaulwürfen nachzujagen.« Eine unverzeihliche Verwechslung! Man hatte weder die erste noch die zweite Schrift gelesen und die zwei armseligen in der Eile aufgeschnappten Worte Riesenmaulwurf und Dorfschullehrer genügten schon den Herren, um sich als Vertreter anerkannter Interessen in Szene zu setzen. Dagegen hätte gewiß verschiedenes mit Erfolg unternommen werden können, aber die mangelnde Verständigung mit dem Lehrer hielt mich davon ab. Ich versuchte vielmehr die Zeitschrift vor ihm geheim zu halten, so lange es nur möglich war. Aber er entdeckte sie sehr bald, ich erkannte es schon aus einer Bemerkung eines Briefes, in dem er mir seinen Besuch für die Weihnachtsfeiertage in Aussicht stellte. Er schrieb dort: »Die Welt ist schlecht und man macht es ihr leicht«, womit er ausdrücken wollte, daß ich zu der schlechten Welt gehöre, mich aber mit der mir innewohnenden Schlechtigkeit nicht begnüge, sondern es der Welt auch noch leicht mache d. h. tätig bin, um die allgemeine Schlechtigkeit hervorzulocken und ihr zum Sieg zu verhelfen. Nun ich hatte schon die nötigen Entschlüsse gefaßt, konnte ihn ruhig erwarten und ruhig zusehn wie er ankam, sogar weniger höflich grüßte als sonst, sich stumm mir gegenüber setzte, sorgfältig aus der Brusttasche seines eigentümlich wattierten Rockes die Zeitschrift hervorzog und sie aufgeschlagen vor mich hinschob. »Ich kenne es«, sagte ich und schob die Zeitschrift ungelesen wieder zurück. »Sie kennen es«, sagte er seufzend, er hatte die alte Lehrergewohnheit fremde Antworten zu wiederholen. »Ich werde das natürlich nicht ohne Abwehr hinnehmen«, fuhr er fort, tippte aufgeregt mit dem Finger auf die Zeitschrift und sah mich dabei scharf an, als wäre ich der entgegengesetzten Meinung; eine Ahnung dessen, was ich sagen wollte, hatte er wohl; ich habe auch sonst nicht so sehr aus seinen Worten, als aus sonstigen Zeichen zu bemerken geglaubt, daß er oft eine sehr richtige Empfindung für meine Absichten hatte, ihr aber nicht nachgab und sich ablenken ließ. Das was ich ihm damals sagte, kann ich fast wortgetreu wiedergeben, da ich es kurz nach der Unterredung notiert habe. »Tut was Ihr wollt«, sagte ich, »unsere Wege scheiden sich von heute ab. Ich glaube daß es Euch weder unerwartet noch ungelegen kommt. Die Notiz hier in der Zeitschrift ist nicht die Ursache meines Entschlusses, sie hat ihn bloß endgiltig befestigt. Die eigentliche Ursache liegt darin, daß ich ursprünglich glaubte Euch durch mein Auftreten nützen zu können, während ich jetzt sehen muß daß ich Euch in jeder Richtung geschadet habe. Warum es sich so gewendet hat, weiß ich nicht, die Gründe für Erfolg und Mißerfolg sind immer vieldeutig, sucht nicht nur jene Deutungen hervor, die gegen mich sprechen. Denkt an Euch, auch Ihr hattet die besten Absichten und doch Mißerfolg, wenn man das Ganze ins Auge faßt. Ich meine es nicht im Scherz, es geht ja gegen mich selbst, wenn ich sage, daß auch die Verbindung mit mir leider zu Eueren Mißerfolgen zählt. Daß ich mich jetzt von der Sache zurückziehe, ist weder Feigheit noch Verrat. Es geschieht sogar nicht ohne Selbstüberwindung; wie sehr ich Euere Person achte, geht schon aus meiner Schrift hervor, Ihr seid mir in gewisser Hinsicht ein Lehrer geworden und sogar der Maulwurf wurde mir fast lieb. Trotzdem trete ich bei Seite, Ihr seid der Entdecker und wie ich es auch anstellen wollte, ich hindere immer daß der mögliche Ruhm Euch trifft, während ich den Mißerfolg anziehe und auf Euch weiterleite. Wenigstens ist dies Euere Meinung. Genug davon. Die einzige Buße, die ich auf mich nehmen kann ist, daß ich Euch um Verzeihung bitte und wenn Ihr es verlangt das Geständnis, das ich Euch hier gemacht habe, auch öffentlich z. B. in dieser Zeitschrift wiederhole.« Das waren damals meine Worte, sie waren nicht ganz aufrichtig, aber das Aufrichtige war ihnen leicht zu entnehmen. Es wirkte auf ihn so, wie ich es ungefähr erwartet hatte. Die meisten alten Leute haben Jüngern gegenüber etwas Täuschendes, etwas Lügnerisches in ihrem Wesen, man lebt ruhig neben ihnen fort, glaubt das Verhältnis gesichert, kennt die vorherrschenden Meinungen, bekommt fortwährend Bestätigungen des Friedens, hält alles für selbstverständlich und plötzlich wenn sich etwas Entscheidendes ereignet und die solange vorbereitete Ruhe wirken sollte, erheben sich diese alten Leute wie Fremde, haben tiefere, stärkere Meinungen, entfalten förmlich jetzt erst ihre Fahne und man liest darauf mit Schrecken den neuen Spruch. Dieser Schrecken stammt vor allem daher, weil das, was die Alten jetzt sagen, wirklich viel berechtigter, sinnvoller und als ob es eine Steigerung des Selbstverständlichen gäbe noch selbstverständlicher ist. Das unübertrefflich Lügnerische daran aber ist, daß sie das, was sie jetzt sagen, im Grunde immer gesagt haben und daß es eben doch im Allgemeinen nie vorauszusehen war. Ich mußte mich tief in diesen Dorfschullehrer eingebohrt haben, daß er mich jetzt nicht ganz überraschte. »Kind«, sagte er, legte seine Hand auf die meine und rieb sie freundschaftlich, »wie kamt Ihr denn überhaupt auf den Gedanken Euch auf diese Sache einzulassen. Gleich als ich zum ersten Mal davon hörte, sprach ich mit meiner Frau darüber.« Er rückte vom Tische ab, breitete die Arme aus und blickte zu Boden, als stehe dort unten winzig seine Frau und er spreche mit ihr. »»So viele Jahre‹, sagte ich zu ihr, ›kämpfen wir allein, jetzt aber scheint in der Stadt ein hoher Gönner für uns einzutreten, ein städtischer Kaufmann, namens so und so. Jetzt sollten wir uns doch sehr freuen, nicht? Ein Kaufmann in der Stadt bedeutet nicht wenig, wenn ein lumpiger Bauer uns glaubt und es ausspricht, so kann uns das nichts helfen, denn was ein Bauer macht, ist immer unanständig, ob er nun sagt: Der alte Dorfschullehrer hat recht oder ob er etwa unpassender Weise ausspuckt, beides ist in der Wirkung einander gleich. Und stehn statt des einen Bauern zehntausend Bauern auf, so ist die Wirkung womöglich noch schlechter. Ein Kaufmann in der Stadt ist dagegen etwas anderes, ein solcher Mann hat Verbindungen, selbst das was er nur nebenbei sagt, spricht sich in weitern Kreisen herum, neue Gönner nehmen sich der Sache an, einer sagt z. B.: Auch von Dorfschullehrern kann man lernen, und am nächsten Tag flüstern es sich schon eine Menge von Leuten zu, von denen man es nach ihrem Äußern zu schließen niemals annehmen würde. Jetzt finden sich Geldmittel für die Sache, einer sammelt und die andern zählen ihm das Geld in die Hand, man meint, der Dorfschullehrer müsse aus dem Dorf hervorgeholt werden, man kommt, kümmert sich nicht um sein Aussehn, nimmt ihn in die Mitte und da sich die Frau und die Kinder an ihn hängen, nimmt man auch sie mit. Hast Du schon Leute aus der Stadt beobachtet? Das zwitschert unaufhörlich. Ist eine Reihe von ihnen beisammen so geht das Zwitschern von rechts nach links und wieder zurück und auf und ab. Und so heben sie uns zwitschernd in den Wagen, man hat kaum Zeit allen zuzunicken. Der Herr auf dem Kutschbock rückt seinen Zwicker zurecht, schwingt die Peitsche und wir fahren. Alle winken zum Abschied dem Dorfe zu, so als ob wir noch dort wären und nicht mitten unter ihnen säßen. Aus der Stadt kommen einige Wagen mit besonders Ungeduldigen uns entgegen. Als wir uns nähern, stehen sie von ihren Sitzen auf und strecken sich, um uns zu sehn. Der welcher das Geld gesammelt hat ordnet alles und ermahnt zur Ruhe. Es ist schon eine große Wagenreihe als wir in die Stadt einfahren. Wir haben geglaubt, daß die Begrüßung schon vorüber ist, aber nun vor dem Gasthof beginnt sie erst. In der Stadt sammeln sich eben auf einen Anruf gleich sehr viele Leute an. Um was sich der eine kümmert, kümmert sich gleich auch der andere. Sie nehmen einander mit ihrem Atem die Meinungen weg und eignen sich sie an. Nicht alle diese Leute können mit den Wagen fahren, sie warten vor dem Gasthof. Andere könnten zwar fahren, aber sie tun es aus Selbstbewußtsein nicht. Auch diese warten. Es ist unbegreiflich wie der welcher das Geld gesammelt hat, den Überblick über alle behält.‹«

Ich hatte ihm ruhig zugehört, ja ich war während der Rede immer ruhiger geworden. Auf dem Tisch hatte ich alle Exemplare meiner Schrift, soviele ich ihrer noch besaß aufgehäuft. Es fehlten nur sehr wenige, denn ich hatte in der letzten Zeit durch ein Rundschreiben alle ausgeschickten Exemplare zurückgefordert und hatte auch die meisten erhalten. Von vielen Seiten war mir übrigens sehr höflich geschrieben worden, daß man sich gar nicht erinnere eine solche Schrift erhalten zu haben und daß man sie, wenn sie etwa doch gekommen sein sollte, bedauerlicher Weise verloren haben müsse. Auch so war es richtig, ich wollte im Grunde nichts anderes. Nur einer bat mich, die Schrift als Kuriosum behalten zu dürfen und verpflichtete sich sie im Sinne meines Rundschreibens während der nächsten zwanzig Jahre niemandem zu zeigen. Dieses Rundschreiben hatte der Dorfschullehrer noch gar nicht gesehn, ich freute mich, daß seine Worte es mir so leicht machten es ihm zu zeigen. Ich konnte dies aber auch sonst ohne Sorge tun weil ich bei der Abfassung sehr vorsichtig vorgegangen war und das Interesse des Dorfschullehrers und seiner Sache niemals außer Acht gelassen hatte. Die Hauptsätze des Schreibens lauteten nämlich: »Ich bitte nicht deshalb um Rückgabe der Schrift, weil ich etwa von den in der Schrift vertretenen Meinungen abgekommen bin oder sie vielleicht in einzelnen Teilen als irrig oder auch nur als unbeweisbar ansehn würde. Meine Bitte hat lediglich persönliche, allerdings sehr zwingende Gründe, auf meine Stellung zur Sache läßt sie jedoch nicht die allergeringsten Rückschlüsse zu, ich bitte dies besonders zu beachten und wenn es beliebt auch zu verbreiten.«

Vorläufig hielt ich dieses Rundschreiben noch mit den Händen verdeckt und sagte: »Wollt Ihr mir Vorwürfe machen weil es nicht so gekommen ist? Warum wollt Ihr das tun? Verbittern wir uns doch nicht das Auseinandergehn. Und versucht endlich einzusehn, daß Ihr zwar eine Entdeckung gemacht habt, daß aber diese Entdeckung nicht etwa alles andere überragt und daß infolge dessen auch das Unrecht das Euch geschieht nicht ein alles andere überragendes Unrecht ist. Ich kenne nicht die Satzungen der gelehrten Gesellschaften aber ich glaube nicht daß Euch selbst im günstigsten Falle ein Empfang bereitet worden wäre, der nur annähernd an jenen herangereicht hätte, wie Ihr ihn vielleicht Euerer armen Frau beschrieben habt. Wenn ich selbst etwas von der Wirkung der Schrift erhoffte, so glaubte ich, daß vielleicht ein Professor auf Eueren Fall aufmerksam gemacht werden könnte, daß er irgendeinen jungen Studenten beauftragen würde der Sache nachzugehn, daß dieser Student zu Euch fahren und dort Euere und meine Untersuchungen nochmals in seiner Weise überprüfen würde und daß er schließlich, wenn ihm das Ergebnis erwähnenswert schiene, – hier ist festzuhalten, daß alle jungen Studenten voll Zweifel sind – daß er dann eine eigene Schrift herausgeben würde, in welcher das, was Ihr beschrieben habt, wissenschaftlich begründet wäre. Jedoch selbst dann wenn sich diese Hoffnung erfüllt hätte, wäre noch nicht viel erreicht gewesen. Die Schrift des Studenten, die einen so sonderbaren Fall verteidigt hätte, wäre vielleicht lächerlich gemacht worden. Ihr seht hier an dem Beispiel der landwirtschaftlichen Zeitschrift wie leicht das geschehen kann, und wissenschaftliche Zeitschriften sind in dieser Hinsicht noch rücksichtsloser. Es ist auch verständlich, die Professoren tragen viel Verantwortung vor sich, vor der Wissenschaft, vor der Nachwelt, sie können sich nicht jeder neuen Entdeckung gleich an die Brust werfen. Wir andern sind ihnen gegenüber darin im Vorteil. Aber ich sehe von dem ab und will jetzt annehmen daß die Schrift des Studenten sich durchgesetzt hätte. Was wäre dann geschehn? Euer Name wäre wohl einigemal in Ehren genannt worden, es hätte wahrscheinlich auch Euerem Stand genützt, man hätte gesagt: ›Unsere Dorfschullehrer haben offene Augen‹ und die Zeitschrift hier hätte, wenn Zeitschriften Gedächtnis und Gewissen hätten, Euch öffentlich abbitten müssen, es hätte sich dann auch ein wohlwollender Professor gefunden, um ein Stipendium für Euch zu erwirken, es ist auch wirklich möglich daß man versucht hätte, Euch in die Stadt zu ziehn, Euch eine Stelle an einer städtischen Volksschule zu verschaffen und Euch so Gelegenheit zu geben, die wissenschaftlichen Hilfsmittel, welche die Stadt bietet, für Euere weitere Ausbildung zu verwerten. Wenn ich aber offen sein soll, so muß ich sagen, ich glaube man hätte es nur versucht. Man hätte Euch hierherberufen, Ihr wäret auch gekommen undzwar als gewöhnlicher Bittsteller wie es hunderte gibt ohne allen festlichen Empfang, man hätte mit Euch gesprochen, hätte Euer ehrliches Streben anerkannt, hätte aber doch auch gleichzeitig gesehn, daß Ihr ein alter Mann seid, daß in diesem Alter der Beginn eines wissenschaftlichen Studiums aussichtslos ist und daß Ihr vor allem mehr zufällig als planmäßig zu Euerer Entdeckung gelangt seid und über diesen Einzelfall hinaus, nicht einmal weiter zu arbeiten beabsichtigt. Man hätte Euch also aus diesen Gründen wohl im Dorf gelassen. Euere Entdeckung allerdings wäre weitergeführt worden, denn so klein ist sie nicht, daß sie, einmal zur Anerkennung gekommen, jemals vergessen werden könnte. Aber Ihr hättet nicht mehr viel von ihr erfahren und was Ihr erfahren hättet, hättet Ihr kaum verstanden. Jede Entdeckung wird gleich in die Gesamtheit der Wissenschaften geleitet und hört damit gewissermaßen auf Entdeckung zu sein, sie geht im Ganzen auf und verschwindet, man muß schon einen wissenschaftlich geschulten Blick haben, um sie dann noch zu erkennen. Sie wird gleich an Leitsätze geknüpft von deren Dasein wir gar nicht gehört haben, und im wissenschaftlichen Streit wird sie an diesen Leitsätzen bis in die Wolken hinaufgerissen. Wie wollen wir das begreifen? Wenn wir einer solchen Diskussion zuhören, glauben wir z. B. einmal es handle sich um die Entdeckung aber unterdessen handelt es sich um ganz andere Dinge.«

»Nun gut«, sagte der Dorfschullehrer, nahm seine Pfeife heraus und begann sie mit dem Tabak zu stopfen, den er lose in allen Taschen mit sich trug, »Ihr habt Euch freiwillig der undankbaren Sache angenommen und tretet jetzt auch freiwillig zurück. Es ist alles ganz richtig.« »Ich bin nicht starrköpfig«, sagte ich. »Findet Ihr an meinem Vorschlag vielleicht etwas auszusetzen?« »Nein, gar nichts«, sagte der Dorfschullehrer und seine Pfeife dampfte schon. Ich vertrug den Geruch seines Tabaks nicht und stand deshalb auf und gieng im Zimmer um. Ich war es schon von früheren Besprechungen her gewöhnt, daß der Dorfschullehrer mir gegenüber sehr schweigsam war und sich doch, wenn er einmal gekommen war, aus meinem Zimmer nicht fortrühren wollte. Es hatte mich schon manchmal sehr befremdet, er will noch etwas von mir, hatte ich dann immer gedacht und ihm Geld angeboten, das er auch regelmäßig annahm. Aber weggegangen war er immer erst dann, bis es ihm beliebte. Gewöhnlich war dann die Pfeife ausgeraucht, er schwenkte sich um den Sessel herum, den er ordentlich und respektvoll an den Tisch rückte, griff nach seinem Knotenstock in der Ecke, drückte mir eifrig die Hand und gieng. Heute aber war mir sein schweigsames Dasitzen geradezu lästig. Wenn man einmal jemandem den endgültigen Abschied anbietet wie ich es getan hatte und dies vom andern als ganz richtig bezeichnet wird, dann führt man doch das wenige noch gemeinsam zu Erledigende möglichst schnell zu Ende und bürdet dem andern nicht zwecklos seine stumme Gegenwart auf. Wenn man den kleinen zähen Alten von rückwärts ansah, wie er an meinem Tische saß, konnte man glauben, es werde überhaupt nicht möglich sein, ihn aus dem Zimmer hinauszubefördern.

BK 154–170

## Seelenfreund eines Pferdes

Ich erkläre es hier deutlich: alles was über mich erzählt wird ist falsch, wenn es davon ausgeht, daß ich als erster Mensch der Seelenfreund eines Pferdes gewesen bin. Sonderbar ist es, daß diese ungeheuerliche Behauptung verbreitet und geglaubt wird, aber noch viel sonderbarer, daß man die Sache leicht nimmt, sie verbreitet und glaubt, aber mit kaum mehr als einem Kopfschütteln sie auf sich beruhen läßt. Hier liegt ein Geheimnis, das zu erforschen eigentlich verlockender wäre, als die Geringfügigkeit, die ich wirklich getan habe. Was ich getan habe, ist nur dieses: ich habe ein Jahr lang mit einem Pferde gelebt derart, wie etwa ein Mensch mit einem Mädchen, das er verehrt, von dem er aber abgewiesen wird, leben würde, wenn er äußerlich kein Hindernis hätte, um alles zu veranstalten, was ihn zu seinem Ziele bringen könnte. Ich habe also das Pferd Eleonor und mich in einen Stall gesperrt und habe diesen gemeinsamen Aufenthaltsort immer nur verlassen, um die Unterrichtsstunden zu geben, durch die ich die Unterhaltsmittel für uns beide verdiente. Leider waren dies immerhin fünf bis sechs Stunden täglich und es ist durchaus nicht ausgeschlossen, daß dieser Zeitausfall den endgiltigen Mißerfolg aller meiner Mühen verschuldet hat, mögen sich das die Herren, die ich um Unterstützung meines Unternehmens vergeblich bat und die nur ein wenig Geld hätten hergeben sollen für etwas, für das ich mich so zu opfern bereit war, wie man ein Bündel Hafer opfert, das man zwischen die Mahlzähne eines Pferdes stopft, mögen sich das doch diese Herren wohl gesagt sein lassen.

DE 155 f

*Ein kapitales Stück*

Vor einer Mauer lag ich am Boden, wand mich vor Schmerz, wollte mich einwühlen in die feuchte Erde. Der Jäger stand neben mir und drückte mir einen Fuß leicht ins Kreuz. Ein kapitales Stück, sagte er zum Treiber, der mir den Kragen und Rock durchschnitt um mich zu befühlen. Meiner schon müde und nach neuen Taten begierig rannten die Hunde sinnlos gegen die Mauer an. Der Kutschwagen kam, an Händen und Beinen gefesselt wurde ich neben den Herrn über den Rücksitz geworfen sodaß ich mit Kopf und Armen außerhalb des Wagens niederhing. Die Fahrt gieng flott, verdurstend mit offenem Mund sog ich den hochgewirbelten Staub in mich, hie und da spürte ich den freudigen Griff des Herrn an meinen Waden

BCM 134

## Eine vertrackte Geschichte

Du hast schon viel gelesen, aber die vertrackte Geschichte vom schamhaften Langen und vom Unredlichen in seinem Herzen kennst Du nicht. Denn sie ist neu und sie ist schwer zu erzählen.

Der schamhafte Lange war in einem alten Dorf verkrochen zwischen niedrigen Häuschen und engen Gäßchen. So schmal waren die Gäßchen, daß, wenn zwei zusammen gingen, sie sich freundnachbarlich aneinander reiben mußten, und so niedrig waren die Stuben, daß, wenn der schamhafte Lange von seinem Hockstuhl sich aufreckte, er mit seinem großen eckigen Schädel geradewegs durch die Decke fuhr und ohne sonderliche Absicht auf die Strohdächer niederschauen mußte.

Der Unredliche in seinem Herzen, der wohnte in einer großen Stadt, die betrank sich Abend für Abend und war rasend Abend für Abend. Dieses ist nämlich der Städte Glück. Und wie die Stadt war, so war auch der Unredliche in seinem Herzen. Dieses ist nämlich der Unredlichen Glück.

Vor Weihnachten einmal saß der Lange geduckt beim Fenster. In der Stube hatten seine Beine keinen Platz; so hatte er sie bequem aus dem Fenster gestreckt, dort baumelten sie vergnüglich. Mit seinen ungeschickten magern Spinnenfingern strickte er wollene Strümpfe für die Bauern. Die grauen Augen hatte er fast auf die Stricknadeln gespießt, denn es war schon dunkel.

Jemand klopfte fein an die Plankentür. Das war der Unredliche in seinem Herzen. Der Lange riß das Maul auf. Der Gast lächelte. Und schon begann sich der Lange zu schämen. Seiner Länge schämte er sich und seiner wollenen Strümpfe und seiner Stube. – Aber bei alledem wurde er nicht rot, sondern blieb zitronengelb wie zuvor. Und mit Schwierigkeit und

Scham setzte er seine Knochenbeine in Gang und streckte schämig dem Gast die Hand entgegen. Die langte durch die ganze Stube. Dann stotterte er etwas Freundliches in die wollenen Strümpfe hinein.

Der Unredliche in seinem Herzen setzte sich auf einen Mehlsack und lächelte. Auch der Lange lächelte und seine Augen krabbelten verlegen an den glänzenden Westenknöpfen des Gastes. Der drehte die Augenlider in die Höhe und die Worte gingen aus seinem Mund. Das waren feine Herren mit Lackschuhen und englischen Halsbinden und glänzenden Knöpfen, und wenn man sie heimlich fragte: »Weißt du, was Blut aus Blut ist?«, so antwortete einer anzüglich: »Ja, ich habe englische Halsbinden.« Und kaum waren die Herrchen aus dem Munde draußen, stellten sie sich auf die Stiefelspitzen und waren groß, dann tänzelten sie zum Langen hin, kletterten zwickend und beißend an ihm hinauf und stopften sich ihm mühselig in die Ohren.

Da begann der Lange unruhig zu werden, die Nase schnupperte in der Stubenluft. Gott, was war die Luft so stickig, muffig, ungelüftet!

Der Fremde hörte nicht auf. Er erzählte von sich, von Westenknöpfen, von der Stadt, von seinen Gefühlen –, bunt. Und während er erzählte, stach er nebenbei seinen spitzen Spazierstock dem Langen in den Bauch. Der zitterte und grinste, – da hörte der Unredliche in seinem Herzen auf, er war zufrieden und lächelte, der Lange grinste und führte den Gast manierlich bis zur Plankentür, dort reichten sie sich die Hände.

Der Lange war wieder allein. Er weinte. Mit den Strümpfen wischte er sich die großen Tränen ab. Sein Herz schmerzte ihn und er konnte es niemandem sagen. Aber kranke Fragen krochen ihm von den Beinen zur Seele hinauf.

Warum ist er zu mir gekommen? Weil ich lang bin? Nein, weil ich …?

Weine ich aus Mitleid mit mir oder mit ihm?
Hab ich ihn am Ende lieb oder haß ich ihn?
Schickt ihn mein Gott oder mein Teufel?
So drosselten den schamhaften Langen die Fragezeichen.
Wieder nahm er die Strümpfe vor. Fast bohrte er sich die
Stricknadeln in die Augen. Denn es war noch dunkler.

BR1 17 ff

## *Nur ein Wort*

Nur ein Wort. Nur eine Bitte. Nur ein Bewegen der Luft. Nur
ein Beweis daß Du noch lebst und wartest. Nein keine Bitte,
nur ein Atmen, kein Atmen nur ein Bereitsein, kein Bereitsein
nur ein Gedanke, kein Gedanke nur ruhiger Schlaf.

ZFG 154

# DAS ACHTE
# WELTWUNDER

## Eine heikle Aufgabe

Eine heikle Aufgabe, ein Auf-den-Fußspitzen-gehn über einen brüchigen Balken der als Brücke dient, nichts unter den Füßen haben, mit den Füßen erst den Boden zusammenscharren auf dem man gehn wird, auf nichts gehn als auf seinem Spiegelbild das man unter sich im Wasser sieht, mit den Füßen die Welt zusammenhalten, die Hände nur oben in der Luft verkrampfen um diese Mühe bestehn zu können.

ZFG 138

## Das Gerücht

Die geschriebene und überlieferte Weltgeschichte versagt oft vollständig, das menschliche Ahnungsvermögen aber führt zwar oft irre, führt aber, verläßt einen nicht. So ist z. B. die Überlieferung von den sieben Weltwundern immer von dem Gerücht umgeben gewesen, daß noch ein achtes Weltwunder bestanden habe und es wurden auch über dieses achte Wunder verschiedene einander vielleicht widersprechende Mitteilungen gemacht, deren Unsicherheit man durch das Dunkel der alten Zeiten erklärte.

BCM 93

## Das achte Weltwunder

»Sie werden meine Damen und Herren«, so etwa lautete die Ansprache des europäisch gekleideten Arabers an die Reisegesellschaft, welche kaum zuhörte, sondern förmlich geduckt, das unglaubliche Bauwerk, das sich vor ihnen auf kahlem Steinboden erhob, betrachtete, »Sie werden gewiß zugeben,

75

daß meine Firma alle andern Reiseagenturen, selbst die mit
Recht altberühmten bei weitem übertrifft. Während diese
Konkurrenten nach alter billiger Gewohnheit ihre Klienten
nur zu den sieben Weltwundern der Geschichtsbücher führen, zeigt unsere Firma das achte Wunder.«

BCM 94

### Wir ritten durch die Nacht

Weg davon, weg davon, wir ritten durch die Nacht. Sie war
dunkel, mond- und sternenlos und noch dunkler als sonst
mond- und sternlose Nächte sind. Wir hatten einen wichtigen Auftrag, den unser Führer in einem versiegelten Brief bei
sich trug. Aus Sorge, wir könnten den Führer verlieren, ritt
hie und da einer von uns vor und tastete nach dem Führer, ob
er noch da sei. Einmal, gerade als ich nachsah, war der Führer nicht mehr da. Wir erschraken nicht allzusehr wir hatten
es ja die ganze Zeit über gefürchtet. Wir beschlossen, zurück-
zureiten

ZFG 98

### Der Turm von Babel

Anfangs war beim babylonischen Turmbau alles in leidlicher
Ordnung, ja die Ordnung war vielleicht zu groß, man dachte
zu sehr an Wegweiser, Dolmetscher, Arbeiterunterkünfte und
Verbindungswege, so als habe man Jahrhunderte freier Ar-
beitsmöglichkeit vor sich. Die damals herrschende Meinung
ging sogar dahin, man könne gar nicht langsam genug bauen;
man mußte diese Meinung gar nicht sehr übertreiben und
konnte überhaupt davor zurückschrecken, die Fundamente

## DAS ACHTE WELTWUNDER

zu legen. Man argumentierte nämlich so: Das Wesentliche des
ganzen Unternehmens ist der Gedanke, einen bis in den Himmel reichenden Turm zu bauen. Neben diesem Gedanken ist
alles andere nebensächlich. Der Gedanke, einmal in seiner
Größe gefaßt, kann nicht mehr verschwinden; solange es
Menschen gibt, wird auch der starke Wunsch da sein, den
Turm zu Ende zu bauen. In dieser Hinsicht also muß man wegen der Zukunft keine Sorgen haben, im Gegenteil, das Wissen der Menschheit steigert sich, die Baukunst hat Fortschritte gemacht und wird weitere Fortschritte machen, eine Arbeit,
zu der wir ein Jahr brauchen, wird in hundert Jahren vielleicht
in einem halben Jahr geleistet werden und überdies besser,
haltbarer. Warum also schon heute sich an die Grenze der
Kräfte abmühn? Das hätte nur dann Sinn, wenn man hoffen
könnte, den Turm in der Zeit einer Generation aufzubauen.
Das aber war auf keine Weise zu erwarten. Eher ließ sich denken, daß die nächste Generation mit ihrem vervollkommne-
ten Wissen die Arbeit der vorigen Generation schlecht finden
und das Gebaute niederreißen werde, um von neuem anzufangen. Solche Gedanken lähmten die Kräfte und mehr als
um den Turmbau kümmerte man sich um den Bau der Arbei-
terstadt. Jede Landsmannschaft wollte das schönste Quartier
haben, dadurch ergaben sich Streitigkeiten, die sich bis zu blu-
tigen Kämpfen steigerten. Diese Kämpfe hörten nicht mehr
auf; den Führern waren sie ein neues Argument dafür, daß der
Turm auch mangels der nötigen Konzentration sehr langsam
oder lieber erst nach allgemeinem Friedensschluß gebaut werden sollte. Doch verbrachte man die Zeit nicht nur mit Kämpfen, in den Pausen verschönerte man die Stadt, wodurch man
allerdings neuen Neid und neue Kämpfe hervorrief. So ver-
ging die Zeit der ersten Generation, aber keine der folgenden
war anders, nur die Kunstfertigkeit steigerte sich immerfort
und damit die Kampfsucht ...

DER KOMISCHE KAFKA

Dazu kam, daß schon die zweite oder dritte Generation die Sinnlosigkeit des Himmelsturmbaues erkannte, doch war man schon viel zu sehr miteinander verbunden, um die Stadt zu verlassen. Alles was in dieser Stadt an Sagen und Liedern entstanden ist, ist erfüllt von der Sehnsucht nach einem prophezeiten Tag, an welchem die Stadt von einer Riesenfaust in fünf kurz aufeinander folgenden Schlägen zerschmettert werden wird. Deshalb hat auch die Stadt die Faust im Wappen.

ZFG 143-7

*Warum wundert Ihr Euch?*

»Warum wundert Ihr Euch? Ist es nicht merkwürdiger, daß etwas gelingt als daß es nicht gelingt.

ZFG 116

*Das nächste Dorf*

Mein Großvater pflegte zu sagen: »Das Leben ist erstaunlich kurz. Jetzt in der Erinnerung drängt es sich mir so zusammen, daß ich zum Beispiel kaum begreife, wie ein junger Mensch sich entschließen kann ins nächste Dorf zu reiten, ohne zu fürchten, daß – von unglücklichen Zufällen ganz abgesehen – schon die Zeit des gewöhnlichen, glücklich ablaufenden Lebens für einen solchen Ritt bei weitem nicht hinreicht.«

EL 220 f

*Ein alltäglicher Vorfall*

Ein alltäglicher Vorfall; sein Ertragen ein alltäglicher Heroismus: A. hat mit B. aus dem Nachbardorf H ein wichtiges Geschäft abzuschließen. Er geht zur Vorbesprechung nach H, legt den Hin- und Herweg in je zehn Minuten zurück und rühmt sich zuhause dieser besonderen Schnelligkeit. Am nächsten Tag geht er wieder nach H, diesmal zum endgültigen Geschäftsabschluß; da dieser voraussichtlich mehrere Stunden erfordern wird, geht A schon frühmorgens aus; trotzdem aber alle Nebenumstände, wenigstens nach A.'s Meinung, völlig die gleichen sind wie am Vortag braucht er diesmal zum Weg nach H zehn Stunden. Als er dort ermüdet abends ankommt, sagt man ihm, daß B. ärgerlich wegen A's Ausbleiben vor einer halben Stunde zu A. in sein Dorf hinüber gegangen sei; sie hätten einander eigentlich treffen müssen. Man rät A. zu warten, B. müsse ja gleich zurückkommen. A. aber, in Angst wegen des Geschäftes, macht sich sofort auf und eilt nachhause. Diesmal legt er den Weg, ohne besonders darauf zu achten, geradezu in einem Augenblick zurück. Zuhause erfährt er, B. sei doch schon gleich früh gekommen, noch vor dem Weggang A's, ja er habe A. im Haustor getroffen, ihn an das Geschäft erinnert, aber A. habe gesagt, er hätte jetzt keine Zeit, er müsse jetzt eiligst fort. Trotz dieses unverständlichen Verhaltens A's sei aber B. doch hier geblieben um auf A. zu warten. Er habe zwar schon oft nachgefragt ob A. zurückgekommen sei, befinde sich aber noch immer oben in A's Zimmer. Glücklich darüber, B. jetzt noch sprechen und ihm alles erklären zu können läuft A. die Treppe hinauf. Schon ist er fast oben, da stolpert er, erleidet eine Sehnenzerrung und fast ohnmächtig vor Schmerz, unfähig sogar zu schreien, nur winselnd im Dunkel, hört und sieht er, wie B., undeutlich ob in großer Ferne oder knapp neben ihm, wütend die Treppe hinunterstampft und endgültig verschwindet.

BCM 165

## Der große Schwimmer

Der große Schwimmer! Der große Schwimmer! riefen die Leute. Ich kam von der Olympiade in X, wo ich einen Weltrekord im Schwimmen erkämpft hatte. Ich stand auf der Freitreppe des Bahnhofes meiner Heimatsstadt – wo ist sie? – und blickte auf die in der Abenddämmerung undeutliche Menge. Ein Mädchen dem ich flüchtig über die Wange strich, hängte mir flink eine Schärpe um, auf der in einer fremden Sprache stand: Dem olympischen Sieger. Ein Automobil fuhr vor, einige Herren drängten mich hinein, zwei Herren fuhren auch mit, der Bürgermeister und noch jemand. Gleich waren wir in einem Festsaal, von der Gallerie herab sang ein Chor, als ich eintrat, alle Gäste, es waren hunderte, erhoben sich und riefen im Takt einen Spruch den ich nicht genau verstand. Links von mir saß ein Minister, ich weiß nicht warum mich das Wort bei der Vorstellung so erschreckte, ich maß ihn wild mit den Blikken, besann mich aber bald, rechts saß die Frau des Bürgermeisters, eine üppige Dame, alles an ihr, besonders in der Höhe der Brüste, erschien mir voll Rosen und Straußfedern. Mir gegenüber saß ein dicker Mann mit auffallend weißem Gesicht, seinen Namen hatte ich bei der Vorstellung überhört, er hatte die Elbogen auf den Tisch gelegt – es war ihm besonders viel Platz gemacht worden – sah vor sich hin und schwieg, rechts und links von ihm saßen zwei schöne blonde Mädchen, lustig waren sie, immerfort hatten sie etwas zu erzählen und ich sah von einer zur andern. Weiterhin konnte ich trotz der reichen Beleuchtung die Gäste nicht scharf erkennen, viel-

leicht weil alles in Bewegung war, die Diener umherliefen, die
Speisen gereicht, die Gläser gehoben wurden, vielleicht war
alles sogar allzusehr beleuchtet. Auch war eine gewisse Unordnung – die einzige übrigens – die darin bestand daß einige Gäste, besonders Damen, mit dem Rücken zum Tisch ge-
kehrt saßen undzwar so, daß nicht etwa die Rückenlehne des
Sessels dazwischen war, sondern der Rücken den Tisch fast
berührte. Ich machte die Mädchen mir gegenüber darauf aufmerksam, aber während sie sonst so gesprächig waren, sagten
sie diesmal nichts, sondern lächelten mich nur mit langen
Blicken an. Auf ein Glockenzeichen – die Diener erstarrten
zwischen den Sitzreihen – erhob sich der Dicke gegenüber
und hielt eine Rede. Warum nur der Mann so traurig war!
Während der Rede betupfte er mit dem Taschentuch das Gesicht, das wäre ja hingegangen, bei seiner Dicke, der Hitze im
Saal, der Anstrengung des Redens wäre das verständlich gewesen, aber ich merkte deutlich, daß das Ganze nur eine List
war, die verbergen sollte, daß er sich die Tränen aus den Augen wischte. Nachdem er geendet hatte, stand natürlich ich
auf und hielt auch eine Rede. Es drängte mich geradezu zu
sprechen, denn manches schien mir hier und wahrscheinlich
auch anderswo der öffentlichen und offenen Aufklärung bedürftig, darum begann ich:

Geehrte Festgäste! Ich habe zugegebener maßen einen
Weltrekord, wenn Sie mich aber fragen würden wie ich ihn erreicht habe, könnte ich Ihnen nicht befriedigend antworten.
Eigentlich kann ich nämlich gar nicht schwimmen. Seitjeher
wollte ich es lernen, aber es hat sich keine Gelegenheit dazu
gefunden. Wie kam es nun aber, daß ich von meinem Vaterland zur Olympiade geschickt wurde? Das ist eben auch die
Frage die mich beschäftigt. Zunächst muß ich feststellen, daß
ich hier nicht in meinem Vaterland bin und trotz großer Anstrengung kein Wort von dem verstehe was hier gesprochen

wird. Das naheliegendste wäre nun an eine Verwechslung zu glauben, es liegt aber keine Verwechslung vor, ich habe den Rekord, bin in meine Heimat gefahren, heiße so wie Sie mich nennen, bis dahin stimmt alles, von da ab aber stimmt nichts mehr, ich bin nicht in meiner Heimat, ich kenne und verstehe Sie nicht. Nun aber noch etwas, was nicht genau, aber doch irgendwie der Möglichkeit einer Verwechslung widerspricht: es stört mich nicht sehr, daß ich Sie nicht verstehe und auch Sie scheint es nicht sehr zu stören, daß Sie mich nicht verstehen. Von der Rede meines geehrten Herrn Vorredners glaube ich nur zu wissen daß sie trostlos traurig war, aber dieses Wissen genügt mir nicht nur, es ist mir sogar noch zuviel. Und ähnlich verhält es sich mit allen Gesprächen, die ich seit meiner Ankunft hier geführt habe. Doch kehren wir zu meinem Weltrekord zurück

ZFG 94 f


*Ich fragte nur*

Früher begriff ich nicht, warum ich auf meine Frage keine Antwort bekam, heute begreife ich nicht, wie ich glauben konnte fragen zu können.

Aber ich glaubte ja gar nicht, ich fragte nur.

BCM 178

DAS ACHTE WELTWUNDER

*Die Fragestellung*

A. Guten Tag
B. Du warst schon einmal hier? Nicht?
A. Du erkennst mich? Staunenswert.
B. In Gedanken habe ich schon einigemal mit Dir gesprochen. Was wolltest Du denn damals, als wir uns das letzte Mal sahn.
A. Dich um Rat fragen.
B. Richtig. Und habe ich Dir ihn geben können.
A. Nein. Wir konnten uns leider schon in der Fragestellung nicht einigen.
B. So ist es also gewesen.
A. Ja. Es war sehr unbefriedigend, aber doch nur für den Augenblick. Man kann eben nicht mit einem mal der Sache beikommen. Könnte man es nicht wieder einmal wiederholen?
B. Natürlich. Frage nur!
A. Ich werde also fragen
B. Bitte
A. Meine Frau –
B. Deine Frau?
A. Ja, ja
B. Das verstehe ich nicht. Du besitzt eine Frau?
A.

TB3 150

## Die Antwort

Ein Umschwung. Lauernd, ängstlich, hoffend umschleicht die Antwort die Frage, sucht verzweifelt in ihrem unzugänglichen Gesicht, folgt ihr auf den sinnlosesten (d. h. von der Antwort möglichst wegstrebenden) Wegen

ZFG 113

## Der Riese

Er fiel vor mir nieder. Ich sage euch, er fiel so nahe vor mir nieder, wie dieser Tisch, an den ich mich drücke, mir nahe ist. »Bist du wahnsinnig?« schrie ich. Es war längst nach Mitternacht, ich kam aus einer Gesellschaft, hatte Lust, noch ein wenig allein zu gehen, und nun war dieser Mann vor mich hingestürzt. Heben konnte ich den Riesen nicht, liegen lassen wollte ich ihn auch nicht in der einsamen Gegend, wo weit und breit niemand zu sehen war.

HAL 101

## Beim Bau der chinesischen Mauer

Die chinesische Mauer ist an ihrer nördlichsten Stelle beendet worden. Von Südosten und Südwesten wurde der Bau herangeführt und hier vereinigt. Dieses System des Teilbaues wurde auch im Kleinen innerhalb der zwei großen Arbeitsheere, des Ost- und des Westheeres befolgt. Es geschah dies so, daß Gruppen von etwa zwanzig Arbeitern gebildet wurden, welche eine Teilmauer von etwa fünfhundert Metern Länge aufzuführen hatten, eine Nachbargruppe baute ihnen dann eine Mauer in gleicher Länge entgegen. Nachdem dann aber die

DAS ACHTE WELTWUNDER

Vereinigung vollzogen war, wurde nicht etwa der Bau am Ende dieser tausend Meter wieder fortgesetzt, vielmehr wurden
die Arbeitergruppen wieder in ganz andere Gegenden zum
Mauerbau verschickt. Natürlich entstanden auf diese Weise
viele große Lücken, die erst nach und nach langsam ausgefüllt
wurden, manche sogar erst nachdem der Mauerbau schon als
vollendet verkündigt worden war. Ja es soll Lücken geben, die
überhaupt nicht verbaut worden sind, nach manchen sind sie
weit größer als die erbauten Teile, eine Behauptung allerdings,
die möglicherweise nur zu den vielen Legenden gehört, die
um den Bau entstanden sind und die für den einzelnen Menschen wenigstens mit eigenen Augen und eigenem Maßstab
infolge der Ausdehnung des Baues unnachprüfbar sind. Nun
würde man von vornherein glauben, es wäre in jedem Sinne
vorteilhafter gewesen zusammenhängend zu bauen oder wenigstens zusammenhängend innerhalb der zwei Hauptteile.
Die Mauer war doch, wie allgemein verbreitet wird und bekannt ist, zum Schutz gegen die Nordvölker gedacht. Wie
kann aber eine Mauer schützen die nicht zusammenhängend
ist. Ja eine solche Mauer kann nicht nur nicht schützen, der
Bau selbst ist in fortwährender Gefahr. Diese in öder Gegend
verlassen stehenden Mauerteile können ja immer wieder
leicht von den Nomaden zerstört werden, zumal diese damals
geängstigt durch den Mauerbau mit unbegreiflicher Schnelligkeit wie Heuschrecken ihre Wohnsitze wechselten und deshalb vielleicht einen bessern Überblick über die Baufort-
schritte hatten als selbst wir die Erbauer. Trotzdem konnte der
Bau wohl nicht anders ausgeführt werden, als es geschehen
ist. Um das zu verstehn, muß man folgendes bedenken: Die
Mauer sollte ein Schutz für die Jahrhunderte werden, sorgfäl-
tigster Bau, Benützung der Bauweisheit aller bekannten Zeiten und Völker, dauerndes Gefühl der persönlichen Verantwortung der Bauenden waren deshalb unumgängliche Vor-

aussetzungen für die Arbeit. Zu den niedern Arbeiten konnten also zwar unwissende Taglöhner aus dem Volke, Männer Frauen Kinder, wer sich für gutes Geld anbot verwendet werden, aber schon zur Leitung von vier Taglöhnern war ein verständiger im Baufach gebildeter Mann nötig, ein Mann der imstande war, bis in die Tiefe des Herzens mitzufühlen um was es hier gieng. Und je höher die Leitung desto größer die Anforderungen natürlich. Und solche Männer standen tatsächlich zur Verfügung, wenn auch nicht in jener Menge wie sie dieser Bau hätte verbrauchen können so doch in großer Zahl. Man war nicht leichtsinnig an das Werk herangegangen. Fünfzig Jahre vor Beginn des Baues hatte man im ganzen China, das ummauert werden sollte, die Baukunst, insbesondere das Mauerhandwerk zur wichtigsten Wissenschaft erklärt und alles andere nur anerkannt, soweit es damit in Beziehung stand. Ich erinnere mich noch sehr wohl wie wir als kleine Kinder, kaum unserer Beine sicher, im Gärtchen unseres Lehrers standen, aus Kieselsteinen eine Art Mauer bauen mußten, wie der Lehrer den Rock schürzte, gegen die Mauer rannte, natürlich alles zusammenwarf und uns wegen der Schwäche unseres Baues solche Vorwürfe machte, daß wir heulend uns nach allen Seiten zu unsern Eltern verliefen. Ein winziger Vorfall, aber bezeichnend für den Geist der Zeit. Ich hatte das Glück, daß als ich mit zwanzig Jahren die oberste Prüfung der untersten Schule abgelegt hatte der Bau der Mauer gerade begann. Ich sage Glück, denn viele, die früher die oberste Höhe der ihnen zugänglichen Ausbildung erreicht hatten, wußten jahrelang mit ihrem Wissen nichts anzufangen, trieben sich, im Kopf die großartigsten Baupläne, nutzlos herum und verlotterten in Mengen. Aber diejenigen, die endlich als Bauführer sei es auch untersten Ranges zum Baue kamen, waren dessen tatsächlich würdig, es waren Männer die viel über den Bau nachgedacht hatten und nicht aufhörten darüber nachzu-

DAS ACHTE WELTWUNDER

denken, die sich mit dem ersten Stein, den sie in den Boden
einsenken ließen, dem Bau gewissermaßen verwachsen fühl-
ten. Solche Männer trieb aber natürlich, neben der Begierde
gründlichste Arbeit zu leisten, auch die Ungeduld den Bau in
seiner Vollkommenheit endlich erstehn zu sehn. Der Taglöhner kannte diese Ungeduld nicht, den treibt nur der Lohn,
auch die oberen Führer, ja selbst die mittlern Führer sahen
von dem vielseitigen Wachsen des Baues genug, um sich im
Geiste dadurch kräftig zu halten, aber für die untern, geistig
weit über ihrer äußerlich kleinen Aufgabe stehenden Männer
mußte anders vorgesorgt werden. Man konnte sie nicht z. B.
in einer unbewohnten Gebirgsgegend, hunderte Meilen von
ihrer Heimat, monate- oder gar jahrelang Mauerstein an Mauerstein fügen lassen; die Hoffnungslosigkeit solcher fleißigen
aber selbst in einem langen Menschenleben nicht zum Ziele
führenden Arbeit hätte sie verzweifelt und vor allem wertlo-
ser für die Arbeit gemacht. Deshalb wählte man das System
des Teilbaus, fünfhundert Meter Mauer konnten etwa in fünf
Jahren fertiggestellt werden, dann waren zwar die Führer in
der Regel zu Tode erschöpft, hatten alles Zutrauen zu sich,
zum Bau, zur Welt verloren, wurden aber, während sie noch
im Hochgefühl des Vereinigungsfestes der tausend Meter
Mauer standen weit, weit verschickt, sahen auf der Reise hie
und da fertige Mauerteile ragen, kamen an Quartieren höherer Führer vorüber, die sie mit Ehrenzeichen beschenkten,
hörten den Jubel neuer Arbeitsheere, die aus der Tiefe der
Länder herbeiströmten, sahen Wälder niederlegen, die zum
Mauergerüst bestimmt waren, sahen Berge in Mauersteine
zerhämmern, hörten auf den heiligen Stätten Gesänge der
Frommen Vollendung des Baues erflehn, alles dieses besänf-
tigte ihre Ungeduld, das ruhige Leben der Heimat in der sie
einige Zeit verbrachten kräftigte sie, das Ansehen in dem alle
Bauenden standen, die gläubige Demut, mit der ihre Berichte

angehört wurden, das Vertrauen, das der einfache stille Bürger in die einstige Vollendung der Mauer setzte, alles dieses spannte die Saiten der Seele, wie ewig hoffende Kinder nahmen sie von der Heimat Abschied, die Lust wieder am Volkswerk zu arbeiten wurde unbezwinglich, sie reisten früher von zuhause fort als es nötig gewesen wäre, das halbe Dorf begleitete sie lange Strecken weit, auf allen Wegen Grüße, Wimpel und Fahnen, niemals hatten sie gesehn wie groß und reich und schön und liebenswert ihr Land war, jeder Landsmann war ein Bruder, für den man eine Schutzmauer baute und der mit allem was er hatte und war sein Leben lang dafür dankte, Einheit! Einheit! Brust an Brust, ein Reigen des Volkes, Blut, nicht mehr eingesperrt im kärglichen Kreislauf des Körpers, sondern süß rollend und doch wiederkehrend durch das unendliche China.

Dadurch also wird das System des Teilbaues verständlich, aber es hatte doch wohl noch andere Gründe. Es ist auch keine Sonderbarkeit, daß ich mich bei dieser Frage solange aufhalte, es ist eine Kernfrage des ganzen Mauerbaues, so unwesentlich sie zunächst scheint. Will ich den Gedankenkreis und die Erlebnisse jener Zeiten vermitteln und begreiflich machen, kann ich gerade dieser Frage nicht genug tief nachbohren.

Zunächst muß man sich doch wohl sagen, daß damals Leistungen vollbracht worden sind, die wenig hinter dem Turmbau von Babel zurückstehn, an Gottgefälligkeit allerdings, wenigstens nach menschlicher Rechnung, geradezu das Gegenteil jenes Baues darstellen. Ich erwähne dies, weil in den Anfangszeiten des Baues ein Gelehrter ein Buch geschrieben hat, in welchem er diese Vergleiche sehr genau zog. Er suchte darin zu beweisen, daß der Turmbau zu Babel keineswegs aus den allgemein behaupteten Ursachen nicht zum Ziele geführt hat oder daß wenigstens unter diesen bekannten Ursachen sich nicht die allerersten befinden. Seine Beweise bestanden

nicht nur in Schriften und Berichten, sondern er wollte auch
am Orte selbst Untersuchungen angestellt und dabei gefunden haben, daß der Bau an der Schwäche des Fundamentes
scheiterte und scheitern mußte. In dieser Hinsicht allerdings
war unsere Zeit jener längst vergangenen weit überlegen, fast
jeder gebildete Zeitgenosse war Mauerer von Fach und in der
Frage der Fundamentierung untrüglich. Dahin aber zielte der
Gelehrte gar nicht, sondern er behauptete, erst die große
Mauer werde zum erstenmal in der Menschenzeit ein sicheres
Fundament für einen neuen Babelturm schaffen. Also zuerst
die Mauer und dann den Turm. Das Buch war damals in aller
Hände, aber ich gestehe ein, daß ich noch heute nicht genau
begreife, wie er sich diesen Turmbau dachte. Die Mauer, die
doch nicht einmal einen Kreis, sondern nur eine Art Viertel-
oder Halbkreis bildete, sollte das Fundament eines Turmes
abgeben? Das konnte doch nur in geistiger Hinsicht gemeint
sein. Aber wozu dann die Mauer, die doch etwas Tatsächliches
war, Ergebnis der Mühe und des Lebens von Hunderttausen-
den? Und wozu waren in dem Werk Pläne, allerdings nebel-
hafte Pläne des Turmes gezeichnet und Vorschläge bis ins Einzelne gemacht, wie man die Volkskraft zu dem künftigen neu-
en Werk straff zusammenfassen solle? Es gab – dieses Buch ist
nur ein Beispiel – viel Verwirrung der Köpfe damals, vielleicht
gerade deshalb weil sich so viele möglichst auf einen Zweck
hin zu sammeln suchten. Das menschliche Wesen, leichtfertig
in seinem Grunde, von der Natur des auffliegenden Staubes,
verträgt keine Fesselung, fesselt es sich selbst, wird es bald
wahnsinnig an den Fesseln zu rütteln anfangen und Mauer
Kette und sich selbst in alle Himmelsrichtungen zerreißen.

Es ist möglich, daß auch diese dem Mauerbau sogar gegen-
sätzlichen Erwägungen von der Führung bei der Festsetzung
des Teilbaues nicht unberücksichtigt geblieben sind. Wir – ich
rede hier wohl im Namen vieler – haben eigentlich erst im

Nachbuchstabieren der Anordnungen der obersten Führerschaft uns selbst kennengelernt und gefunden, daß ohne die Führerschaft weder unsere Schulweisheit noch unser Menschenverstand auch nur für das kleine Amt, das wir innerhalb des großen Ganzen hatten, ausgereicht hätte. In der Stube der Führerschaft – wo sie war und wer dort saß, weiß und wußte niemand den ich fragte – in dieser Stube kreisten wohl alle menschlichen Gedanken und Wünsche und in Gegenkreisen alle menschlichen Ziele und Erfüllungen, durch das Fenster aber fiel der Abglanz der göttlichen Welten auf die Pläne zeichnenden Hände der Führerschaft.

Und deshalb will es dem unbestechlichen Betrachter nicht eingehn, daß die Führerschaft, wenn sie es ernstlich gewollt hätte, nicht auch jene Schwierigkeiten hätte überwinden können, die einem zusammenhängenden Mauerbau entgegenstanden. Bleibt also nur die Folgerung, daß die Führerschaft den Teilbau beabsichtigte. Aber der Teilbau war nur ein Notbehelf und unzweckmäßig. Bleibt die Folgerung, daß die Führerschaft etwas Unzweckmäßiges wollte. Sonderbare Folgerung, gewiß. Und doch hat sie auch von anderer Seite manche Berechtigung für sich. Heute kann davon vielleicht ohne Gefahr gesprochen werden. Damals war es geheimer Grundsatz vieler und sogar der Besten: Suche mit allen Deinen Kräften die Anordnungen der Führerschaft zu verstehn, aber nur bis zu einer bestimmten Grenze, dann höre mit dem Nachdenken auf. Ein sehr vernünftiger Grundsatz, der übrigens noch eine weitere Auslegung in einem später oft wiederholten Vergleiche fand: Nicht weil es Dir schaden könnte, höre mit dem weitern Nachdenken auf, es ist auch gar nicht sicher, daß es Dir schaden wird. Man kann hier überhaupt weder von Schaden noch Nichtschaden sprechen. Es wird Dir geschehn wie dem Fluß im Frühjahr. Er steigt, wird mächtiger, nährt kräftiger das Land an seinen langen Ufern, behält sein eigenes Wesen

DAS ACHTE WELTWUNDER

weiter ins Meer hinein, wird dem Meere ebenbürtiger und willkommener. Soweit denke den Anordnungen der Führerschaft nach. Dann aber übersteigt der Fluß seine Ufer, verliert Umrisse und Gestalt, verlangsamt seinen Abwärtslauf, versucht gegen seine Bestimmung kleine Meere im Binnenland zu bilden, schädigt die Fluren, und kann sich doch für die Dauer in dieser Ausbreitung nicht halten, sondern rinnt wieder in seine Ufer zusammen, ja trocknet sogar in der folgenden heißen Jahreszeit kläglich ein. Soweit denke den Anordnungen der Führerschaft nicht nach.

Nun mag dieser Vergleich während des Mauerbaues außerordentlich treffend gewesen sein, für meinen jetzigen Bericht hat er doch zumindest nur beschränkte Geltung. Meine Untersuchung ist doch nur eine historische, aus den längst verflogenen Gewitterwolken zuckt kein Blitz mehr und ich darf deshalb nach einer Erklärung des Teilbaues suchen, die weiter geht als das womit man sich damals begnügte. Die Grenzen, die meine Denkfähigkeit mir setzt, sind ja eng genug, das Gebiet aber, das hier zu durchlaufen wäre, ist das Endlose.

Gegen wen sollte die große Mauer schützen? Gegen die Nordvölker. Ich stamme aus dem südöstlichen China. Kein Nordvolk kann uns dort bedrohn. Wir lesen von ihnen in den Büchern der Alten, die Grausamkeiten, die sie ihrer Natur gemäß begehn, machen uns aufseufzen in unserer friedlichen Laube, auf den wahrheitsgetreuen Bildern der Künstler sehen wir diese Gesichter der Verdammnis, die aufgerissenen Mäuler, die mit hoch zugespitzten Zähnen besteckten Kiefer, die verkniffenen Augen, die schon nach dem Raub zu schielen scheinen, den das Maul zermalmen und zerreißen wird. Sind die Kinder böse, halten wir ihnen diese Bilder hin und schon fliegen sie weinend an unsern Hals. Aber mehr wissen wir von diesen Nordländern nicht, gesehen haben wir sie nicht, und bleiben wir in unserm Dorfe, werden wir sie niemals sehn,

91

selbst wenn sie auf ihren wilden Pferden geradeaus zu uns hetzen und jagen; zu groß ist das Land und läßt sie nicht zu uns, in die leere Luft werden sie sich verrennen.

Warum also, da es sich so verhält, verlassen wir die Heimat, den Fluß und die Brücken, die Mutter und den Vater, das weinende Weib, die lehrbedürftigen Kinder und ziehen weg zur Schule nach der fernen Stadt und unsere Gedanken sind noch weiter bei der Mauer im Norden. Warum? Frage die Führerschaft. Sie kennt uns. Sie, die ungeheuere Sorgen wälzt weiß von uns, kennt unser kleines Gewerbe, sieht uns alle zusammensitzen in der niedrigen Hütte, und das Gebet das der Hausvater am Abend im Kreise der Seinigen sagt ist ihr wohlgefällig oder mißfällt ihr. Und wenn ich mir einen solchen Gedanken über die Führerschaft erlauben darf, so muß ich sagen, meiner Meinung nach bestand die Führerschaft schon früher, kam nicht zusammen wie etwa hohe Mandarinen, durch einen schönen Morgentraum angeregt, eiligst eine Sitzung einberufen, eiligst beschließen und schon am Abend die Bevölkerung aus den Betten trommeln lassen, um die Beschlüsse auszuführen, sei es auch nur um eine Illumination zu Ehren eines Gottes zu veranstalten, der sich gestern den Herren günstig gezeigt hat, um sie morgen, kaum sind die Lampions verlöscht, in einem dunkeln Winkel zu verprügeln. Vielmehr bestand die Führerschaft wohl seit jeher und der Beschluß des Mauerbaues gleichfalls.

Ich habe mich, schon teilweise während des Mauerbaues und nachher bis heute fast ausschließlich mit vergleichender Völkergeschichte beschäftigt – es gibt bestimmte Fragen denen man nur mit diesem Mittel gewissermaßen an den Nerv herankommt – und ich habe dabei gefunden, daß wir Chinesen gewisse volkliche und staatliche Einrichtungen in einzigartiger Klarheit, andere wieder in einzigartiger Unklarheit besitzen. Den Gründen insbesondere der letztern Erscheinung nachzu-

DAS ACHTE WELTWUNDER

spüren, hat mich immer gereizt, reizt mich noch immer und auch der Mauerbau ist von diesen Fragen wesentlich betroffen.

Nun gehört zu unsern allerundeutlichsten Einrichtungen jedenfalls das Kaisertum. In Peking natürlich, gar in der Hofgesellschaft besteht darüber einige Klarheit, wiewohl auch diese eher scheinbar als wirklich ist; auch die Lehrer des Staatsrechtes und der Geschichte an den hohen Schulen geben vor über diese Dinge genau unterrichtet zu sein und diese Kenntnis den Studenten weitervermitteln zu können; und je tiefer man zu den untern Schulen hinabsteigt desto mehr schwinden begreiflicher Weise die Zweifel am eigenen Wissen und Halbbildung wogt bergehoch um wenige seit Jahrhunderten eingerammte Lehrsätze, die zwar nichts an ewiger Wahrheit verloren haben aber in diesem Dunst und Nebel auch ewig unerkannt bleiben.

Gerade über das Kaisertum aber sollte man meiner Meinung nach zuerst das Volk befragen, da doch das Kaisertum seine letzten Stützen dort hat. Hier kann ich allerdings wieder nur von meiner Heimat sprechen. Außer den Feldgottheiten und ihrem das ganze Jahr so abwechslungsreich und schön erfüllenden Dienst galt unser aller Denken nur dem Kaiser. Aber nicht dem gegenwärtigen oder vielmehr es hätte auch dem gegenwärtigen gegolten, wenn wir ihn gekannt oder Bestimmtes von ihm gewußt hätten. Wir waren freilich auch – die einzige Neugierde die uns erfüllte – immer bestrebt, irgendetwas von der Art zu erfahren. Aber – so merkwürdig es klingt – es war kaum möglich etwas zu erfahren, nicht vom Pilger, der doch viel Land durchzieht, nicht in den nahen nicht in den fernen Dörfern, nicht von den Schiffern, die doch nicht nur unser Flüßchen, sondern auch die heiligen Ströme befahren. Man hörte zwar viel, konnte aber dem vielen nichts entnehmen. So groß ist unser Land, kein Märchen reicht an seine Größe, kaum der Himmel umspannt es. Und Peking ist nur ein Punkt, und das kaiserliche Schloß nur ein Pünktchen. Der Kaiser als solcher allerdings, wiederum groß durch alle Stockwerke der Welt. Der lebendige Kaiser aber ein Mensch wie wir, liegt ähnlich wie wir auf seinem Ruhebett, das zwar reichlich bemessen, aber doch vergleichsweise nur schmal und kurz ist. Wie wir streckt er manchmal die Glieder und ist er sehr müde dann gähnt er mit seinem zart gezeichneten Mund. Wie sollten wir davon erfahren tausende Meilen im Süden, grenzen wir doch schon fast ans tibetanische Hochland. Außerdem aber käme jede Nachricht, selbst wenn sie uns erreichte, viel zu spät, wäre längst veraltet. Um den Kaiser drängt sich die glänzende und doch dunkle Menge des Hofstaats, das Gegengewicht des Kaisertums, immer bemüht mit vergifteten Pfeilen den Kaiser von seiner Wagschale abzuschießen. Das Kaisertum ist unsterblich, aber der einzelne Kaiser fällt und stürzt ab, selbst ganze Dynastien sinken endlich nieder und veratmen durch ein einziges Röcheln. Von diesen Kämpfen und Leiden wird das Volk nie erfahren, wie Zuspätgekommene, wie Stadtfremde stehen sie am Ende der dichtgedrängten Seitengassen, ruhig zehrend vom mitgebrachten Vorrat, während weit vorn auf dem Marktplatz in der Mitte die Hinrichtung ihres Herrn vor sich geht.

Es gibt eine Sage, die dieses Verhältnis gut ausdrückt. Der Kaiser, so heißt es, hat gerade Dir, dem einzelnen, dem jämmerlichen Untertanen, dem winzig vor der kaiserlichen Sonne in die fernste Ferne geflüchteten Schatten, gerade Dir hat der Kaiser von seinem Sterbebett aus eine Botschaft gesendet. Den Boten hat er beim Bett niederknien lassen und ihm die Botschaft zugeflüstert; so sehr war ihm an ihr gelegen, daß er sich sie noch ins Ohr wiedersagen ließ. Durch Kopfnicken hat er die Richtigkeit des Gesagten bestätigt. Und vor der ganzen Zuschauerschaft seines Todes – alle hindernden Wände werden niedergebrochen und auf den weit und hoch sich schwin-

DAS ACHTE WELTWUNDER

genden Freitreppen stehen im Ring die Großen des Reichs –
vor allen diesen hat er den Boten abgefertigt. Der Bote hat
sich gleich auf den Weg gemacht, ein kräftiger, ein unermüd-
licher Mann, ein Schwimmer sondergleichen, einmal diesen
einmal den andern Arm vorstreckend schafft er sich Bahn
durch die Menge, findet er Widerstand zeigt er auf die Brust,
wo das Zeichen der Sonne ist, er kommt auch leicht vorwärts,
wie kein anderer. Aber die Menge ist so groß, ihre Wohnstät-
ten nehmen kein Ende, öffnete sich freies Feld wie würde er
fliegen und bald wohl hörtest Du das herrliche Schlagen seiner Fäuste an Deiner Tür. Aber statt dessen wie nutzlos müht
er sich ab, immer noch zwängt er sich durch die Gemächer
des innersten Palastes, niemals wird er sie überwinden und
gelänge ihm das, nichts wäre gewonnen, die Treppen hinab
müßte er sich kämpfen und gelänge ihm das, nichts wäre gewonnen, die Höfe wären zu durchmessen, und nach den Hö-
fen der zweite umschließende Palast, und wieder Treppen
und Höfe und wieder ein Palast und soweiter durch Jahrtau-
sende und stürzte er endlich aus dem äußersten Tor – aber
niemals niemals kann es geschehn – liegt erst die Residenz-
stadt vor ihm, die Mitte der Welt, hochgeschüttet voll ihres
Bodensatzes. Niemand dringt hier durch und gar mit der Botschaft eines Toten an einen Nichtigen. Du aber sitzt an Deinem Fenster und erträumst sie Dir wenn der Abend kommt.
  Genau so, so hoffnungslos und hoffnungsvoll sieht unser
Volk den Kaiser. Es weiß nicht welcher Kaiser regiert und
selbst über den Namen der Dynastie bestehen Zweifel. In der
Schule wird vieles dergleichen der Reihe nach gelernt, aber
die allgemeine Unsicherheit in dieser Hinsicht ist so groß daß
auch der beste Schüler mit in sie gezogen wird. Längst verstor-
bene Kaiser werden in unseren Dörfern auf den Tron gesetzt
und der nur noch im Liede lebt, hat vor Kurzem eine Be-
kanntmachung erlassen, die der Priester vor dem Altare ver-

95

liest. Schlachten unserer ältesten Geschichte werden jetzt erst geschlagen und mit glühendem Gesicht fällt der Nachbar mit der Nachricht Dir ins Haus. Die kaiserlichen Frauen, überfüttert in den seidenen Kissen, von schlauen Höflingen der edlen Sitte entfremdet, anschwellend in Herrschsucht, auffahrend in Gier, ausgebreitet in Wollust, verüben ihre Untaten immer wieder von Neuem; je mehr Zeit schon vergangen ist, desto schrecklicher leuchten alle Farben und mit lautem Wehgeschrei erfährt einmal das Dorf, wie eine Kaiserin vor Jahrtausenden in langen Zügen ihres Mannes Blut trank.

So verfährt also das Volk mit den Vergangenen, die Gegenwärtigen aber mischt es unter die Toten. Kommt einmal, einmal in einem Menschenalter, ein kaiserlicher Beamter, der die Provinz bereist, zufällig in unser Dorf, stellt im Namen des Regierenden irgendwelche Forderungen, prüft die Steuerlisten, wohnt dem Schulunterrichte bei, befragt den Priester über unser Tun und Treiben und faßt dann alles, ehe er in seine Sänfte steigt, zu langen Ermahnungen an die herbeigetriebene Gemeinde zusammen, dann geht ein Lächeln über alle Gesichter, einer blickt verstohlen zum andern, man beugt sich zu den Kindern herab, um sich vom Beamten nicht beobachten zu lassen. Wie, denkt man, er spricht von einem Toten wie von einem Lebendigen, dieser Kaiser ist doch schon längst gestorben, die Dynastie ausgelöscht, der Herr Beamte macht sich über uns lustig, aber wir tun so als ob wirs nicht merkten, um ihn nicht zu kränken. Ernstlich gehorchen aber werden wir nur unserm gegenwärtigen Herrn, alles andere wäre Versündigung. Und hinter der davoneilenden Sänfte des Beamten steigt irgendein willkürlich aus schon zerfallener Urne Gehobener aufstampfend als Herr des Dorfes auf.

Wenn man aus solchen Erscheinungen folgern wollte, daß wir im Grunde gar keinen Kaiser haben, wäre man von der Wahrheit nicht weit entfernt. Immer wieder muß ich sagen: es gibt vielleicht kein kaisertreueres Volk als das unsrige im Süden, aber die Treue kommt dem Kaiser nicht zu gute. Zwar steht auf der kleinen Säule am Dorfausgang der heilige Drache und bläst huldigend seit Menschengedenken den feurigen Atem genau in der Richtung von Peking, aber Peking selbst ist den Leuten im Dorfe viel fremder als das jenseitige Leben. Sollte es wirklich ein Dorf geben, wo Haus an Haus steht, bedeckend Felder, weiter als der Blick von unserem Hügel reicht und zwischen diesen Häusern stünden bei Tag und bei Nacht Menschen Kopf an Kopf? Leichter als solche Stadt sich vorstellen ist es zu glauben, Peking und sein Kaiser wären eines, etwa eine Wolke, ruhig unter der Sonne sich wandelnd im Laufe der Zeiten.

Die Folge solcher Meinungen ist nun ein gewissermaßen freies, unbeherrschtes Leben. Keineswegs sittenlos, ich habe solche Sittenreinheit wie in meiner Heimat kaum jemals angetroffen auf meinen Reisen. Aber doch ein Leben, das unter keinem gegenwärtigen Gesetze steht und nur der Weisung und Warnung gehorcht, die aus alten Zeiten zu uns herüberreicht.

Ich hüte mich vor Verallgemeinerungen und behaupte nicht daß es sich in allen zehntausend Dörfern unserer Provinz so verhält oder gar in allen fünfhundert Provinzen Chinas. Wohl aber darf ich vielleicht auf Grund der vielen Schriften die ich über diesen Gegenstand gelesen habe sowie auf Grund meiner eigenen Beobachtungen – besonders bei dem Mauerbau gab das Menschenmaterial dem Fühlenden Gelegenheit, durch die Seelen fast aller Provinzen zu reisen – auf Grund alles dessen darf ich vielleicht sagen, daß die Auffassung die hinsichtlich des Kaisers herrscht, immer wieder und überall einen gewissen gemeinsamen Grundzug mit der Auffassung in meiner Heimat zeigt. Diese Auffassung will ich nun durchaus nicht als eine Tugend gelten lassen, im Gegenteil. Zwar ist sie in der Hauptsache von der Regierung verschuldet, die im ältesten Reich der Erde bis heute nicht imstande war

97

oder dies über anderem vernachlässigte, die Institution des Kaisertums zu solcher Klarheit auszubilden, daß sie bis an die fernsten Grenzen des Reiches unmittelbar und unablässig wirke. Andererseits aber liegt doch auch darin eine Schwäche der Vorstellungs- oder Glaubenskraft beim Volke, welches nicht dazu gelangt, das Kaisertum aus der Pekinger Versunkenheit in aller Lebendigkeit und Gegenwärtigkeit an seine Untertanenbrust zu ziehn, die doch nichts besseres will, als einmal diese Berührung zu fühlen und an ihr zu vergehn.

Eine Tugend ist also diese Auffassung wohl nicht. Umso auffälliger ist es, daß gerade diese Schwäche eines der wichtigsten Einigungsmittel unseres Volkes zu sein scheint, ja wenn man sich im Ausdruck soweit vorwagen darf, geradezu der Boden auf dem wir leben. Hier einen Tadel ausführlich begründen, heißt nicht an unserem Gewissen, sondern was viel ärger ist an unsern Beinen rütteln. Und darum will ich in der Untersuchung dieser Frage vorderhand nicht weiter gehn.

In diese Welt drang nun die Nachricht vom Mauerbau. Auch sie verspätet etwa dreißig Jahre nach ihrer Verkündigung. Es war an einem Sommerabend. Ich, zehn Jahre alt, stand mit meinem Vater am Flußufer. Gemäß der Bedeutung dieser oft besprochenen Stunde, erinnere ich mich der kleinsten Umstände. Er hielt mich an der Hand, dies tat er mit Vorliebe bis in sein hohes Alter, und mit der andern fuhr er seine lange ganz dünne Pfeife entlang als wäre es eine Flöte. Sein großer schütterer starrer Bart ragte in die Luft, denn im Genuß der Pfeife blickte er über den Fluß hinweg in die Höhe. Desto tiefer senkte sich sein Zopf, der Gegenstand der Ehrfurcht der Kinder, leise rauschend auf der golddurchwirkten Seide des Feiertagsgewandes. Da hielt eine Barke vor uns, der Schiffer winkte meinem Vater zu, er möge die Böschung herabkommen, er selbst stieg ihm entgegen. In der Mitte trafen sie einander, der Schiffer flüsterte meinem Vater etwas ins

DAS ACHTE WELTWUNDER

Ohr; um ihm ganz nahezukommen umarmte er ihn. Ich verstand die Reden nicht, sah nur wie der Vater die Nachricht nicht zu glauben schien, der Schiffer die Wahrheit zu bekräftigen suchte, der Vater noch immer nicht glauben konnte, der Schiffer mit der Leidenschaftlichkeit des Schiffervolkes zum Beweise der Wahrheit fast sein Kleid auf der Brust zerriß, der Vater stiller wurde und der Schiffer polternd in die Barke sprang und wegfuhr. Nachdenklich wandte sich mein Vater zu mir, klopfte die Pfeife aus und steckte sie in den Gürtel, streichelte mir die Wange und zog meinen Kopf an sich. Das hatte ich am liebsten, es machte mich ganz fröhlich und so kamen wir nachhause. Dort dampfte schon der Reisbrei auf dem Tisch, einige Gäste waren versammelt, gerade wurde der Wein in die Becher geschüttet. Ohne darauf zu achten, begann mein Vater schon auf der Schwelle zu berichten was er gehört hätte. Von den Worten habe ich natürlich keine genaue Erinnerung, der Sinn aber gieng mir durch das Außerordentliche der Umstände, von dem selbst das Kind bezwungen wurde, so tief ein, daß ich doch eine Art Wortlaut wiederzugeben mich getraue. Ich tue es deshalb, weil er für die Volksauffassung sehr bezeichnend war. Mein Vater sagte also etwa:

BCM 65–80

*Was für eine Stille?*

»Niemals ziehst Du das Wasser aus der Tiefe dieses Brunnens.«
»Was für Wasser? Was für Brunnen?«
»Wer fragt denn?«
Stille.
»Was für eine Stille?«

ZFG 159

### Was sind das für Tage!

Was sind das für Tage die ich verbringe! Warum ist alles so schlecht gebaut, daß bisweilen hohe Häuser einstürzen, ohne daß man einen äußern Grund finden könnte. Ich klettere dann über die Schutthaufen und frage jeden, dem ich begegne: ›Wie konnte das nur geschehn! In unserer Stadt. – Ein neues Haus – Das ist heute schon das fünfte. – Bedenken Sie doch.‹ Da kann mir keiner antworten.

Oft fallen Menschen auf der Gasse und bleiben tot liegen. Da öffnen alle Geschäftsleute ihre mit Waren verhangenen Thüren, kommen gelenkig herbei, schaffen den Toten in ein Haus, kommen dann Lächeln in Mund und Augen heraus und reden: ›Guten Tag – Der Himmel ist blaß – Ich verkaufe viele Kopftücher – Ja, der Krieg.‹ Ich hüpfe ins Haus und nachdem ich mehreremale die Hand mit dem gebogenen Finger furchtsam gehoben habe, klopfe ich endlich an dem Fensterchen des Hausmeisters. ›Lieber Mann‹, sage ich freundlich, ›es wurde ein toter Mensch zu Ihnen gebracht. Zeigen Sie mir ihn, ich bitte Sie.‹ Und als er den Kopf schüttelt als wäre er unentschlossen, sage ich bestimmt: ›Lieber Mann. Ich bin Geheimpolizist. Zeigen Sie mir gleich den Toten.‹ ›Einen Toten‹, fragt er jetzt und ist fast beleidigt. ›Nein wir haben keinen Toten hier. Es ist ein anständiges Haus.‹ Ich grüße und gehe.

BK 76 f

### Lieblingssatz

Lieblingssatz der Frau des Philosophen Mendelssohn: Wie mies ist mir vor tout l'univers!

TB1 171

DAS ACHTE WELTWUNDER

## Ich irre ab

Ich irre ab. Der wahre Weg geht über ein Dratseil, das aber
nicht in der Höhe gespannt ist, sondern knapp über dem Boden. Es scheint mehr bestimmt stolpern zu machen als began-
gen zu werden.

BCM 161

## Jenen Wilden

Jenen Wilden, von denen erzählt wird, daß sie kein anderes
Verlangen haben als zu sterben oder vielmehr sie haben nicht
einmal mehr dieses Verlangen, sondern der Tod hat nach ihnen Verlangen und sie geben sich hin oder vielmehr sie geben
sich nicht einmal hin, sondern sie fallen in den Ufersand und
stehn niemals mehr auf – jenen Wilden gleiche ich sehr und
habe auch Stammesbrüder rings herum, aber die Verwirrung
in diesen Ländern ist so groß, das Gedränge wogt auf und ab
bei Tag und Nacht und die Brüder lassen sich von ihm tragen.
Das nennt man hierzulande »einem unter den Arm greifen«,
solche Hilfe ist hier immer bereit, einen der ohne Grund um-
sinken könnte und liegen bliebe fürchtet man wie den Teufel,
es ist wegen des Beispiels, es ist wegen des Gestankes der
Wahrheit, der aus ihm steigen würde. Gewiß, es würde nichts
geschehn, einer, zehn, ein ganzes Volk könnte liegen bleiben
und es würde nichts geschehn, weiter ginge das mächtige Leben, noch übervoll sind die Dachböden von Fahnen die niemals aufgerollt gewesen sind, dieser Leierkasten hat nur eine
Walze, aber die Ewigkeit in eigener Person dreht die Kurbel.
Und doch die Angst! Wie tragen doch die Leute ihren eigenen
Feind, so ohnmächtig er ist, immer in sich. Seinetwegen, dieses ohnmächtigen Feindes wegen sind sie

ZFG 84 f

101

## Asketen

Die Unersättlichsten sind manche Asketen, sie machen Hungerstrike auf allen Gebieten des Lebens und wollen dadurch gleichzeitig Folgendes erreichen:

1.) eine Stimme soll sagen: Genug, Du hast genug gefastet, jetzt darfst Du essen wie die andern und es wird nicht als Essen angerechnet werden

2.) die gleiche Stimme soll gleichzeitig sagen: Jetzt hast Du solange unter Zwang gefastet, von jetzt an wirst Du mit Freude fasten, es wird süßer als Speise sein (gleichzeitig aber wirst Du auch wirklich essen)

3.) die gleiche Stimme soll gleichzeitig sagen: Du hast die Welt besiegt, ich enthebe Dich ihrer, des Essens und des Fastens (gleichzeitig aber wirst Du sowohl fasten als essen).

Zudem kommt noch eine seit jeher zu ihnen redende unablässige Stimme: Du fastest zwar nicht vollständig, aber Du hast den guten Willen, und der genügt.

ZFG 160 f

## Die Entwicklung

Die Entwicklung war einfach. Als ich noch zufrieden war, wollte ich unzufrieden sein und stieß mich mit allen Mitteln der Zeit und der Tradition, die mir zugänglich waren, in die Unzufriedenheit, nun wollte ich zurückkehren können. Ich war also immer unzufrieden, auch mit meiner Zufriedenheit.

TB3 207

DAS ACHTE WELTWUNDER

## Der Gefängnis

Mit einem Gefängnis hätte er sich abgefunden. Als Gefange-
ner enden – das wäre eines Lebens Ziel. Aber es war ein Gitterkäfig. Gleichgültig, herrisch, wie bei sich zuhause strömte
durch das Gitter aus und ein der Lärm der Welt, der Gefange-
ne war eigentlich frei, er konnte an allem teilnehmen, nichts
entgieng ihm draußen, selbst verlassen hätte er den Käfig können, die Gitterstangen standen ja meterweit auseinander,
nicht einmal gefangen war er.

TB3 175

## Kuriere oder Könige

Es wurde ihnen die Wahl gestellt Könige oder der Könige Kuriere zu werden. Nach Art der Kinder wollten alle Kuriere
sein. Deshalb gibt es lauter Kuriere, sie jagen durch die Welt
und rufen da es keine Könige gibt, einander selbst die sinnlos
gewordenen Meldungen zu. Gerne würden sie ihrem elenden
Leben ein Ende machen, aber sie wagen es nicht wegen des
Diensteids.

BCM 181

## Erstes Leid

Ein Trapezkünstler – bekanntlich ist diese hoch in den Kup-
peln der großen Varietébühnen ausgeübte Kunst eine der
schwierigsten unter allen, Menschen erreichbaren – hatte, zuerst nur aus dem Streben nach Vervollkommnung, später
auch aus tyrannisch gewordener Gewohnheit sein Leben derart eingerichtet, daß er, so lange er im gleichen Unternehmen

103

arbeitete, Tag und Nacht auf dem Trapeze blieb. Allen seinen, übrigens sehr geringen Bedürfnissen wurde durch einander ablösende Diener entsprochen, welche unten wachten und alles, was oben benötigt wurde, in eigens konstruierten Gefäßen hinauf- und hinabzogen. Besondere Schwierigkeiten für die Umwelt ergaben sich aus dieser Lebensweise nicht; nur während der sonstigen Programmnummern war es ein wenig störend, daß er, wie sich nicht verbergen ließ, oben geblieben war und daß, trotzdem er sich in solchen Zeiten meist ruhig verhielt, hie und da ein Blick aus dem Publikum zu ihm abirrte. Doch verziehen ihm dies die Direktionen, weil er ein außerordentlicher, unersetzlicher Künstler war. Auch sah man natürlich ein, daß er nicht aus Mutwillen so lebte, und eigentlich nur so sich in dauernder Übung erhalten, nur so seine Kunst in ihrer Vollkommenheit bewahren konnte.

Doch war es oben auch sonst gesund, und wenn in der wärmeren Jahreszeit in der ganzen Runde der Wölbung die Seitenfenster aufgeklappt wurden und mit der frischen Luft die Sonne mächtig in den dämmernden Raum eindrang, dann war es dort sogar schön. Freilich, sein menschlicher Verkehr war eingeschränkt, nur manchmal kletterte auf der Strickleiter ein Turnerkollege zu ihm hinauf, dann saßen sie beide auf dem Trapez, lehnten rechts und links an den Haltestricken und plauderten, oder es verbesserten Bauarbeiter das Dach und wechselten einige Worte mit ihm durch ein offenes Fenster, oder es überprüfte der Feuerwehrmann die Notbeleuchtung auf der obersten Galerie und rief ihm etwas Respektvolles, aber wenig Verständliches zu. Sonst blieb es um ihn still; nachdenklich sah nur manchmal irgendein Angestellter, der sich etwa am Nachmittag in das leere Theater verirrte, in die dem Blick sich fast entziehende Höhe empor, wo der Trapezkünstler, ohne wissen zu können, daß jemand ihn beobachtete, seine Künste trieb oder ruhte.

## DAS ACHTE WELTWUNDER

So hätte der Trapezkünstler ungestört leben können, wären nicht die unvermeidlichen Reisen von Ort zu Ort gewesen, die ihm äußerst lästig waren. Zwar sorgte der Impresario dafür, daß der Trapezkünstler von jeder unnötigen Verlängerung seiner Leiden verschont blieb: für die Fahrten in den Städten benützte man Rennautomobile, mit denen man, womöglich in der Nacht oder in den frühesten Morgenstunden, durch die menschenleeren Straßen mit letzter Geschwindigkeit jagte, aber freilich zu langsam für des Trapezkünstlers Sehnsucht; im Eisenbahnzug war ein ganzes Kupee bestellt, in welchem der Trapezkünstler, zwar in kläglichem, aber doch irgendeinem Ersatz seiner sonstigen Lebensweise die Fahrt oben im Gepäcknetz zubrachte; im nächsten Gastspielort war im Theater lange vor der Ankunft des Trapezkünstlers das Trapez schon an seiner Stelle, auch waren alle zum Theaterraum führenden Türen weit geöffnet, alle Gänge freigehalten – aber es waren doch immer die schönsten Augenblicke im Leben des Impresario, wenn der Trapezkünstler dann den Fuß auf die Strickleiter setzte und im Nu, endlich, wieder oben an seinem Trapeze hing.

So viele Reisen nun auch schon dem Impresario geglückt waren, jede neue war ihm doch wieder peinlich, denn die Reisen waren, von allem anderen abgesehen, für die Nerven des Trapezkünstlers jedenfalls zerstörend.

So fuhren sie wieder einmal miteinander, der Trapezkünstler lag im Gepäcknetz und träumte, der Impresario lehnte in der Fensterecke gegenüber und las ein Buch, da redete ihn der Trapezkünstler leise an. Der Impresario war gleich zu seinen Diensten. Der Trapezkünstler sagte, die Lippen beißend, er müsse jetzt für sein Turnen, statt des bisherigen einen, immer zwei Trapeze haben, zwei Trapeze einander gegenüber. Der Impresario war damit sofort einverstanden. Der Trapezkünstler aber, so als wolle er zeigen, daß hier die Zustimmung des Impresario ebenso bedeutungslos sei, wie es etwa sein Wider-

105

## DER KOMISCHE KAFKA

spruch wäre, sagte, daß er nun niemals mehr und unter keinen Umständen nur auf einem Trapez turnen werde. Unter der Vorstellung, daß es vielleicht doch einmal geschehen könnte, schien er zu schaudern. Der Impresario erklärte, zögernd und beobachtend, nochmals sein volles Einverständnis, zwei Trapeze seien besser als eines, auch sonst sei diese neue Einrichtung vorteilhaft, sie mache die Produktion abwechslungsreicher. Da fing der Trapezkünstler plötzlich zu weinen an. Tief erschrocken sprang der Impresario auf und fragte, was denn geschehen sei, und da er keine Antwort bekam, stieg er auf die Bank, streichelte ihn und drückte sein Gesicht an das eigene, so daß es auch von des Trapezkünstlers Tränen überflossen wurde. Aber erst nach vielen Fragen und Schmeichelworten sagte der Trapezkünstler schluchzend: »Nur diese eine Stange in den Händen – wie kann ich denn leben!« Nun war es dem Impresario schon leichter, den Trapezkünstler zu trösten; er versprach, gleich aus der nächsten Station an den nächsten Gastspielort wegen des zweiten Trapezes zu telegraphieren; machte sich Vorwürfe, daß er den Trapezkünstler so lange Zeit nur auf einem Trapez hatte arbeiten lassen, und dankte ihm und lobte ihn sehr, daß er endlich auf den Fehler aufmerksam gemacht hatte. So gelang es dem Impresario, den Trapezkünstler langsam zu beruhigen, und er konnte wieder zurück in seine Ecke gehen. Er selbst aber war nicht beruhigt, mit schwerer Sorge betrachtete er heimlich über das Buch hinweg den Trapezkünstler. Wenn ihn einmal solche Gedanken zu quälen begannen, konnten sie je gänzlich aufhören? Mußten sie sich nicht immerfort steigern? Waren sie nicht existenzbedrohend? Und wirklich glaubte der Impresario zu sehn, wie jetzt im scheinbar ruhigen Schlaf, in welchen das Weinen geendet hatte, die ersten Falten auf des Trapezkünstlers glatter Kinderstirn sich einzuzeichnen begannen.

EL 249–52

### DAS ACHTE WELTWUNDER

## Ein Rest von Glauben

Ein erstes Zeichen beginnender Erkenntnis ist der Wunsch zu sterben. Dieses Leben scheint unerträglich, ein anderes unerreichbar. Man schämt sich nicht mehr, sterben zu wollen, man bittet aus der alten Zelle die man haßt, in eine neue gebracht zu werden, die man erst hassen lernen wird. Ein Rest von Glauben wirkt dabei mit, während des Transportes werde zufällig der Herr durch den Gang kommen, den Gefangenen ansehn und sagen: Diesen sollt ihr nicht wieder einsperren. Er kommt zu mir.

BCM 171

## Die immer Mißtrauischen

Die immer Mißtrauischen sind Menschen welche annehmen, daß neben dem großen Urbetrug noch in jedem Fall eigens für sie ein kleiner besonderer Betrug veranstaltet wird, daß also, wenn ein Liebesspiel auf der Bühne aufgeführt wird, die Schauspielerin außer dem verlogenen Lächeln für ihren Geliebten auch noch ein besonders hinterhältiges Lächeln für den ganz bestimmten Zuschauer auf der letzten Gallerie hat. Dummer Hochmut.

ZFG 93

### Besseres Gedächtnis

Ich kann schwimmen wie die andern, nur habe ich ein besseres Gedächtnis als die andern, ich habe das einstige Nichtschwimmen-können nicht vergessen. Da ich es aber nicht vergessen habe, hilft mir das Schwimmen-können nichts und ich kann doch nicht schwimmen.

ZFG 155

### Das Hindernis

Manchmal scheint es so: Du hast diese Aufgabe, hast zu ihrer Ausführung soviel Kräfte als nötig sind (nicht zu viel, nicht zu wenig, Du mußt sie zwar zusammenhalten, aber nicht ängstlich sein), Zeit ist Dir genügend frei gelassen, den guten Willen zur Arbeit hast Du auch. Wo ist das Hindernis für das Gelingen der ungeheueren Aufgabe? Verbringe nicht die Zeit mit dem Suchen des Hindernisses, vielleicht ist keines da.

ZFG 145 f

### Der fliegende Pfeil

Zeno sagte auf eine dringliche Frage hin, ob denn nichts ruhe: Ja der fliegende Pfeil ruht

TB1 104

DAS ACHTE WELTWUNDER

## Vor dem Betreten des Allerheiligsten

Vor dem Betreten des Allerheiligsten mußt Du die Schuhe
ausziehn, aber nicht nur die Schuhe, sondern alles, Reisekleid
und Gepäck, und darunter die Nacktheit, und alles, was unter
der Nacktheit ist, und alles, was sich unter diesem verbirgt,
und dann den Kern und den Kern des Kerns, dann das Übrige und dann den Rest und dann noch den Schein des unver-
gänglichen Feuers. Erst das Feuer selbst wird vom Allerheiligsten aufgesogen und läßt sich von ihm aufsaugen, keines von
beiden kann dem widerstehen.

BCM 198

Glaubst Du? Ich weiß nicht.

BCM 114

## Ach, sagte die Maus

»Ach«, sagte die Maus, »die Welt wird enger mit jedem Tag.
Zuerst war sie so weit, daß ich Angst davor hatte, dann lief ich
weiter, da stiegen schon rechts und links in der Ferne Mauern
auf, und jetzt – es ist ja noch gar nicht lange her, seitdem ich
zu laufen angefangen habe – bin ich in dem mir bestimmten
Zimmer und dort in der Ecke steht die Falle, in die ich laufe.«
»Du mußt die Laufrichtung ändern«, sagte die Katze und fraß
sie auf.

ZFG 162

109

### Aus den Forschungen eines Hundes

Wie sich mein Leben verändert hat und wie es sich doch nicht verändert hat im Grunde! Wenn ich jetzt zurückdenke und die Zeiten mir zurückrufe, da ich noch inmitten der Hundeschaft lebte, teilnahm an allem was sie bekümmert, ein Hund unter Hunden, finde ich bei näherem Zusehn doch, daß hier seit jeher etwas nicht stimmte, eine kleine Bruchstelle vorhanden war, ein leichtes Unbehagen inmitten der ehrwürdigsten volklichen Veranstaltungen mich befiel, ja manchmal selbst im vertrauten Kreise, nein, nicht manchmal, sondern sehr oft, der bloße Anblick eines mir lieben Mithundes, der bloße Anblick, irgendwie neu gesehn, mich verlegen, erschrocken, hilflos, ja mich verzweifelt machte. Ich suchte mich gewissermaßen zu begütigen, Freunde, denen ich es eingestand halfen mir, es kamen wieder ruhigere Zeiten, Zeiten in denen zwar jene Überraschungen nicht fehlten, aber gleichmütiger aufgenommen, gleichmütiger ins Leben eingefügt wurden, vielleicht traurig und müde machten, aber im übrigen mich bestehen ließen als einen zwar ein wenig kalten, zurückhaltenden, ängstlichen, rechnerischen, aber alles in allem genommen doch regelrechten Hund. Wie hätte ich auch ohne diese Erholungspausen das Alter erreichen können, dessen ich mich jetzt erfreue, wie hätte ich mich durchringen können zu der Ruhe, mit der ich die Schrecken meiner Jugend betrachte und die Schrecken des Alters ertrage, wie hätte ich dazu kommen können, die Folgerungen aus meiner, wie ich zugebe, unglücklichen oder um es vorsichtiger auszudrücken nicht sehr glücklichen Anlage zu ziehn und fast völlig ihnen entsprechend zu leben. Zurückgezogen, einsam, nur mit meinen kleinen, hoffnungslosen, aber mir unentbehrlichen Untersuchungen beschäftigt, so lebe ich, habe aber dabei von der Ferne den Überblick über mein Volk nicht verloren, oft dringen Nach-

## DAS ACHTE WELTWUNDER

richten zu mir und auch ich lasse hie und da von mir hören.
Man behandelt mich mit Achtung, versteht meine Lebensweise nicht, aber nimmt sie mir nicht übel und selbst junge Hunde, die ich hie und da in der Ferne vorüberlaufen sehe, eine
neue Generation, an deren Kindheit ich mich kaum dunkel
erinnere, versagen mir nicht den ehrerbietigen Gruß. Man
darf eben nicht außerachtlassen, daß ich trotz meiner Sonder-
barkeiten, die offen zu Tage liegen, doch nicht völlig aus der
Art schlage. Es ist ja, wenn ichs bedenke und dies zu tun habe
ich Zeit und Lust und Fähigkeit, mit der Hundeschaft überhaupt sonderbar bestellt. Es giebt außer uns Hunden vielerlei
Arten von Geschöpfen ringsumher, arme, geringe, stumme,
nur auf gewisse Schreie eingeschränkte Wesen, viele unter uns
Hunden studieren sie, haben ihnen Namen gegeben, suchen
ihnen zu helfen, sie zu veredeln udgl., mir sind sie, wenn sie
mich nicht etwa zu stören versuchen, gleichgültig, ich ver-
wechsle sie, ich sehe über sie hinweg, eines aber ist zu auffallend, als daß es mir hätte entgehen können, wie wenig sie
nämlich, mit uns Hunden verglichen, zusammenhalten, wie
fremd sie aneinander vorübergehn, wie sie weder ein hohes
noch ein niedriges Interesse verbindet, wie vielmehr jedes Interesse sie noch mehr von einander abhält, als es schon der gewöhnliche Zustand der Ruhe mit sich bringt. Wir Hunde dagegen! Man darf doch wohl sagen, daß wir alle förmlich in einem einzigen Haufen leben, alle, so unterschieden wir sonst
sind durch die unzähligen und tief gehenden Unterscheidungen, die sich im Laufe der Zeiten ergeben haben. Alle in einem
Haufen! Es drängt uns zueinander und nichts kann uns hin-
dern, diesem Drängen genugzutun, alle unsere Gesetze und
Einrichtungen, die wenigen die ich noch kenne und die zahllosen, die ich vergessen habe, gehen zurück auf dieses höchste
Glück dessen wir fähig sind, das warme Beisammensein. Nun
aber das Gegenspiel hiezu. Kein Geschöpf lebt meines Wis-

sens so weithin zerstreut wie wir Hunde, keines hat so viele, gar nicht übersehbare Unterschiede der Klassen, der Arten, der Beschäftigungen, wir die wir zusammenhalten wollen – und immer wieder gelingt es uns trotz allem, in überschwänglichen Augenblicken – gerade wir leben weit von einander getrennt, in eigentümlichen, schon dem Nebenhund oft unverständlichen Berufen, festhaltend an Vorschriften, die nicht die der Hundeschaft sind, ja eher gegen sie gerichtet. Was für schwierige Dinge das sind, Dinge, an die man lieber nicht rührt – ich verstehe auch diesen Standpunkt, verstehe ihn besser als den meinen – und doch Dinge, denen ich ganz und gar verfallen bin. Warum tue ich es nicht wie die andern, lebe einträchtig mit meinem Volke und nehme das was die Eintracht stört, stillschweigend hin, vernachlässige es als kleinen Fehler in der großen Rechnung und bleibe immer zugekehrt dem was glücklich bindet, nicht dem, was uns immer wieder unwiderstehlich aus dem Volkskreis zerrt. Ich erinnere mich an einen Vorfall aus meiner Jugend, ich war damals in einer jener seligen unerklärlichen Aufregungen, wie sie wohl jeder als Kind erlebt, ich war noch ein ganz junger Hund, alles gefiel mir, alles hatte Bezug zu mir, ich glaubte daß große Dinge um mich vorgehn, deren Anführer ich sei, denen ich meine Stimme leihen müsse, Dinge die elend am Boden liegen bleiben müßten, wenn ich nicht für sie lief, für sie meinen Körper schwenkte, nun, Phantasien der Kinder, die mit den Jahren sich verflüchtigen, aber damals waren sie sehr stark, ich war ganz in ihrem Bann und es geschah dann auch freilich etwas Außerordentliches, was den wilden Erwartungen Recht zu geben schien. An sich war es nichts Außerordentliches, später habe ich solche und noch merkwürdigere Dinge oft genug gesehn, aber damals traf es mich mit dem starken ersten unverwischbaren, für vieles folgende richtunggebenden Eindruck. Ich traf nämlich eine kleine Hundegesellschaft, vielmehr ich

traf sie nicht, sie kam auf mich zu. Ich war damals lange durch
die Finsternis gelaufen, in Vorahnung großer Dinge, eine Vorahnung, die freilich leicht täuschte, denn ich hatte sie immer,
war lange durch die Finsternis gelaufen, kreuz und quer, geführt von nichts anderem als dem unbestimmten Verlangen,
machte plötzlich Halt in dem Gefühl, hier sei ich am rechten
Ort, sah auf und es war überheller Tag, nur ein wenig dunstig,
ich begrüßte den Morgen mit wirren Lauten, da – als hätte ich
sie heraufbeschworen – traten aus irgendwelcher Finsternis
unter Hervorbringung eines entsetzlichen Lärms, wie ich ihn
noch nie gehört hatte, sieben Hunde ans Licht. Hätte ich nicht
deutlich gesehn daß es Hunde waren und daß sie selbst diesen
Lärm mitbrachten, trotzdem ich nicht erkennen konnte, wie
sie ihn erzeugten – ich wäre sofort weggelaufen, so aber blieb
ich. Damals wußte ich noch fast nichts von der nur dem Hun-
degeschlecht verliehenen Musikalität, sie war meiner sich erst
entwickelnden Aufmerksamkeit entgangen, nur in Andeutungen hatte man mich darauf hinzuweisen versucht, umso
überraschender, geradezu niederwerfend waren jene sieben
großen Musikkünstler für mich. Sie redeten nicht, sie sangen
nicht, sie schwiegen im allgemeinen fast mit einer gewissen
Verbissenheit, aber aus dem leeren Raum zauberten sie die
Musik empor. Alles war Musik. Das Heben und Niedersetzen
ihrer Füße, bestimmte Wendungen des Kopfes, ihr Laufen
und ihr Ruhen, die Stellungen, die sie zu einander einnah-
men, die reigenmäßigen Verbindungen, die sie mit einander
eingiengen, indem etwa einer die Vorderpfoten auf des andern Rücken stützte und sie es dann alle sieben so durchführ-
ten, daß der erste die Last aller andern trug, oder indem sie
mit ihren nah am Boden hinschleichenden Körpern ver-
schlungene Figuren bildeten und niemals sich irrten, nicht
einmal der letzte, der noch ein wenig unsicher war, nicht immer gleich den Anschluß an die andern fand, gewissermaßen

113

im Anschlagen der Melodie manchmal schwankte, aber doch unsicher war nur im Vergleich mit der großartigen Sicherheit der andern und selbst bei viel größerer, ja bei vollkommener Unsicherheit nichts hätte verderben können, wo die andern, große Meister, den Takt unerschütterlich hielten. Aber man sah sie ja kaum, man sah sie ja alle kaum. Sie waren hervorgetreten, man hatte sie innerlich begrüßt als Hunde, sehr beirrt war man zwar von dem Lärm, der sie begleitete, aber es waren doch Hunde, Hunde wie ich und Du, man beobachtete sie gewohnheitsmäßig, wie Hunde denen man auf dem Weg begegnet, man wollte sich ihnen nähern, Grüße tauschen, sie waren auch ganz nah, Hunde, zwar viel älter als ich und nicht von meiner langhaarigen wolligen Art, aber doch auch nicht allzu fremd an Größe und Gestalt, recht vertraut vielmehr, viele von solcher oder ähnlicher Art kannte ich, aber während man noch in solchen Überlegungen befangen war, nahm allmählich die Musik überhand, faßte einen förmlich, zog einen hinweg von diesen wirklichen kleinen Hunden und ganz wider Willen, sich sträubend mit allen Kräften, heulend als würde einem Schmerz bereitet, durfte man sich mit nichts anderem beschäftigen, als mit der von allen Seiten, von der Höhe, von der Tiefe, von überall her kommenden, den Zuhörer in die Mitte nehmenden, überschüttenden, erdrückenden, über seiner Vernichtung noch, in solcher Nähe, daß es schon Ferne war, kaum hörbar noch Fanfaren blasenden Musik.

[...]

Mit jenem Koncert aber begann es. Ich klage nicht darüber, es ist mein eingeborenes Wesen das hier wirkt und das sich gewiß, wenn das Koncert nicht gewesen wäre, eine andere Gelegenheit gefunden hätte, um durchzubrechen, nur daß es so bald geschah, tat mir früher manchmal leid, es hat mich um einen großen Teil meiner Kindheit gebracht, das glückselige Leben der jungen Hunde, das mancher für sich jahrelang

auszudehnen imstande ist, hat für mich nur wenige kurze
Monate gedauert. Sei's darum! Es gibt wichtigere Dinge als
die Kindheit. Und vielleicht winkt mir im Alter, erarbeitet
durch ein hartes Leben, mehr kindliches Glück, als ein wirkliches Kind zu ertragen die Kraft hätte, die ich dann aber haben werde.

Ich begann damals meine Untersuchungen mit den einfachsten Dingen, an Material fehlte es nicht, leider, der Über-
fluß ist es, der mich in dunklen Stunden verzweifeln läßt. Ich
begann zu untersuchen wovon sich die Hundeschaft nährte.
Das ist nun wenn man will natürlich keine einfache Frage, sie
beschäftigt uns seit Urzeiten, sie ist der Hauptgegenstand unseres Nachdenkens, zahllos sind die Beobachtungen und Versuche und Ansichten auf diesem Gebiete, es ist eine Wissenschaft geworden, die in ihren ungeheueren Ausmaßen nicht
nur über die Fassungskraft des einzelnen, sondern über jene
aller Gelehrten insgesamt geht und ausschließlich von niemandem andern als von der gesamten Hundeschaft und selbst
von dieser nur seufzend und nicht ganz vollständig getragen
werden kann, immer wieder abbröckelt in altem längst beses-
senem Gut und mühselig ergänzt werden muß, von den
Schwierigkeiten und kaum zu erfüllenden Voraussetzungen
neuer Forschung ganz zu schweigen. Das alles wende man mir
nicht ein, das alles weiß ich, wie nur irgendein Durchschnitts-
hund, es fällt mir nicht ein mich in die wahre Wissenschaft zu
mengen, ich habe alle Ehrfurcht vor ihr, die ihr gebürt, aber
sie zu vermehren fehlt es mir an Wissen und Fleiß und Ruhe
und – nicht zuletzt, besonders seit einigen Jahren – auch an
Appetit. Ich schlinge das Essen herunter, wenn ich es finde,
aber der geringsten vorgängigen geordneten landwirtschaftlichen Betrachtung ist es mir nicht wert. Mir genügt in dieser
Hinsicht der Extrakt aller Wissenschaft, die kleine Regel, mit
welcher die Mütter die Kleinen von ihren Brüsten ins Leben

entlassen: »Mache alles naß, soviel Du kannst.« Und ist hier nicht wirklich fast alles enthalten? Was hat die Forschung, von unsern Urvätern angefangen, entscheidend Wesentliches dem hinzuzufügen? Einzelnheiten, Einzelnheiten und wie unsicher ist alles, diese Regel aber wird bestehn, solange wir Hunde sind. Sie betrifft unsere Hauptnahrung; gewiß, wir haben noch andere Hilfsmittel, aber im Notfall und wenn die Jahre nicht zu schlimm sind, könnten wir von dieser Hauptnahrung leben, diese Hauptnahrung finden wir auf der Erde, die Erde aber braucht unser Wasser, nährt sich von ihm und nur für diesen Preis gibt sie uns unsere Nahrung, deren Hervorkommen man allerdings, dies ist auch nicht zu vergessen, durch bestimmte Sprüche, Gesänge, Bewegungen beschleunigen kann. Das ist aber meiner Meinung nach alles, von dieser Seite her ist über diese Sache Grundsätzliches nicht mehr zu sagen. Hierin bin ich auch einig mit der großen Mehrzahl der Hundeschaft und von allen in dieser Hinsicht ketzerischen Ansichten wende ich mich streng ab. Wahrhaftig, es geht mir nicht um Besonderheiten, um Rechthaberei, ich bin glücklich, wenn ich mit den Volksgenossen übereinstimmen kann und in diesem Falle geschieht es. Meine eigenen Untersuchungen gehn aber in anderer Richtung. Der Augenschein lehrt mich, daß die Erde, wenn sie nach den Regeln der Wissenschaft besprengt und bearbeitet wird, die Nahrung hergibt undzwar in solcher Qualität, in solcher Menge, auf solche Art, an solchen Orten, zu solchen Stunden, wie es die gleichfalls von der Wissenschaft ganz oder teilweise festgestellten Gesetze verlangen. Das nehme ich hin, meine Frage aber ist: »Woher nimmt die Erde diese Nahrung?«[...]

Ein junger Hund, im Grunde natürlich gierig und lebenslustig, verzichtete ich auf alle Genüsse, wich allen Vergnügungen im Bogen aus, vergrub vor Verlockungen den Kopf zwischen den Beinen und machte mich an die Arbeit. Es war kei-

DAS ACHTE WELTWUNDER

ne Gelehrtenarbeit, weder was die Gelehrsamkeit, noch was
die Methode, noch was die Absicht betrifft. Das waren wohl
Fehler, aber entscheidend können sie nicht gewesen sein. Ich
habe wenig gelernt, denn ich kam frühzeitig von der Mutter
fort, gewöhnte mich bald an Selbstständigkeit, führte ein freies Leben und allzufrühe Selbstständigkeit ist dem systemati-
schen Lernen feindlich. Aber ich habe viel gesehen, gehört,
mit vielen Hunden der verschiedensten Arten und Berufe gesprochen und alles wie ich glaube nicht schlecht aufgefaßt
und die Einzelbeobachtungen nicht schlecht verbunden, das
hat ein wenig die Gelehrsamkeit ersetzt, außerdem aber ist
Selbständigkeit, mag sie für das Lernen ein Nachteil sein, für
eigene Forschung ein großer Vorzug. Sie war in meinem Fall
umso nötiger, als ich nicht die eigentliche Methode der Wissenschaft befolgen konnte, nämlich die Arbeiten der Vorgän-
ger zu benützen und mit den zeitgenössischen Forschern
mich zu verbinden. Ich war völlig auf mich allein angewiesen,
begann mit dem allerersten Anfang und mit dem für die Jugend beglückenden, für das Alter dann aber äußerst nieder-
drückenden Bewußtsein, daß der zufällige Schlußpunkt den
ich setzen werde, auch der endgültige sein müsse. War ich
wirklich so allein mit meinen Forschungen, jetzt und seit jeher? Ja und nein. Es ist unmöglich, daß nicht immer und auch
heute einzelne Hunde hier und dort in meiner Lage waren
und sind. So schlimm kann es mit mir nicht stehn. Ich bin
kein Haar breit außerhalb des Hundewesens. Jeder Hund hat
wie ich den Drang zu fragen und ich habe wie jeder Hund den
Drang zu schweigen. Jeder hat den Drang zu fragen. Hätte ich
denn sonst durch meine Fragen auch nur die leichten Erschütterungen erreichen können, die mir oft mit Entzücken,
übertriebenem Entzücken allerdings zu sehen vergönnt war.
Und daß ich den Drang zu schweigen habe, bedarf leider keines besondern Beweises. Ich bin also grundsätzlich nicht an-

117

DER KOMISCHE KAFKA

ders als jeder andere Hund, darum wird mich trotz aller Meinungsverschiedenheiten und Abneigungen im Grunde jeder anerkennen und ich werde es mit jedem Hund nicht anders tun. Nur die Mischung der Elemente ist verschieden, ein persönlich sehr großer, volklich bedeutungsloser Unterschied. Und nun sollte die Mischung dieser immer vorhandenen Elemente innerhalb der Vergangenheit und Gegenwart niemals ähnlich der meinen ausgefallen sein und wenn man meine Mischung unglücklich nennen will, nicht auch noch viel unglücklicher? Das wäre gegen alle übrige Erfahrung. In den sonderbarsten Berufen sind wir Hunde beschäftigt, Berufe, an die man gar nicht glauben würde, wenn man nicht die vertrauenswürdigsten Nachrichten darüber hätte. Ich denke hier am liebsten an das Beispiel der Lufthunde. Als ich zum erstenmal von einem hörte, lachte ich, ließ es mir auf keine Weise einreden. Wie? Es sollte einen Hund von allerkleinster Art geben, nicht viel größer als mein Kopf, auch im hohen Alter nicht größer und dieser Hund, natürlich schwächlich, dem Anschein nach ein künstliches, unreifes, übersorgfältig frisiertes Gebilde, unfähig einen ehrlichen Sprung zu tun, dieser Hund sollte wie man erzählte, meistens hoch in der Luft sich fortbewegen, dabei aber keine sichtbare Arbeit machen sondern ruhn. Nein, solche Dinge mir einreden wollen, das hieß doch die Unbefangenheit eines jungen Hundes gar zu sehr ausnützen, glaubte ich. Aber kurz darauf hörte ich von anderer Seite von einem andern Lufthund erzählen. Hatte man sich vereinigt mich zum Besten zu halten? Dann aber sah ich die Musikerhunde und von dieser Zeit an hielt ich alles für möglich, kein Vorurteil beschränkte meine Fassungskraft, den unsinnigsten Gerüchten ging ich nach, verfolgte sie soweit ich konnte, das Unsinnigste erschien mir in diesem unsinnigen Leben wahrscheinlicher als das Sinnvolle und für meine Forschung besonders ergiebig. So auch die Lufthunde.

118

DAS ACHTE WELTWUNDER

Ich erfuhr vielerlei über sie, es gelang mir zwar bis heute keinen zu sehn, aber von ihrem Dasein bin ich schon längst fest
überzeugt und in meinem Weltbild haben sie ihren wichtigen
Platz. Wie meistens so auch hier ist es natürlich nicht die
Kunst, die mich vor allem nachdenklich macht. Es ist wun-
derbar, wer kann das leugnen, daß diese Hunde in der Luft zu
schweben imstande sind, im Staunen darüber bin ich mit der
Hundeschaft einig. Aber viel wunderbarer ist für mein Gefühl
die Unsinnigkeit, die schweigende Unsinnigkeit dieser Exi-
stenzen. Im Allgemeinen wird sie gar nicht begründet, sie
schweben in der Luft und dabei bleibt es, das Leben geht weiter seinen Gang, hie und da spricht man von Kunst und
Künstlern, das ist alles. Aber warum, grundgütige Hundeschaft, warum nur schweben diese Hunde? Was für einen Sinn
hat ihr Beruf? Warum ist kein Wort der Erklärung von ihnen
zu bekommen? Warum schweben sie dort oben, lassen die
Beine, den Stolz des Hundes, verkümmern, sind getrennt von
der nährenden Erde, säen nicht und ernten doch, werden angeblich sogar auf Kosten der Hundeschaft besonders gut genährt. Ich kann mir schmeicheln, daß ich durch meine Fragen
in diese Dinge doch ein wenig Bewegung gebracht habe. Man
beginnt zu begründen, eine Art Begründung zusammenzu-
haspeln, man beginnt und wird allerdings auch über diesen
Beginn nicht hinausgehn. Aber etwas ist es doch. Und es zeigt
sich dabei zwar nicht die Wahrheit – niemals wird man soweit
kommen – aber doch etwas von der tiefen Verwurzelung der
Lüge. Alle unsinnigen Erscheinungen unseres Lebens und die
unsinnigsten ganz besonders lassen sich nämlich begründen.
Nicht vollständig natürlich – das ist der teuflische Witz – aber
um sich gegen peinliche Fragen zu schützen, reichts hin. Die
Lufthunde wieder als Beispiel genommen. Sie sind nicht
hochmütig, wie man zunächst glauben könnte, sie sind vielmehr der Mithunde besonders bedürftig, versucht man sich

119

in ihre Lage zu versetzen versteht mans. Sie müssen ja wenn sie es schon nicht offen tun können – das wäre Verletzung der Schweigepflicht – so doch auf irgendeine andere Art für ihre Lebensweise Verzeihung zu erlangen suchen oder wenigstens von ihr ablenken, sie vergessen machen, sie tun das, wie man mir erzählt, durch eine fast unerträgliche Geschwätzigkeit. Immerfort haben sie zu erzählen, teils von ihren philosophischen Überlegungen mit denen sie sich, da sie auf körperliche Anstrengung völlig verzichtet haben, fortwährend beschäftigen können, teils von den Beobachtungen, die sie von ihrem erhöhten Standort aus machen. Und trotzdem sie sich, was bei einem solchen Lotterleben selbstverständlich ist, durch Geisteskraft nicht sehr auszeichnen und ihre Philosophie so wertlos ist wie ihre Beobachtungen und die Wissenschaft kaum etwas davon verwenden kann und überhaupt auf so jämmerliche Hilfsquellen nicht angewiesen ist, trotzdem wird man, wenn man fragt, was die Lufthunde überhaupt sollen, immer wieder zur Antwort bekommen, daß sie zur Wissenschaft viel beitragen. »Das ist richtig«, sagt man darauf, »aber ihre Beiträge sind wertlos und lästig.« Die weitere Antwort ist Achselzucken, Ablenkung, Ärger oder Lachen, und in einem Weilchen, wenn man wieder fragt, erfährt man doch wiederum, daß sie zur Wissenschaft beitragen, und schließlich, wenn man nächstens gefragt wird und sich nicht sehr beherrscht, antwortet man das Gleiche. Und vielleicht ist es auch gut, nicht allzu hartnäckig zu sein und sich zu fügen, die schon bestehenden Lufthunde nicht in ihrer Lebensberechtigung anzuerkennen, was unmöglich ist, aber doch zu dulden. Aber mehr darf man nicht verlangen, das ginge zu weit und man verlangt es doch. Man verlangt die Duldung immer neuer Lufthunde, die heraufkommen. Man weiß gar nicht genau woher sie kommen. Vermehren sie sich durch Fortpflanzung? Haben sie denn noch die Kraft dazu, sie sind ja nicht viel mehr

DAS ACHTE WELTWUNDER

als ein schönes Fell, was soll sich hier fortpflanzen? Und wenn
das Unwahrscheinliche möglich wäre, wann sollte es geschehn? Immer sieht man sie doch allein, selbstgenügsam
oben in der Luft und wenn sie einmal zu laufen sich herablassen, geschieht es nur ein kleines Weilchen lang, paar gezierte
Schritte und immer wieder nur streng allein und in angeblichen Gedanken, von denen sie sich selbst wenn sie sich anstrengen, nicht losreißen können, wenigstens behaupten sie
das. Wenn sie sich aber nicht fortpflanzen, wäre es denkbar,
daß sich Hunde finden, welche freiwillig das ebenerdige Leben aufgeben, freiwillig Lufthunde werden und um den Preis
der Bequemlichkeit und einer gewissen Kunstfertigkeit dieses
öde Leben dort auf den Kissen wählen? Das ist nicht denkbar,
weder Fortpflanzung noch freiwilliger Anschluß ist denkbar.
Die Wirklichkeit aber zeigt, daß es doch immer wieder neue
Lufthunde gibt; daraus ist zu schließen, daß mögen auch die
Hindernisse unserem Verstande unüberwindbar scheinen eine einmal vorhandene Hundeart sei sie auch noch so sonderbar nicht ausstirbt, zumindest nicht leicht, zumindest nicht
ohne daß in jeder Art etwas wäre, das sich lange erfolgreich
wehrt. Muß ich das, wenn es für eine so abseitige sinnlose äußerlich allersonderbarste, lebensunfähige Art wie die der
Lufthunde gilt, nicht auch für meine Art annehmen? Dabei
bin ich äußerlich gar nicht sonderbar, gewöhnlicher Mittel-
stand der wenigstens hier in der Gegend sehr häufig ist, durch
nichts besonders hervorragend, durch nichts besonders verächtlich, in meiner Jugend und noch teilweise im Mannesal-
ter, solange ich mich nicht vernachlässigte und viel Bewegung
machte, war ich sogar ein recht hübscher Hund, besonders
meine Vorderansicht wurde gelobt, die schlanken Beine, die
schöne Kopfhaltung, aber auch mein grau-weiß-gelbes, nur in
den Haarspitzen sich ringelndes Fell war sehr gefällig, das alles ist nicht sonderbar, sonderbar ist nur mein Wesen, aber

121

## DER KOMISCHE KAFKA

auch dieses, wie ich niemals außer Acht lassen darf, im allgemeinen Hundewesen wohl begründet. Wenn nun sogar der Lufthund nicht allein bleibt, hier und dort in der großen Hundewelt immer wieder sich einer findet und sie sogar aus dem Nichts immer wieder neuen Nachwuchs holen dann kann auch ich die Zuversicht haben, daß ich nicht verlassen bin.

DE 48–69

### In dem alten Städtchen

In dem alten Städtchen stehn
Kleine helle Weihnachtshäuschen,
Ihre bunten Scheiben sehn
Auf das schneeverwehte Plätzchen.
Auf dem Mondlichtplatze geht
Still ein Mann im Schnee fürbaß,
Seinen großen Schatten weht
Der Wind die Häuschen hinauf.

BR1 30

### Flüchten

Sich flüchten in ein erobertes Land und bald es unerträglich finden, denn man kann sich nirgendhin flüchten

TB3 225

# LAUTER NIEMAND

## Der Ausflug ins Gebirge

»Ich weiß nicht«, rief ich ohne Klang, »ich weiß ja nicht. Wenn
niemand kommt, dann kommt eben niemand. Ich habe niemandem etwas Böses getan, niemand hat mir etwas Böses getan, niemand aber will mir helfen. Lauter niemand. Aber so ist
es doch nicht. Nur daß mir niemand hilft –, sonst wäre lauter
niemand hübsch. Ich würde ganz gern – warum denn nicht –
einen Ausflug mit einer Gesellschaft von lauter Niemand machen. Natürlich ins Gebirge, wohin denn sonst? Wie sich diese Niemand aneinander drängen, diese vielen quer gestreckten und eingehängten Arme, diese vielen Füße, durch winzige Schritte getrennt! Versteht sich, daß alle in Frack sind. Wir
gehen so lala, der Wind fährt durch die Lücken, die wir und
unsere Gliedmaßen offen lassen. Die Hälse werden im Gebirge frei! Es ist ein Wunder, daß wir nicht singen.«

EL 21

## Die Schachtel

Weißt Du, was an manchen Leuten Besonderes ist? Sie sind
nichts, aber sie können es nicht zeigen, nicht einmal ihren Augen können sie es zeigen, das ist das Besondere an ihnen. Alle diese Menschen sind Brüder jenes Mannes, der in der Stadt
herumging, sich auf nichts verstand, kein vernünftiges Wort
herausbrachte, nicht tanzen konnte, nicht lachen konnte, aber
immer krampfhaft mit beiden Händen eine verschlossene
Schachtel trug. Fragte ihn nun ein Teilnehmender: »Was tragen Sie so vorsichtig in der Schachtel?«, da senkte dann der
Mann den Kopf und sagte unsicher: »Ich verstehe mich zwar
auf nichts, das ist wahr, ich kann zwar auch kein vernünftiges
Wort herausbringen, ich kann auch nicht tanzen, auch lachen

kann ich nicht, aber was in dieser, wohlgemerkt verschlossenen Schachtel ist, das kann ich nicht sagen, nein, nein, das sage ich nicht.« Wie natürlich, verliefen sich nach diesen Antworten alle Teilnehmenden, aber doch blieb in manchen von ihnen eine gewisse Neugier, eine gewisse Spannung, die immer fragte: »Was ist denn in der verschlossenen Schachtel?«, und um der Schachtel willen kamen sie hin und wieder zu dem Mann zurück, der aber nichts verriet. Nun, Neugierde, derartige Neugierde wird nicht alt und Spannung lockert sich, niemand hält es aus, nicht endlich zu lächeln, wenn eine unscheinbare, verschlossene Schachtel mit ewiger unverständlicher Ängstlichkeit gehütet wird. Und dann, einen halbwegs gutartigen Geschmack haben wir ja dem armen Mann gelassen, vielleicht lächelt er selbst endlich, wenn auch ein wenig verzerrt. – Was an Stelle der Neugier jetzt kommt, ist gleichgültiges fernstehendes Mitleid, ärger als Gleichgültigkeit und Fernstehn. Die Teilnehmenden, die kleiner an Zahl sind als früher, fragen jetzt: »Was tragen Sie denn so vorsichtig in der Schachtel? Einen Schatz vielleicht, he, oder eine Verkündigung, nicht? Na, machen Sie nur auf, wir brauchen beides, übrigens lassen Sie es nur zu, wir glauben es Ihnen auch ohnedem.« Da schreit es plötzlich einer besonders grell, der Mann schaut erschrocken, er war es selbst. Nach seinem Tode fand man in der Schachtel zwei Milchzähne.

BR1 35

## Der Mensch, ein Sumpf

Der Mensch ist eine ungeheuere Sumpffläche. Ergreift ihn Begeisterung, so ist es im Gesamtbild so wie wenn irgendwo in einem Winkel dieses Sumpfes ein kleiner Frosch in das grüne Wasser plumpst.

ZFG 163

## Ich heiße Kalmus

Ich heiße Kalmus, es ist kein ungewöhnlicher Name und doch reichlich sinnlos. Er hat mir immer zu denken gegeben. »Wie?« sagte ich zu mir, »du heißt Kalmus? Stimmt denn das?« Es gibt viele Leute, selbst wenn man sich nur auf deine große Verwandtschaft beschränkt, die Kalmus heißen und durch ihr Dasein diesem an sich sinnlosen Namen einen recht guten Sinn geben. Sie sind als Kalmus geboren und werden als solche in Frieden sterben, zumindest was den Frieden mit dem Namen betrifft.

HAL 298

## Geschichte des Beters

Am gestrigen Abend war ich in einer Gesellschaft. Gerade verbeugte ich mich im Gaslicht vor einem Fräulein mit den Worten: »Ich freue mich thatsächlich, daß wir uns schon dem Winter nähern« – gerade verbeugte ich mich mit diesen Worten als ich mit Unwillen bemerkte, daß sich mir der rechte Oberschenkel aus dem Gelenk gekugelt hatte. Auch die Kniescheibe hatte sich ein wenig gelockert.

Daher setzte ich mich und sagte, da ich immer einen Überblick über meine Sätze zu bewahren suche: »Denn der Winter ist viel müheloser; man kann sich leichter benehmen, man braucht sich mit seinen Worten nicht so anstrengen. Nicht wahr, liebes Fräulein? Ich habe hoffentlich Recht in dieser Sache.« Dabei machte mir mein rechtes Bein viel Ärger. Denn anfangs schien es ganz auseinandergefallen zu sein und erst allmählich brachte ich es durch Quetschen und sinngemäßes Verschieben halbwegs in Ordnung.

Da hörte ich das Mädchen, das sich aus Mitgefühl auch gesetzt hatte, leise sagen: »Nein Sie imponieren mir gar nicht, denn –«

»Warten Sie«, sagte ich zufrieden und erwartungsvoll, »Sie sollen, liebes Fräulein, auch nicht fünf Minuten bloß dazu aufwenden, mit mir zu reden. Essen Sie doch zwischen den Worten, ich bitte Sie.«

Da streckte ich meinen Arm aus, nahm eine dickhängende Weintraube von der durch einen bronzenen Flügelknaben erhöhten Schüssel, hielt sie ein wenig in der Luft und legte sie dann auf einen kleinen blaurandigen Teller, den ich dem Mädchen vielleicht nicht ohne Zierlichkeit reichte.

»Sie imponieren mir gar nicht«, sagte sie, »alles was Sie sagen ist langweilig und unverständlich, aber deshalb noch nicht wahr. Ich glaube nämlich, mein Herr – warum nennen Sie mich immer liebes Fräulein – ich glaube, Sie geben sich nur deshalb nicht mit der Wahrheit ab, weil sie zu anstrengend ist.«

Gott, da kam ich in gute Lust! »Ja, Fräulein, Fräulein«, so rief ich fast, »wie recht haben Sie! Liebes Fräulein, verstehn Sie das, es ist eine aufgerissene Freude, wenn man so begriffen wird, ohne es darauf abgezielt zu haben.«

»Die Wahrheit ist nämlich zu anstrengend für Sie, mein Herr, denn wie sehn Sie doch aus! Sie sind Ihrer ganzen Länge nach aus Seidenpapier herausgeschnitten, aus gelbem Seidenpapier, so silhuettenartig und wenn Sie gehn, so muß man Sie knittern hören. Daher ist es auch unrecht sich über ihre Haltung oder Meinung zu ereifern, denn Sie müssen sich nach dem Luftzug biegen, der gerade im Zimmer ist.«

»Ich verstehe das nicht. Es stehen ja einige Leute hier im Zimmer herum. Sie legen ihre Arme um die Rückenlehnen der Stühle oder sie legen sich ans Klavier oder sie heben ein Glas zögernd zum Munde oder sie gehn furchtsam ins Nebenzimmer und nachdem sie ihre rechte Schulter im Dunkeln an einem Kasten verletzt haben, denken sie athmend bei dem geöffneten Fenster: Dort ist Venus, der Abendstern. Ich aber bin in dieser Gesellschaft. Wenn das einen Zusammenhang hat, so verstehe ich ihn nicht. Aber ich weiß nicht einmal, ob das einen Zusammenhang hat. – Und sehn Sie, liebes Fräulein, von allen diesen Leuten, die ihrer Unklarheit gemäß sich unentschieden, ja lächerlicher benehmen, scheine ich allein würdig ganz Klares über mich zu hören. Und damit auch das noch mit Angenehmem gefüllt sei, sagen sie es spöttisch, so daß merklich noch etwas übrig bleibt, wie es auch durch die wichtigen Mauern eines im Inneren ausgebrannten Hauses geschieht. Der Blick wird jetzt kaum gehindert, man sieht bei Tag durch die großen Fensterlöcher die Wolken des Himmels und bei Nacht die Sterne. Aber noch sind die Wolken oft von grauen Steinen abgehauen und die Sterne bilden unnatürliche Bilder. –Wie wäre es, wenn ich Ihnen zum Dank anvertraue, daß einmal alle Menschen, die leben wollen, so aussehn werden, wie ich; aus gelbem Seidenpapier, so silhuettenartig, herausgeschnitten, – wie Sie bemerkten – und wenn sie gehn, so wird man Sie knittern hören.

BK 80


## Kleider

Oft wenn ich Kleider mit vielfachen Falten, Rüschen und Behängen sehe, die über schönen Körper schön sich legen, dann denke ich, daß sie nicht lange so erhalten bleiben, sondern Falten bekommen, nicht mehr gerade zu glätten, Staub bekommen, der, dick in der Verzierung, nicht mehr zu entfernen ist, und daß niemand so traurig und lächerlich sich wird

machen wollen, täglich das gleiche kostbare Kleid früh anzu-
legen und abends auszuziehn.

Doch sehe ich Mädchen, die wohl schön sind und vielfache
reizende Muskeln und Knöchelchen und gespannte Haut und
Massen dünner Haare zeigen, und doch tagtäglich in diesem
einen natürlichen Maskenanzug erscheinen, immer das gleiche Gesicht in die gleichen Handflächen legen und von ihrem
Spiegel widerscheinen lassen.

Nur manchmal am Abend, wenn sie spät von einem Feste
kommen, scheint es ihnen im Spiegel abgenützt, gedunsen,
verstaubt, von allen schon gesehn und kaum mehr tragbar.

EL 27

### Alter Schmutzian

Die Vermieterin warf die Röcke und eilte durch die Zimmer.
Eine große kalte Dame. Ihr vortretender Unterkiefer schreck-
te die Zimmerherrn ab. Sie liefen die Treppe hinab und wenn
sie ihnen aus dem Fenster nachsah, verdeckten sie im Laufe
ihre Gesichter. Einmal kam ein kleiner Zimmerherr, ein fester
untersetzter junger Mann, der die Hände ständig in den Taschen seines Rockes hielt. Vielleicht war es seine Gewohnheit,
es war aber auch möglich, daß er das Zittern der Hände verbergen wollte.

Junger Mann sagte die Frau und ihr Unterkiefer rückte vor
Sie wollen hier wohnen?

Ja sagte der junge Mann und zuckte mit dem Kopf von unten hinauf.

Sie werden es hier guthaben sagte die Frau, führte ihn zu einem Sessel und setzte ihn hinauf. Hiebei bemerkte sie, daß er
einen Fleck in der Hose hatte, weshalb sie neben ihm nieder-
kniete und diesen Fleck mit den Nägeln zu reiben begann.

## LAUTER NIEMAND

»Sie sind ein Schmutzian« sagte sie
Es ist ein alter Fleck
Dann sind sie eben ein alter Schmutzian.

TB2 148

## *Der Kübelreiter*

Verbraucht alle Kohle; leer der Kübel; sinnlos die Schaufel;
Kälte atmend der Ofen; das Zimmer vollgeblasen von Frost;
vor dem Fenster Bäume starr im Reif; der Himmel, ein silber-
ner Schild gegen den, der von ihm Hilfe will. Ich muß Kohle
haben; ich darf doch nicht erfrieren; hinter mir der erbar-
mungslose Ofen, vor mir der Himmel ebenso; infolgedessen
muß ich scharf zwischendurch reiten und in der Mitte beim
Kohlenhändler Hilfe suchen. Gegen meine gewöhnlichen Bitten aber ist er schon abgestumpft; ich muß ihm ganz genau
nachweisen, daß ich kein einziges Kohlenstäubchen mehr habe und daß er daher für mich geradezu die Sonne am Firma-
ment bedeutet. Ich muß kommen, wie der Bettler, der rö-
chelnd vor Hunger an der Türschwelle verenden will und dem
deshalb die Herrschaftsköchin den Bodensatz des letzten Kaf-
fees einzuflößen sich entscheidet; ebenso muß mir der Händler, wütend, aber unter dem Strahl des Gebotes »Du sollst
nicht töten!« eine Schaufel voll in den Kübel schleudern.

Meine Auffahrt schon muß es entscheiden; ich reite deshalb
auf dem Kübel hin. Als Kübelreiter, die Hand oben am Griff,
dem einfachsten Zaumzeug, drehe ich mich beschwerlich die
Treppe hinab; unten aber steigt mein Kübel auf, prächtig,
prächtig; Kameele, niedrig am Boden hingelagert, steigen,
sich schüttelnd unter dem Stock des Führers, nicht schöner
auf. Durch die fest gefrorene Gasse geht es in ebenmäßigem
Trab; oft werde ich bis zur Höhe der ersten Stockwerke geho-

ben; niemals sinke ich bis zur Haustüre hinab. Und außergewöhnlich hoch schwebe ich vor dem Kellergewölbe des Händlers, in dem er tief unten an seinem Tischchen kauert und schreibt; um die übergroße Hitze abzulassen, hat er die Tür geöffnet.

»Kohlenhändler!« rufe ich mit vor Kälte hohl gebrannter Stimme, in Rauchwolken des Atems gehüllt, »bitte Kohlenhändler, gib mir ein wenig Kohle. Mein Kübel ist schon so leer, daß ich auf ihm reiten kann. Sei so gut. Bis ich kann, bezahl ichs.«

Der Händler legt die Hand ans Ohr. »Hör ich recht?« fragt er über die Schulter weg seine Frau, die auf der Ofenbank strickt, »hör ich recht? Eine Kundschaft.«

»Ich höre gar nichts«, sagt die Frau, ruhig aus- und einatmend über den Stricknadeln, wohlig im Rücken gewärmt.

»O ja«, rufe ich, »ich bin es; eine alte Kundschaft; treu ergeben; nur augenblicklich mittellos.«

»Frau«, sagt der Händler, »es ist, es ist jemand; so sehr kann ich mich doch nicht täuschen; eine alte, eine sehr alte Kundschaft muß es sein, die mir so zum Herzen zu sprechen weiß.«

»Was hast du, Mann?« sagt die Frau und drückt, einen Augenblick ausruhend, die Handarbeit an die Brust, »niemand ist es; die Gasse ist leer; alle unsere Kundschaft ist versorgt; wir könnten für Tage das Geschäft sperren und ausruhn.«

»Aber ich sitze doch hier auf dem Kübel«, rufe ich und gefühllose Tränen der Kälte verschleiern mir die Augen, »bitte seht doch herauf; Ihr werdet mich gleich entdecken; um eine Schaufel voll bitte ich; und gebt Ihr zwei, macht Ihr mich überglücklich. Es ist doch schon alle übrige Kundschaft versorgt. Ach, hörte ich es doch schon in dem Kübel klappern!«

»Ich komme«, sagt der Händler und kurzbeinig will er die Kellertreppe emporsteigen, aber die Frau ist schon bei ihm, hält ihn beim Arm fest und sagt: »Du bleibst. Läßt du von deinem Eigensinn nicht ab, so gehe ich hinauf. Erinnere dich an deinen schweren Husten heute nachts. Aber für ein Geschäft und sei es auch ein eingebildetes, vergißt du Frau und Kind und opferst deine Lungen. Ich gehe.« »Dann nenn ihm aber alle Sorten, die wir auf Lager haben; die Preise rufe ich dir nach.« »Gut«, sagt die Frau und steigt zur Gasse auf. Natürlich sieht sie mich gleich.

»Frau Kohlenhändlerin«, rufe ich, »ergebenen Gruß; nur eine Schaufel Kohle; gleich hier in den Kübel; ich führe sie selbst nach Hause; eine Schaufel von der schlechtesten. Ich bezahle sie natürlich voll, aber nicht gleich, nicht gleich.« Was für ein Glockenklang sind die zwei Worte »nicht gleich« und wie sinnverwirrend mischen sie sich mit dem Abendläuten, das eben vom nahen Kirchturm zu hören ist.

»Was will er also haben?« ruft der Händler. »Nichts«, ruft die Frau zurück, »es ist ja nichts; ich sehe nichts, ich höre nichts; nur sechs Uhr läutet es und wir schließen. Ungeheuer ist die Kälte; morgen werden wir wahrscheinlich doch viel Arbeit haben.«

Sie sieht nichts und hört nichts; aber dennoch löst sie das Schürzenband und versucht mich mit der Schürze fortzuwehen. Leider gelingt es. Alle Vorzüge eines guten Reittieres hat mein Kübel; Widerstandskraft hat er nicht; zu leicht ist er; eine Frauenschürze jagt ihm die Beine vom Boden.

»Du Böse!« rufe ich noch zurück, während sie, zum Geschäft sich wendend, halb verächtlich, halb befriedigt mit der Hand in die Luft schlägt, »du Böse! Um eine Schaufel von der schlechtesten habe ich gebeten und du hast sie mir nicht gegeben.« Und damit steige ich in die Regionen der Eisgebirge und verliere mich auf Nimmerwiedersehn.

EL 345 ff

DER KOMISCHE KAFKA

## Ein Bericht für eine Akademie

Hohe Herren von der Akademie!

Sie erweisen mir die Ehre, mich aufzufordern, der Akademie einen Bericht über mein äffisches Vorleben einzureichen.

In diesem Sinne kann ich leider der Aufforderung nicht nachkommen. Nahezu fünf Jahre trennen mich vom Affentum, eine Zeit, kurz vielleicht am Kalender gemessen, unendlich lang aber durchzugaloppieren, so wie ich es getan habe, streckenweise begleitet von vortrefflichen Menschen, Ratschlägen, Beifall und Orchestralmusik, aber im Grunde allein, denn alle Begleitung hielt sich, um im Bilde zu bleiben, weit vor der Barriere. Diese Leistung wäre unmöglich gewesen, wenn ich eigensinnig hätte an meinem Ursprung, an den Erinnerungen der Jugend festhalten wollen. Gerade Verzicht auf jeden Eigensinn war das oberste Gebot, das ich mir auferlegt hatte; ich, freier Affe, fügte mich diesem Joch. Dadurch verschlossen sich mir aber ihrerseits die Erinnerungen immer mehr. War mir zuerst die Rückkehr, wenn die Menschen gewollt hätten, freigestellt durch das ganze Tor, das der Himmel über der Erde bildet, wurde es gleichzeitig mit meiner vorwärts gepeitschten Entwicklung immer niedriger und enger; wohler und eingeschlossener fühlte ich mich in der Menschenwelt; der Sturm, der mir aus meiner Vergangenheit nachblies, sänftigte sich; heute ist es nur ein Luftzug, der mir die Fersen kühlt; und das Loch in der Ferne, durch das er kommt und durch das ich einstmals kam, ist so klein geworden, daß ich, wenn überhaupt die Kräfte und der Wille hinreichen würden, um bis dorthin zurückzulaufen, das Fell vom Leib mir schinden müßte, um durchzukommen. Offen gesprochen, so gerne ich auch Bilder wähle für diese Dinge, offen gesprochen: Ihr Affentum, meine Herren, soferne Sie et-

134

was Derartiges hinter sich haben, kann Ihnen nicht ferner sein als mir das meine. An der Ferse aber kitzelt es jeden, der hier auf Erden geht: den kleinen Schimpansen wie den großen Achilles.

In eingeschränktestem Sinn aber kann ich doch vielleicht Ihre Anfrage beantworten und ich tue es sogar mit großer Freude. Das erste, was ich lernte, war: den Handschlag geben; Handschlag bezeugt Offenheit; mag nun heute, wo ich auf dem Höhepunkte meiner Laufbahn stehe, zu jenem ersten Handschlag auch das offene Wort hinzukommen. Es wird für die Akademie nichts wesentlich Neues beibringen und weit hinter dem zurückbleiben, was man von mir verlangt hat und was ich beim besten Willen nicht sagen kann – immerhin, es soll die Richtlinie zeigen, auf welcher ein gewesener Affe in die Menschenwelt eingedrungen ist und sich dort festgesetzt hat. Doch dürfte ich selbst das Geringfügige, was folgt, gewiß nicht sagen, wenn ich meiner nicht völlig sicher wäre und meine Stellung auf allen großen Varietebühnen der zivilisierten Welt sich nicht bis zur Unerschütterlichkeit gefestigt hätte:

Ich stamme von der Goldküste. Darüber, wie ich eingefangen wurde, bin ich auf fremde Berichte angewiesen. Eine Jagdexpedition der Firma Hagenbeck – mit dem Führer habe ich übrigens seither schon manche gute Flasche Rotwein geleert – lag im Ufergebüsch auf dem Anstand, als ich am Abend inmitten eines Rudels zur Tränke lief. Man schoß; ich war der einzige, der getroffen wurde; ich bekam zwei Schüsse.

Einen in die Wange; der war leicht; hinterließ aber eine große ausrasierte rote Narbe, die mir den widerlichen, ganz und gar unzutreffenden, förmlich von einem Affen erfundenen Namen Rotpeter eingetragen hat, so als unterschiede ich mich von dem unlängst krepierten, hie und da bekannten, dressierten Affentier Peter nur durch den roten Fleck auf der Wange. Dies nebenbei.

Der zweite Schuß traf mich unterhalb der Hüfte. Er war schwer, er hat es verschuldet, daß ich noch heute ein wenig hinke. Letzthin las ich in einem Aufsatz irgendeines der zehntausend Windhunde, die sich in den Zeitungen über mich auslassen: meine Affennatur sei noch nicht ganz unterdrückt; Beweis dessen sei, daß ich, wenn Besucher kommen, mit Vorliebe die Hosen ausziehe, um die Einlaufstelle jenes Schusses zu zeigen. Dem Kerl sollte jedes Fingerchen seiner schreibenden Hand einzeln weggeknallt werden. Ich, ich darf meine Hosen ausziehen, vor wem es mir beliebt; man wird dort nichts finden als einen wohlgepflegten Pelz und die Narbe nach einem – wählen wir hier zu einem bestimmten Zwecke ein bestimmtes Wort, das aber nicht mißverstanden werden wolle – die Narbe nach einem frevelhaften Schuß. Alles liegt offen zutage; nichts ist zu verbergen; kommt es auf Wahrheit an, wirft jeder Großgesinnte die allerfeinsten Manieren ab. Würde dagegen jener Schreiber die Hosen ausziehen, wenn Besuch kommt, so hätte dies allerdings ein anderes Ansehen und ich will es als Zeichen der Vernunft gelten lassen, daß er es nicht tut. Aber dann mag er mir auch mit seinem Zartsinn vom Halse bleiben!

Nach jenen Schüssen erwachte ich – und hier beginnt allmählich meine eigene Erinnerung – in einem Käfig im Zwischendeck des Hagenbeckschen Dampfers. Es war kein vierwandiger Gitterkäfig; vielmehr waren nur drei Wände an einer Kiste festgemacht; die Kiste also bildete die vierte Wand. Das Ganze war zu niedrig zum Aufrechtstehen und zu schmal zum Niedersitzen. Ich hockte deshalb mit eingebogenen, ewig zitternden Knien, und zwar, da ich zunächst wahrscheinlich niemanden sehen und immer nur im Dunkel sein wollte, zur Kiste gewendet, während sich mir hinten die Gitterstäbe ins Fleisch einschnitten. Man hält eine solche Verwahrung wilder Tiere in der allerersten Zeit für vorteilhaft, und ich kann heute nach meiner Erfahrung nicht leugnen, daß dies im menschlichen Sinn tatsächlich der Fall ist.

Daran dachte ich aber damals nicht. Ich war zum erstenmal in meinem Leben ohne Ausweg; zumindest geradeaus ging es nicht; geradeaus vor mir war die Kiste, Brett fest an Brett gefügt. Zwar war zwischen den Brettern eine durchlaufende Lücke, die ich, als ich sie zuerst entdeckte, mit dem glückseligen Heulen des Unverstandes begrüßte, aber diese Lücke reichte bei weitem nicht einmal zum Durchstecken des Schwanzes aus und war mit aller Affenkraft nicht zu verbreitern.

Ich soll, wie man mir später sagte, ungewöhnlich wenig Lärm gemacht haben, woraus man schloß, daß ich entweder bald eingehen müsse oder daß ich, falls es mir gelingt, die erste kritische Zeit zu überleben, sehr dressurfähig sein werde. Ich überlebte diese Zeit. Dumpfes Schluchzen, schmerzhaftes Flöhesuchen, müdes Lecken einer Kokosnuß, Beklopfen der Kistenwand mit dem Schädel, Zungen-Blecken, wenn mir jemand nahekam, – das waren die ersten Beschäftigungen in dem neuen Leben. In alledem aber doch nur das eine Gefühl: kein Ausweg. Ich kann natürlich das damals affenmäßig Gefühlte heute nur mit Menschenworten nachzeichnen und verzeichne es infolgedessen, aber wenn ich auch die alte Affenwahrheit nicht mehr erreichen kann, wenigstens in der Richtung meiner Schilderung liegt sie, daran ist kein Zweifel.

Ich hatte doch so viele Auswege bisher gehabt und nun keinen mehr. Ich war festgerannt. Hätte man mich angenagelt, meine Freizügigkeit wäre dadurch nicht kleiner geworden. Warum das? Kratz dir das Fleisch zwischen den Fußzehen auf, du wirst den Grund nicht finden. Drück dich hinten gegen die Gitterstange, bis sie dich fast zweiteilt, du wirst den Grund nicht finden. Ich hatte keinen Ausweg, mußte mir ihn aber verschaffen, denn ohne ihn konnte ich nicht leben. Immer an dieser Kistenwand – ich wäre unweigerlich verreckt. Aber Affen gehören bei Hagenbeck an die Kistenwand – nun, so hörte ich auf, Affe zu sein. Ein klarer, schöner Gedankengang, den ich irgendwie mit dem Bauch ausgeheckt haben muß, denn Affen denken mit dem Bauch.

Ich habe Angst, daß man nicht genau versteht, was ich unter Ausweg verstehe. Ich gebrauche das Wort in seinem gewöhnlichsten und vollsten Sinn. Ich sage absichtlich nicht Freiheit. Ich meine nicht dieses große Gefühl der Freiheit nach allen Seiten. Als Affe kannte ich es vielleicht und ich habe Menschen kennen gelernt, die sich danach sehnen. Was mich aber anlangt, verlangte ich Freiheit weder damals noch heute. Nebenbei: mit Freiheit betrügt man sich unter Menschen allzuoft. Und so wie die Freiheit zu den erhabensten Gefühlen zählt, so auch die entsprechende Täuschung zu den erhabensten. Oft habe ich in den Varietés vor meinem Auftreten irgendein Künstlerpaar oben an der Decke an Trapezen hantieren sehen. Sie schwangen sich, sie schaukelten, sie sprangen, sie schwebten einander in die Arme, einer trug den anderen an den Haaren mit dem Gebiß. »Auch das ist Menschenfreiheit«, dachte ich, »selbstherrliche Bewegung.« Du Verspottung der heiligen Natur! Kein Bau würde standhalten vor dem Gelächter des Affentums bei diesem Anblick.

Nein, Freiheit wollte ich nicht. Nur einen Ausweg; rechts, links, wohin immer; ich stellte keine anderen Forderungen; sollte der Ausweg auch nur eine Täuschung sein; die Forderung war klein, die Täuschung würde nicht größer sein. Weiterkommen, weiterkommen! Nur nicht mit aufgehobenen Armen stillestehn, angedrückt an eine Kistenwand.

Heute sehe ich klar: ohne größte innere Ruhe hätte ich nie entkommen können. Und tatsächlich verdanke ich vielleicht alles, was ich geworden bin, der Ruhe, die mich nach den ersten Tagen dort im Schiff überkam. Die Ruhe wiederum aber verdankte ich wohl den Leuten vom Schiff.

Es sind gute Menschen, trotz allem. Gerne erinnere ich mich noch heute an den Klang ihrer schweren Schritte, der damals in meinem Halbschlaf widerhallte. Sie hatten die Gewohnheit, alles äußerst langsam in Angriff zu nehmen. Wollte sich einer die Augen reiben, so hob er die Hand wie ein Hängegewicht. Ihre Scherze waren grob, aber herzlich. Ihr Lachen war immer mit einem gefährlich klingenden aber nichts bedeutenden Husten gemischt. Immer hatten sie im Mund etwas zum Ausspeien und wohin sie ausspeien war ihnen gleichgültig. Immer klagten sie, daß meine Flöhe auf sie überspringen; aber doch waren sie mir deshalb niemals ernstlich böse; sie wußten eben, daß in meinem Fell Flöhe gedeihen und daß Flöhe Springer sind; damit fanden sie sich ab. Wenn sie dienstfrei waren, setzten sich manchmal einige im Halbkreis um mich nieder; sprachen kaum, sondern gurrten einander nur zu; rauchten, auf Kisten ausgestreckt, die Pfeife; schlugen sich aufs Knie, sobald ich die geringste Bewegung machte; und hie und da nahm einer einen Stecken und kitzelte mich dort, wo es mir angenehm war. Sollte ich heute eingeladen werden, eine Fahrt auf diesem Schiffe mitzumachen, ich würde die Einladung gewiß ablehnen, aber ebenso gewiß ist, daß es nicht nur häßliche Erinnerungen sind, denen ich dort im Zwischendeck nachhängen könnte.

Die Ruhe, die ich mir im Kreise dieser Leute erwarb, hielt mich vor allem von jedem Fluchtversuch ab. Von heute aus gesehen scheint es mir, als hätte ich zumindest geahnt, daß ich einen Ausweg finden müsse, wenn ich leben wolle, daß dieser Ausweg aber nicht durch Flucht zu erreichen sei. Ich weiß nicht mehr, ob Flucht möglich war, aber ich glaube es; einem Affen sollte Flucht immer möglich sein. Mit meinen heutigen Zähnen muß ich schon beim gewöhnlichen Nüsseknacken vorsichtig sein, damals aber hätte es mir wohl im Lauf der Zeit gelingen müssen, das Türschloß durchzubeißen. Ich tat es nicht. Was wäre damit auch gewonnen gewesen? Man hätte mich, kaum war der Kopf hinausgesteckt, wieder eingefangen und in einen noch schlimmeren Käfig gesperrt; oder ich hätte mich unbemerkt zu anderen Tieren, etwa zu den Riesenschlangen mir gegenüber flüchten können und mich in ihren Umarmungen ausgehaucht; oder es wäre mir gar gelungen, mich bis aufs Deck zu stehlen und über Bord zu springen, dann hätte ich ein Weilchen auf dem Weltmeer geschaukelt und wäre ersoffen. Verzweiflungstaten. Ich rechnete nicht so menschlich, aber unter dem Einfluß meiner Umgebung verhielt ich mich so, wie wenn ich gerechnet hätte.

Ich rechnete nicht, wohl aber beobachtete ich in aller Ruhe. Ich sah diese Menschen auf und ab gehen, immer die gleichen Gesichter, die gleichen Bewegungen, oft schien es mir, als wäre es nur einer. Dieser Mensch oder diese Menschen gingen also unbehelligt. Ein hohes Ziel dämmerte mir auf. Niemand versprach mir, daß, wenn ich so wie sie werden würde, das Gitter aufgezogen werde. Solche Versprechungen für scheinbar unmögliche Erfüllungen werden nicht gegeben. Löst man aber die Erfüllungen ein, erscheinen nachträglich auch die Versprechungen genau dort, wo man sie früher vergeblich gesucht hat. Nun war an diesen Menschen an sich nichts, was mich sehr verlockte. Wäre ich ein Anhänger jener erwähnten Freiheit, ich hätte gewiß das Weltmeer dem Ausweg vorgezogen, der sich mir im trüben Blick dieser Menschen zeigte. Jedenfalls aber beobachtete ich sie schon lange vorher, ehe ich an solche Dinge dachte, ja die angehäuften Beobachtungen drängten mich erst in die bestimmte Richtung.

Es war so leicht, die Leute nachzuahmen. Spucken konnte ich schon in den ersten Tagen. Wir spuckten einander dann gegenseitig ins Gesicht; der Unterschied war nur, daß ich mein Gesicht nachher reinleckte, sie ihres nicht. Die Pfeife rauchte ich bald wie ein Alter; drückte ich dann auch noch den Daumen in den Pfeifenkopf, jauchzte das ganze Zwischendeck; nur den Unterschied zwischen der leeren und der gestopften Pfeife verstand ich lange nicht.

Die meiste Mühe machte mir die Schnapsflasche. Der Geruch peinigte mich; ich zwang mich mit allen Kräften; aber es vergingen Wochen, ehe ich mich überwand. Diese inneren Kämpfe nahmen die Leute merkwürdigerweise ernster als irgend etwas sonst an mir. Ich unterscheide die Leute auch in meiner Erinnerung nicht, aber da war einer, der kam immer wieder, allein oder mit Kameraden, bei Tag, bei Nacht, zu den verschiedensten Stunden; stellte sich mit der Flasche vor mich hin und gab mir Unterricht. Er begriff mich nicht, er wollte das Rätsel meines Seins lösen. Er entkorkte langsam die Flasche und blickte mich dann an, um zu prüfen, ob ich verstanden habe; ich gestehe, ich sah ihm immer mit wilder, mit überstürzter Aufmerksamkeit zu; einen solchen Menschenschüler findet kein Menschenlehrer auf dem ganzen Erdenrund; nachdem die Flasche entkorkt war, hob er sie zum Mund; ich mit meinen Blicken ihm nach bis in die Gurgel; er nickt, zufrieden mit mir, und setzt die Flasche an die Lippen; ich, entzückt von allmählicher Erkenntnis, kratze mich quietschend der Länge und Breite nach, wo es sich trifft; er freut sich, setzt die Flasche an und macht einen Schluck; ich, ungeduldig und verzweifelt, ihm nachzueifern, verunreinige mich in. meinem Käfig, was wieder ihm große Genugtuung macht; und nun weit die Flasche von sich streckend und im Schwung sie wieder hinaufführend, trinkt er sie, übertrieben lehrhaft zurückgebeugt, mit einem Zuge leer. Ich, ermattet von allzugroßem Verlangen, kann nicht mehr folgen und hänge schwach am Gitter, während er den theoretischen Unterricht damit beendet, daß er sich den Bauch streicht und grinst.

DER KOMISCHE KAFKA

Nun erst beginnt die praktische Übung. Bin ich nicht schon
allzu erschöpft durch das Theoretische? Wohl, allzu erschöpft.
Das gehört zu meinem Schicksal. Trotzdem greife ich, so gut
ich kann, nach der hingereichten Flasche; entkorke sie zitternd; mit dem Gelingen stellen sich allmählich neue Kräfte
ein; ich hebe die Flasche, vom Original schon kaum zu unterscheiden; setze sie an und – und werfe sie mit Abscheu, mit
Abscheu, trotzdem sie leer ist und nur noch der Geruch sie
füllt, werfe sie mit Abscheu auf den Boden. Zur Trauer meines Lehrers, zur größeren Trauer meiner selbst; weder ihn,
noch mich versöhne ich dadurch, daß ich auch nach dem
Wegwerfen der Flasche nicht vergesse, ausgezeichnet meinen
Bauch zu streichen und dabei zu grinsen.

Allzuoft nur verlief so der Unterricht. Und zur Ehre meines Lehrers: er war mir nicht böse; wohl hielt er mir manchmal die brennende Pfeife ans Fell, bis es irgendwo, wo ich nur
schwer hinreichte, zu glimmen anfing, aber dann löschte er
es selbst wieder mit seiner riesigen guten Hand; er war mir
nicht böse, er sah ein, daß wir auf der gleichen Seite gegen
die Affennatur kämpften und daß ich den schwereren Teil
hatte.

Was für ein Sieg dann allerdings für ihn wie für mich, als
ich eines Abends vor großem Zuschauerkreis – vielleicht war
ein Fest, ein Grammophon spielte, ein Offizier erging sich
zwischen den Leuten – als ich an diesem Abend, gerade unbeachtet, eine vor meinem Käfig versehentlich stehen gelassene
Schnapsflasche ergriff, unter steigender Aufmerksamkeit der
Gesellschaft sie schulgerecht entkorkte, an den Mund setzte
und ohne Zögern, ohne Mundverziehen, als Trinker von
Fach, mit rund gewälzten Augen, schwappender Kehle, wirklich und wahrhaftig leer trank; nicht mehr als Verzweifelter,
sondern als Künstler die Flasche hinwarf; zwar vergaß den
Bauch zu streichen; dafür aber, weil ich nicht anders konnte,

weil es mich drängte, weil mir die Sinne rauschten, kurz und gut »Hallo!« ausrief, in Menschenlaut ausbrach, mit diesem Ruf in die Menschengemeinschaft sprang und ihr Echo: »Hört nur, er spricht!« wie einen Kuß auf meinem ganzen schweiß-triefenden Körper fühlte.

Ich wiederhole: es verlockte mich nicht, die Menschen nachzuahmen; ich ahmte nach, weil ich einen Ausweg suchte, aus keinem anderen Grund. Auch war mit jenem Sieg noch wenig getan. Die Stimme versagte mir sofort wieder; stellte sich erst nach Monaten ein; der Widerwille gegen die Schnaps-flasche kam sogar noch verstärkter. Aber meine Richtung al-lerdings war mir ein für allemal gegeben.

Als ich in Hamburg dem ersten Dresseur übergeben wurde, erkannte ich bald die zwei Möglichkeiten, die mir offen stan-den: Zoologischer Garten oder Varieté. Ich zögerte nicht. Ich sagte mir: setze alle Kraft an, um ins Varieté zu kommen; das ist der Ausweg; Zoologischer Garten ist nur ein neuer Gitter-käfig; kommst du in ihn, bist du verloren.

Und ich lernte, meine Herren. Ach, man lernt, wenn man muß; man lernt, wenn man einen Ausweg will; man lernt rücksichtslos. Man beaufsichtigt sich selbst mit der Peitsche; man zerfleischt sich beim geringsten Widerstand. Die Affen-natur raste, sich überkugelnd, aus mir hinaus und weg, so daß mein erster Lehrer selbst davon fast äffisch wurde, bald den Unterricht aufgeben und in eine Heilanstalt gebracht werden mußte. Glücklicherweise kam er wieder bald hervor.

Aber ich verbrauchte viele Lehrer, ja sogar einige Lehrer gleichzeitig. Als ich meiner Fähigkeiten schon sicherer gewor-den war, die Öffentlichkeit meinen Fortschritten folgte, mei-ne Zukunft zu leuchten begann, nahm ich selbst Lehrer auf, ließ sie in fünf aufeinanderfolgenden Zimmern niedersetzen und lernte bei allen zugleich, indem ich ununterbrochen aus einem Zimmer ins andere sprang.

Diese Fortschritte! Dieses Eindringen der Wissensstrahlen von allen Seiten ins erwachende Hirn! Ich leugne nicht: es beglückte mich. Ich gestehe aber auch ein: ich überschätzte es nicht, schon damals nicht, wieviel weniger heute. Durch eine Anstrengung, die sich bisher auf der Erde nicht wiederholt hat, habe ich die Durchschnittsbildung eines Europäers erreicht. Das wäre an sich vielleicht gar nichts, ist aber insofern doch etwas, als es mir aus dem Käfig half und mir diesen besonderen Ausweg, diesen Menschenausweg verschaffte. Es gibt eine ausgezeichnete deutsche Redensart: sich in die Büsche schlagen; das habe ich getan, ich habe mich in die Büsche geschlagen. Ich hatte keinen anderen Weg, immer vorausgesetzt, daß nicht die Freiheit zu wählen war.

Überblicke ich meine Entwicklung und ihr bisheriges Ziel, so klage ich weder, noch bin ich zufrieden. Die Hände in den Hosentaschen, die Weinflasche auf dem Tisch, liege ich halb, halb sitze ich im Schaukelstuhl und schaue aus dem Fenster. Kommt Besuch, empfange ich ihn, wie es sich gebührt. Mein Impresario sitzt im Vorzimmer; läute ich, kommt er und hört, was ich zu sagen habe. Am Abend ist fast immer Vorstellung, und ich habe wohl kaum mehr zu steigernde Erfolge. Komme ich spät nachts von Banketten, aus wissenschaftlichen Gesellschaften, aus gemütlichem Beisammensein nach Hause, erwartet mich eine kleine halbdressierte Schimpansin und ich lasse es mir nach Affenart bei ihr wohlgehen. Bei Tag will ich sie nicht sehen; sie hat nämlich den Irrsinn des verwirrten dressierten Tieres im Blick; das erkenne nur ich und ich kann es nicht ertragen.

Im Ganzen habe ich jedenfalls erreicht, was ich erreichen wollte. Man sage nicht, es wäre der Mühe nicht wert gewesen. Im übrigen will ich keines Menschen Urteil, ich will nur Kenntnisse verbreiten, ich berichte nur, auch Ihnen, hohe Herren von der Akademie, habe ich nur berichtet.

EL 234-245

## Furcht vor der Arbeit

Manche sagen, daß er faul sei, andere daß er Furcht vor der Arbeit habe. Diese letzteren beurteilen ihn richtig. Er hat Furcht vor der Arbeit. Wenn er eine Arbeit anfängt, hat er das Gefühl eines, der die Heimat verlassen muß. Keine geliebte Heimat, aber doch einen gewohnten bekannten gesicherten Ort. Wohin wird ihn die Arbeit führen? Er fühlt sich fortgezogen, wie ein ganz junger scheuer Hund, der durch eine Großstadtstraße gezerrt wird. Es ist nicht der Lärm der ihn aufregt; wenn er den Lärm hören und in seinen Bestandteilen unterscheiden könnte, würde ihn ja das gleich ganz in Anspruch nehmen, aber er hört ihn nicht, mitten durch den Lärm gezogen hört er nichts, nur eine besondere Stille, förmlich von allen Seiten ihm zugewendet, ihn behorchend, eine Stille, die sich von ihm nähren will, nur sie hört er. Das ist unheimlich, das ist zugleich aufregend und langweilig, das ist kaum zu ertragen. Wie weit wird er kommen? Zwei, drei Schritte, weiter nicht. Und dann soll er müde von der Reise wieder zurücktaumeln in die Heimat, die graue ungeliebte Heimat. Das macht ihm alle Arbeit verhaßt.

ZFG 72 f

## Er hat sich eingesperrt

Er hat sich im zweiten Zimmer eingesperrt, ich habe geklopft, an der Tür gerüttelt, er ist still geblieben. Er ist böse auf mich, er will von mir nichts wissen. Dann bin ich aber auch böse und er kümmert mich nicht mehr. Ich rücke den Tisch zum Fenster und werde den Brief schreiben, wegen dessen wir uns zerzankt haben.

Es ist ein Brief an ein Mädchen, ich nehme darin Abschied von ihr, wie es vernünftig und richtig ist. Es gibt nichts vernünftigeres und richtigeres. Man kann es besonders dann erkennen, wenn man sich einen gegenteiligen Brief vorstellt, ein solcher Brief wäre schrecklich und unmöglich. Vielleicht werde ich einen solchen Brief schreiben und ihn vor der geschlossenen Tür vorlesen, dann wird er mir Recht geben müssen. Allerdings, er gibt mir ja Recht, auch er hält den Abschiedsbrief für richtig, aber auf mich ist er böse. So ist er meistens, feindselig gegen mich ist er, aber hilflos; wenn er mich mit seinen stillen Augen ansieht, ist es, als verlange er von mir die Begründung seiner Feindseligkeit. »Du Junge«, denke ich, »was willst Du von mir? Und was hast Du schon aus mir gemacht!« Und ähnlich wie immer stehe ich auf, gehe zur Tür und klopfe wieder. Keine Antwort, aber es zeigt sich daß diesmal offen ist, doch das Zimmer ist leer, er ist fortgegangen, das ist die eigentliche Strafe, mit der er mich gern straft, nach solchem Streit geht er fort, kommt tage-, nächtelang nicht zurück.

ZFG 73

### Wenn er mich immer frägt

»Wenn er mich immer frägt« das ä losgelöst vom Satz flog dahin wie ein Ball auf der Wiese.

TB1 11

### Was stört dich?

Was stört dich? Was reißt an deines Herzens Halt? Was tastet um die Klinke deiner Türe? Was ruft dich von der Straße her und kommt doch nicht durch das offene Tor? Ach, es ist eben jener, den du störst, an dessen Herzens Halt du reißt, an dessen Tür du um die Klinke tastest, den du von der Straße her rufst und durch dessen offenes Tor du nicht kommen willst.

HAL 210

## *Wir sind fünf Freunde*

Wir sind fünf Freunde, wir sind einmal hintereinander aus einem Haus gekommen, zuerst kam der eine und stellte sich neben das Tor, dann kam oder vielmehr glitt so leicht wie ein Quecksilberkügelchen gleitet der zweite aus dem Tor und stellt sich unweit vom ersten auf, dann der dritte, dann der vierte, dann der fünfte. Schließlich standen wir alle in einer Reihe. Die Leute wurden auf uns aufmerksam, zeigten auf uns und sagten: Die fünf sind jetzt aus diesem Haus gekommen. Seitdem leben wir zusammen, es wäre ein friedliches Leben wenn sich nicht immerfort ein sechster einmischen würde. Er tut uns nichts, aber es ist uns lästig, das ist genug getan; warum drängt er sich ein, wo man ihn nicht haben will. Wir kennen ihn nicht und wollen ihn nicht bei uns aufnehmen. Wir fünf haben zwar früher einander auch nicht gekannt und wenn man will, kennen wir einander auch jetzt nicht, aber was bei uns fünf möglich ist und geduldet wird ist bei jenem sechsten nicht möglich und wird nicht geduldet. Außerdem sind wir fünf und wir wollen nicht sechs sein. Und was soll überhaupt dieses fortwährende Beisammensein für einen Sinn haben, auch bei uns fünf hat es keinen Sinn, aber nun sind wir schon beisammen und bleiben es, aber eine neue Vereinigung wollen wir nicht, eben auf Grund unserer Erfahrungen. Wie soll man aber das alles dem sechsten beibringen, lange Erklärungen würden schon fast eine Aufnahme in unsern Kreis bedeuten, wir erklären lieber nichts und nehmen ihn nicht auf. Mag er noch so sehr die Lippen aufwerfen, wir

DER KOMISCHE KAFKA

stoßen ihn mit dem Elbogen weg, aber mögen wir ihn noch so
sehr wegstoßen, er kommt wieder.

ZFG 139 f

### Wir haßten alle

In unserer Klasse, der fünften Gymnasialklasse des Amalien-
gymnasiums, war ein Junge namens Friedrich Guß, den wir
alle sehr haßten. Wenn wir früh in die Klasse kamen und ihn
auf seinem Platz beim Ofen sitzen sahen, konnten wir kaum
verstehen, wie er sich hatte aufraffen können, wieder in die
Schule zu kommen. Aber ich erzähle nicht richtig. Wir haßten nicht nur ihn, wir haßten alle.

TB2 185

### Nebenan

Meistens wohnt der den man sucht nebenan. Zu erklären ist
dies nicht ohne weiters, man muß es zunächst als Erfah-
rungstatsache hinnehmen. Sie ist so tief begründet daß man
sie nicht verhindern kann, selbst wenn man es darauf anlegt.
Das kommt daher daß man von diesem gesuchten Nachbar
nicht weiß. Man weiß nämlich weder daß man ihn sucht,
noch daß er daneben wohnt, dann aber wohnt er ganz gewiß
daneben.

TB3 147

148

## *Fünf Kindergewehre*

In unserm Haus, diesem ungeheuern Vorstadthaus, einer von unzerstörbaren mittelalterlichen Ruinen durchwachsenen Mietskaserne, wurde heute am nebligen eisigen Wintermorgen folgender Aufruf verbreitet.

An alle meine Hausgenossen.

Ich besitze fünf Kindergewehre, sie hängen in meinem Kasten, an jedem Haken eines. Das erste gehört mir, zu den andern kann sich melden wer will, melden sich mehr als vier, so müssen die überzähligen ihre eigenen Gewehre mitbringen und in meinem Kasten deponieren. Denn Einheitlichkeit muß sein, ohne Einheitlichkeit kommen wir nicht vorwärts. Übrigens habe ich nur Gewehre, die zu sonstiger Verwendung ganz unbrauchbar sind, der Mechanismus ist verdorben, der Pfropfen abgerissen, nur die Hähne knacken noch. Es wird also nicht schwer sein, nötigenfalls noch weitere solche Gewehre zu beschaffen. Aber im Grunde sind mir für die erste Zeit auch Leute ohne Gewehre recht, wir die wir Gewehre haben werden im entscheidenden Augenblick die Unbewaffneten in die Mitte nehmen. Eine Kampfesweise die sich bei den ersten amerikanischen Farmern gegenüber den Indianern bewährt hat, warum sollte sie sich nicht auch hier bewähren, da doch die Verhältnisse ähnlich sind. Man kann also sogar für die Dauer auf die Gewehre verzichten. Und selbst die fünf Gewehre sind nicht unbedingt nötig und nur weil sie schon einmal vorhanden sind, sollen sie auch verwendet werden. Wollen sie aber die vier andern nicht tragen so sollen sie es bleiben lassen. Dann werde also ich allein als Führer eines tragen. Aber wir sollen keinen Führer haben und so werde auch ich mein Gewehr zerbrechen oder weglegen.

Das war der erste Aufruf. In unserm Haus hat man keine Zeit und keine Lust Aufrufe zu lesen oder gar zu überdenken.

Bald schwammen die kleinen Papiere in dem Schmutzstrom der vom Dachboden ausgehend, von allen Korridoren genährt, die Treppe hinabspült und dort mit dem Gegenstrom kämpft der von unten hinaufschwillt. Aber nach einer Woche kam ein zweiter Aufruf.

Hausgenossen!

Es hat sich bisher niemand bei mir gemeldet. Ich war, soweit ich nicht meinen Lebensunterhalt verdienen muß, fortwährend zuhause und für die Zeit meiner Abwesenheit, während welcher meine Zimmertür stets offen war, lag auf meinem Tisch ein Blatt, auf dem sich jeder der wollte einschreiben konnte. Niemand hats getan.

BCM 58 f

## *Der Hammer*

Um die Wahrheit zu sagen, mich kümmert die ganze Sache nicht sehr. Ich liege im Winkel, sehe zu soweit man im Liegen zusehn kann, höre zu, soweit ich ihn verstehe, im übrigen lebe ich schon seit Monaten in einer Dämmerung und warte auf die Nacht. Anders mein Zellengenosse, ein unnachgiebiger Mensch, ein gewesener Hauptmann. Ich kann mich in seine Verfassung hineindenken. Er ist der Meinung, seine Lage gleiche etwa der eines Polarfahrers, der trostlos irgendwo eingefroren ist, der aber sicher noch gerettet werden wird oder richtiger, der schon gerettet ist, wie man in der Geschichte der Polarfahrten nachlesen kann. Und nun entsteht folgender Zwiespalt: Daß er gerettet werden wird, ist für ihn zweifellos, unabhängig von seinem Willen, einfach durch das siegbringende Gewicht seiner Persönlichkeit wird er gerettet werden, soll er es aber wünschen? Sein Wünschen oder Nicht-wünschen wird nichts verändern, gerettet wird er, aber die Frage ob er es auch noch wünschen soll, bleibt. Mit dieser scheinbar so abseitsliegenden Frage ist er beschäftigt, er durchdenkt sie, er legt sie mir vor, wir besprechen sie. Von der Rettung selbst reden wir nicht. Für die Rettung genügt ihm scheinbar der kleine Hammer, den er sich irgendwie verschafft hat, ein Hämmerchen um Spannägel in ein Zeichenbrett zu treiben, mehr könnte es nicht leisten, aber er verlangt auch nichts von ihm, nur der Besitz entzückt ihn. Manchmal kniet er neben mir und hält mir diesen tausendmal gesehenen Hammer vor die Nase oder er nimmt meine Hand, spreitet sie auf dem Boden aus und behämmert alle Finger der Reihe nach. Er weiß daß er mit diesem Hammer keinen Splitter von der Mauer schlagen kann, er will es auch nicht, er streicht nur manchmal leicht mit dem Hammer über die Wände, als könne er mit ihm das Taktzeichen geben das die große wartende Maschinerie der Rettung in Bewegung setzt. Es wird nicht genau so sein, die Rettung wird einsetzen zu ihrer Zeit unabhängig vom Hammer, aber irgendetwas ist er doch, etwas Handgreifliches, eine Bürgschaft, etwas was man küssen kann, wie man die Rettung selbst niemals wird küssen können.

Gewiß, man kann sagen, der Hauptmann sei durch das Gefangensein verrückt geworden. Sein Gedankenkreis ist so eingeschränkt, daß er kaum für einen Gedanken mehr Raum hat.

ZFG 87 f

## Ein Strohhalm?

Ein Strohhalm? Mancher hält sich an einem Bleistiftstrich über Wasser. Hält sich? Träumt als Ertrunkener von einer Rettung.

HAL 280

## Niemand wird lesen

Niemand wird lesen, was ich hier schreibe; niemand wird kommen, mir zu helfen; wäre als Aufgabe gesetzt mir zu helfen, so blieben alle Türen aller Häuser geschlossen, alle Fenster geschlossen, alle lägen in den Betten, die Decken über den Kopf geschlagen, eine nächtliche Herberge die ganze Erde. Das hat guten Sinn, denn niemand weiß von mir, und wüßte er von mir so wüßte er meinen Aufenthalt nicht und wüßte er meinen Aufenthalt, so wüßte er mich dort nicht festzuhalten und wüßte er mich dort festzuhalten so wüßte er nicht wie mir helfen. Der Gedanke mir helfen zu wollen ist eine Krankheit und muß im Bett geheilt werden.

Das weiß ich und schreibe also nicht um Hilfe herbeizurufen, selbst wenn ich in Augenblicken, unbeherrscht wie ich bin, z. B. gerade jetzt sehr stark daran denke. Aber es genügt wohl zum Austreiben solcher Gedanken, wenn ich umherblicke und mir vergegenwärtige, wo ich bin und – das darf ich wohl behaupten – seit Jahrhunderten wohne. Ich liege während ich dieses schreibe auf einer Holzpritsche, habe – es ist kein Vergnügen mich zu betrachten – ein schmutziges Totenhemd an, Haar und Bart, grau und schwarz geht unentwirrbar durcheinander, meine Beine sind mit einem großen seidenen blumengemusterten langgefransten Frauentuch bedeckt. Zu meinen Häupten steht eine Kirchenkerze und leuchtet mir. Auf der Wand mir gegenüber ist ein kleines Bild, ein Buschmann offenbar, der mit einem Speer nach mir zielt und hinter einem großartig bemalten Schild sich möglichst deckt. Man begegnet auf Schiffen manchen dummen Darstellungen, diese ist aber eine der dümmsten. Sonst ist mein Holzkäfig ganz leer. Durch eine Luke der Seitenwand kommt die warme Luft der südlichen Nacht und ich höre das Wasser an die alte Barke schlagen.

Hier liege ich seit damals, als ich, noch lebender Jäger Gracchus, zuhause im Schwarzwald eine Gemse verfolgte und abstürzte. Alles ging der Ordnung nach. Ich verfolgte, stürzte ab, verblutete in einer Schlucht, war tot und diese Barke sollte mich ins Jenseits tragen. Ich erinnere mich noch wie fröhlich ich mich hier auf der Pritsche ausstreckte zum erstenmal, niemals hatten die Berge solchen Gesang von mir gehört, wie diese vier damals noch dämmerigen Wände. Ich hatte gern gelebt und war gern gestorben, glücklich warf ich, ehe ich den Bord betrat, das Lumpenpack der Büchse, der Tasche, des Jagdrocks von mir hinunter, das ich immer stolz getragen hatte und in das Totenhemd schlüpfte ich wie ein Mädchen ins Hochzeitskleid. Hier lag ich und wartete.

Dann geschah

BCM 44 f


*Der neuer Geist*

In einer spiritistischen Sitzung meldete sich einmal ein neuer Geist und es wickelte sich mit ihm folgendes Gespräch ab:
Der Geist: Verzeihung.
Der Wortführer: Wer bist Du?
G. Verzeihung.
W. Was willst Du?
G. Fort.
W. Du bist doch erst gekommen.
G. Es ist ein Irrtum.
W. Nein es ist kein Irrtum. Du bist gekommen und bleibst.
G. Mir ist eben schlecht geworden.
W. Sehr?
G. Sehr.
W. Körperlich?

153

G. Körperlich?

W. Du antwortest mit Fragen, das ist ungehörig. Wir haben Mittel Dich zu strafen, antworte also lieber, denn dann werden wir Dich bald entlassen.

G. Bald?

W. Bald.

G. In einer Minute?

W. Benimm Dich nicht so kläglich. Wir werden Dich entlassen, wenn es uns

BCM 152 f

## Josefine, die Sängerin oder Das Volk der Mäuse

Unsere Sängerin heißt Josefine. Wer sie nicht gehört hat, kennt nicht die Macht des Gesanges. Es gibt niemanden, den ihr Gesang nicht fortreißt, was umso höher zu bewerten ist, als unser Geschlecht im ganzen Musik nicht liebt. Stiller Frieden ist uns die liebste Musik; unser Leben ist schwer, wir können uns, auch wenn wir einmal alle Tagessorgen abzuschütteln versucht haben, nicht mehr zu solchen, unserem sonstigen Leben so fernen Dingen erheben, wie es die Musik ist. Doch beklagen wir es nicht sehr; nicht einmal so weit kommen wir; eine gewisse praktische Schlauheit, die wir freilich auch äußerst dringend brauchen, halten wir für unsern größten Vorzug, und mit dem Lächeln dieser Schlauheit pflegen wir uns über alles hinwegzutrösten, auch wenn wir einmal – was aber nicht geschieht – das Verlangen nach dem Glück haben sollten, das von der Musik vielleicht ausgeht. Nur Josefine macht eine Ausnahme; sie liebt die Musik und weiß sie auch zu vermitteln; sie ist die einzige; mit ihrem Hingang wird die Musik – wer weiß wie lange – aus unserem Leben verschwinden.

Ich habe oft darüber nachgedacht, wie es sich mit dieser Musik eigentlich verhält. Wir sind doch ganz unmusikalisch; wie kommt es, daß wir Josefinens Gesang verstehn oder, da Josefine unser Verständnis leugnet, wenigstens zu verstehen glauben. Die einfachste Antwort wäre, daß die Schönheit dieses Gesanges so groß ist, daß auch der stumpfste Sinn ihr nicht widerstehen kann, aber diese Antwort ist nicht befriedigend. Wenn es wirklich so wäre, müßte man vor diesem Gesang zunächst und immer das Gefühl des Außerordentlichen haben, das Gefühl, aus dieser Kehle erklinge etwas, was wir nie vorher gehört haben und das zu hören wir auch gar nicht die Fähigkeit haben, etwas, was zu hören uns nur diese eine Josefine und niemand sonst befähigt. Gerade das trifft aber meiner Meinung nach nicht zu, ich fühle es nicht und habe auch bei andern nichts dergleichen bemerkt. Im vertrauten Kreise gestehen wir einander offen, daß Josefinens Gesang als Gesang nichts Außerordentliches darstellt.

Ist es denn überhaupt Gesang? Trotz unserer Unmusikalität haben wir Gesangsüberlieferungen; in den alten Zeiten unseres Volkes gab es Gesang; Sagen erzählen davon und sogar Lieder sind erhalten, die freilich niemand mehr singen kann. Eine Ahnung dessen, was Gesang ist, haben wir also und dieser Ahnung nun entspricht Josefinens Kunst eigentlich nicht. Ist es denn überhaupt Gesang? Ist es nicht vielleicht doch nur ein Pfeifen? Und Pfeifen allerdings kennen wir alle, es ist die eigentliche Kunstfertigkeit unseres Volkes, oder vielmehr gar keine Fertigkeit, sondern eine charakteristische Lebensäußerung. Alle pfeifen wir, aber freilich denkt niemand daran, das als Kunst auszugeben, wir pfeifen, ohne darauf zu achten, ja, ohne es zu merken und es gibt sogar viele unter uns, die gar nicht wissen, daß das Pfeifen zu unsern Eigentümlichkeiten gehört. Wenn es also wahr wäre, daß Josefine nicht singt, sondern nur pfeift und vielleicht gar, wie es mir wenigstens

scheint, über die Grenzen des üblichen Pfeifens kaum hinauskommt – ja vielleicht reicht ihre Kraft für dieses übliche Pfeifen nicht einmal ganz hin, während es ein gewöhnlicher Erd-
arbeiter ohne Mühe den ganzen Tag über neben seiner Arbeit
zustandebringt – wenn das alles wahr wäre, dann wäre zwar
Josefinens angebliche Künstlerschaft widerlegt, aber es wäre
dann erst recht das Rätsel ihrer großen Wirkung zu lösen.

Es ist aber eben doch nicht nur Pfeifen, was sie produziert.
Stellt man sich recht weit von ihr hin und horcht, oder noch
besser, läßt man sich in dieser Hinsicht prüfen, singt also Josefine etwa unter andern Stimmen und setzt man sich die
Aufgabe, ihre Stimme zu erkennen, dann wird man unweigerlich nichts anderes heraushören, als ein gewöhnliches, höchstens durch Zartheit oder Schwäche ein wenig auffallendes
Pfeifen. Aber steht man vor ihr, ist es doch nicht nur ein Pfeifen; es ist zum Verständnis ihrer Kunst notwendig, sie nicht
nur zu hören sondern auch zu sehn. Selbst wenn es nur unser
tagtägliches Pfeifen wäre, so besteht hier doch schon zunächst
die Sonderbarkeit, daß jemand sich feierlich hinstellt, um
nichts anderes als das Übliche zu tun. Eine Nuß aufknacken
ist wahrhaftig keine Kunst, deshalb wird es auch niemand wagen, ein Publikum zusammenzurufen und vor ihm, um es zu
unterhalten, Nüsse knacken. Tut er es dennoch und gelingt
seine Absicht, dann kann es sich eben doch nicht nur um bloßes Nüsseknacken handeln. Oder es handelt sich um Nüsseknacken, aber es stellt sich heraus, daß wir über diese Kunst
hinweggesehen haben, weil wir sie glatt beherrschten und daß
uns dieser neue Nußknacker erst ihr eigentliches Wesen zeigt,
wobei es dann für die Wirkung sogar nützlich sein könnte,
wenn er etwas weniger tüchtig im Nüsseknacken ist als die
Mehrzahl von uns.

Vielleicht verhält es sich ähnlich mit Josefinens Gesang; wir
bewundern an ihr das, was wir an uns gar nicht bewundern;

übrigens stimmt sie in letzterer Hinsicht mit uns völlig überein. Ich war einmal zugegen, als sie jemand, wie dies natürlich öfters geschieht, auf das allgemeine Volkspfeifen aufmerksam machte und zwar nur ganz bescheiden, aber für Josefine war es schon zu viel. Ein so freches, hochmütiges Lächeln, wie sie es damals aufsetzte, habe ich noch nicht gesehn; sie, die äußerlich eigentlich vollendete Zartheit ist, auffallend zart selbst in unserem an solchen Frauengestalten reichen Volk, erschien damals geradezu gemein; sie mochte es übrigens in ihrer großen Empfindlichkeit auch gleich selbst fühlen und faßte sich. Jedenfalls leugnet sie also jeden Zusammenhang zwischen ihrer Kunst und dem Pfeifen. Für die, welche gegenteiliger Meinung sind, hat sie nur Verachtung und wahrscheinlich uneingestandenen Haß. Das ist nicht gewöhnliche Eitelkeit, denn diese Opposition, zu der auch ich halb gehöre, bewundert sie gewiß nicht weniger als es die Menge tut, aber Josefine will nicht nur bewundert, sondern genau in der von ihr bestimmten Art bewundert sein, an Bewunderung allein liegt ihr nichts. Und wenn man vor ihr sitzt, versteht man sie; Opposition treibt man nur in der Ferne; wenn man vor ihr sitzt, weiß man: was sie hier pfeift, ist kein Pfeifen.

Da Pfeifen zu unseren gedankenlosen Gewohnheiten gehört, könnte man meinen, daß auch in Josefinens Auditorium gepfiffen wird; es wird uns wohl bei ihrer Kunst und wenn uns wohl ist, pfeifen wir; aber ihr Auditorium pfeift nicht, es ist mäuschenstill, so als wären wir des ersehnten Friedens teilhaftig geworden, von dem uns zumindest unser eigenes Pfeifen abhält, schweigen wir. Ist es ihr Gesang, der uns entzückt oder nicht vielmehr die feierliche Stille, von der das schwache Stimmchen umgeben ist? Einmal geschah es, daß irgendein törichtes kleines Ding während Josefinens Gesang in aller Unschuld auch zu pfeifen anfing. Nun, es war ganz dasselbe, was wir auch von Josefine hörten; dort vorne das trotz aller Routine immer noch schüchterne Pfeifen und hier im Publikum das selbstvergessene kindliche Gepfeife; den Unterschied zu bezeichnen, wäre unmöglich gewesen; aber doch zischten und pfiffen wir gleich die Störerin nieder, trotzdem es gar nicht nötig gewesen wäre, denn sie hätte sich gewiß auch sonst in Angst und Scham verkrochen, während Josefine ihr Triumphpfeifen anstimmte und ganz außer sich war mit ihren ausgespreizten Armen und dem gar nicht mehr höher dehnbaren Hals.

So ist sie übrigens immer, jede Kleinigkeit, jeden Zufall, jede Widerspenstigkeit, ein Knacken im Parkett, ein Zähneknirschen, eine Beleuchtungsstörung hält sie für geeignet, die Wirkung ihres Gesanges zu erhöhen; sie singt ja ihrer Meinung nach vor tauben Ohren; an Begeisterung und Beifall fehlt es nicht, aber auf wirkliches Verständnis, wie sie es meint, hat sie längst verzichten gelernt. Da kommen ihr denn alle Störungen sehr gelegen; alles, was sich von außen her der Reinheit ihres Gesanges entgegenstellt, in leichtem Kampf, ja ohne Kampf, bloß durch die Gegenüberstellung besiegt wird, kann dazu beitragen, die Menge zu erwecken, sie zwar nicht Verständnis, aber ahnungsvollen Respekt zu lehren.

Wenn ihr aber nun das Kleine so dient, wie erst das Große. Unser Leben ist sehr unruhig, jeder Tag bringt Überraschungen, Beängstigungen, Hoffnungen und Schrecken, daß der Einzelne unmöglich dies alles ertragen könnte, hätte er nicht jederzeit bei Tag und Nacht den Rückhalt der Genossen; aber selbst so wird es oft recht schwer; manchmal zittern selbst tausend Schultern unter der Last, die eigentlich nur für einen bestimmt war. Dann hält Josefine ihre Zeit für gekommen. Schon steht sie da, das zarte Wesen, besonders unterhalb der Brust beängstigend vibrierend, es ist, als hätte sie alle ihre Kraft im Gesang versammelt, als sei allem an ihr, was nicht dem Gesange unmittelbar diene, jede Kraft, fast jede Lebens-

möglichkeit entzogen, als sei sie entblößt, preisgegeben, nur
dem Schutze guter Geister überantwortet, als könne sie, während
sie so, sich völlig entzogen, im Gesange wohnt, ein kalter
Hauch im Vorüberwehn töten. Aber gerade bei solchem Anblick pflegen wir angeblichen Gegner uns zu sagen: »Sie kann
nicht einmal pfeifen; so entsetzlich muß sie sich anstrengen,
um nicht Gesang – reden wir nicht von Gesang – aber um das
landesübliche Pfeifen einigermaßen sich abzuzwingen.« So
scheint es uns, doch ist dies, wie erwähnt, ein zwar unver-
meidlicher, aber flüchtiger, schnell vorübergehender Eindruck. Schon tauchen auch wir in das Gefühl der Menge, die
warm, Leib an Leib, scheu atmend horcht.

Und um diese Menge unseres fast immer in Bewegung be-
findlichen, wegen oft nicht sehr klarer Zwecke hin- und her-
schießenden Volkes um sich zu versammeln, muß Josefine
meist nichts anderes tun, als mit zurückgelegtem Köpfchen,
halboffenem Mund, der Höhe zugewandten Augen jene Stellung einnehmen, die darauf hindeutet, daß sie zu singen beabsichtigt. Sie kann dies tun, wo sie will, es muß kein weithin
sichtbarer Platz sein, irgendein verborgener, in zufälliger Au-
genblickslaune gewählter Winkel ist ebensogut brauchbar.
Die Nachricht, daß sie singen will, verbreitet sich gleich, und
bald zieht es in Prozessionen hin. Nun, manchmal treten doch
Hindernisse ein, Josefine singt mit Vorliebe gerade in aufge-
regten Zeiten, vielfache Sorgen und Nöte zwingen uns dann
zu vielerlei Wegen, man kann sich beim besten Willen nicht
so schnell versammeln, wie es Josefine wünscht, und sie steht
dort diesmal in ihrer großen Haltung vielleicht eine Zeitlang
ohne genügende Hörerzahl – dann freilich wird sie wütend,
dann stampft sie mit den Füßen, flucht ganz unmädchenhaft,
ja sie beißt sogar. Aber selbst ein solches Verhalten schadet ihrem Rufe nicht; statt ihre übergroßen Ansprüche ein wenig
einzudämmen, strengt man sich an, ihnen zu entsprechen; es

werden Boten ausgeschickt, um Hörer herbeizuholen; es wird vor ihr geheim gehalten, daß das geschieht; man sieht dann auf den Wegen im Umkreis Posten aufgestellt, die den Herankommenden zuwinken, sie möchten sich beeilen; dies alles so lange, bis dann schließlich doch eine leidliche Anzahl beisammen ist.

Was treibt das Volk dazu, sich für Josefine so zu bemühen? Eine Frage, nicht leichter zu beantworten als die nach Josefinens Gesang, mit der sie ja auch zusammenhängt. Man könnte sie streichen und gänzlich mit der zweiten Frage vereinigen, wenn sich etwa behaupten ließe, daß das Volk wegen des Gesanges Josefine bedingungslos ergeben ist. Dies ist aber eben nicht der Fall; bedingungslose Ergebenheit kennt unser Volk kaum; dieses Volk, das über alles die freilich harmlose Schlauheit liebt, das kindliche Wispern, den freilich unschuldigen, bloß die Lippen bewegenden Tratsch, ein solches Volk kann immerhin nicht bedingungslos sich hingeben, das fühlt wohl auch Josefine, das ist es, was sie bekämpft mit aller Anstrengung ihrer schwachen Kehle.

Nur darf man freilich bei solchen allgemeinen Urteilen nicht zu weit gehn, das Volk ist Josefine doch ergeben, nur nicht bedingungslos. Es wäre z. B. nicht fähig, über Josefine zu lachen. Man kann es sich eingestehn: an Josefine fordert manches zum Lachen auf; und an und für sich ist uns das Lachen immer nah; trotz allem Jammer unseres Lebens ist ein leises Lachen bei uns gewissermaßen immer zu Hause; aber über Josefine lachen wir nicht. Manchmal habe ich den Eindruck, das Volk fasse sein Verhältnis zu Josefine derart auf, daß sie, dieses zerbrechliche, schonungsbedürftige, irgendwie ausgezeichnete, ihrer Meinung nach durch Gesang ausgezeichnete Wesen ihm anvertraut sei und es müsse für sie sorgen; der Grund dessen ist niemandem klar, nur die Tatsache scheint festzustehn. Über das aber, was einem anvertraut ist, lacht man nicht; darüber zu lachen, wäre Pflichtverletzung; es ist das Äußerste an Boshaftigkeit, was die Boshaftesten unter uns Josefine zufügen, wenn sie manchmal sagen: »Das Lachen vergeht uns, wenn wir Josefine sehn.«

So sorgt also das Volk für Josefine in der Art eines Vaters, der sich eines Kindes annimmt, das sein Händchen – man weiß nicht recht, ob bittend oder fordernd – nach ihm ausstreckt. Man sollte meinen, unser Volk tauge nicht zur Erfüllung solcher väterlicher Pflichten, aber in Wirklichkeit versieht es sie, wenigstens in diesem Falle, musterhaft; kein Einzelner könnte es, was in dieser Hinsicht das Volk als Ganzes zu tun imstande ist. Freilich, der Kraftunterschied zwischen dem Volk und dem Einzelnen ist so ungeheuer, es genügt, daß es den Schützling in die Wärme seiner Nähe zieht, und er ist beschützt genug. Zu Josefine wagt man allerdings von solchen Dingen nicht zu reden. »Ich pfeife auf eueren Schutz«, sagt sie dann. »Ja, ja, du pfeifst«, denken wir. Und außerdem ist es wahrhaftig keine Widerlegung, wenn sie rebelliert, vielmehr ist das durchaus Kindesart und Kindesdankbarkeit, und Art des Vaters ist es, sich nicht daran zu kehren.

Nun spricht aber doch noch anderes mit herein, das schwerer aus diesem Verhältnis zwischen Volk und Josefine zu erklären ist. Josefine ist nämlich der gegenteiligen Meinung, sie glaubt, sie sei es, die das Volk beschütze. Aus schlimmer politischer oder wirtschaftlicher Lage rettet uns angeblich ihr Gesang, nichts weniger als das bringt er zuwege, und wenn er das Unglück nicht vertreibt, so gibt er uns wenigstens die Kraft, es zu ertragen. Sie spricht es nicht so aus und auch nicht anders, sie spricht überhaupt wenig, sie ist schweigsam unter den Plappermäulern, aber aus ihren Augen blitzt es, von ihrem geschlossenen Mund – bei uns können nur wenige den Mund geschlossen halten, sie kann es – ist es abzulesen. Bei jeder schlechten Nachricht – und an manchen Tagen überrennen

sie einander, falsche und halbrichtige darunter – erhebt sie
sich sofort, während es sie sonst müde zu Boden zieht, erhebt
sich und streckt den Hals und sucht den Überblick über ihre
Herde wie der Hirt vor dem Gewitter. Gewiß, auch Kinder
stellen ähnliche Forderungen in ihrer wilden, unbeherrschten
Art, aber bei Josefine sind sie doch nicht so unbegründet wie
bei jenen. Freilich, sie rettet uns nicht und gibt uns keine Kräfte, es ist leicht, sich als Retter dieses Volkes aufzuspielen, das
leidensgewohnt, sich nicht schonend, schnell in Entschlüssen,
den Tod wohl kennend, nur dem Anscheine nach ängstlich in
der Atmosphäre von Tollkühnheit, in der es ständig lebt, und
überdies ebenso fruchtbar wie wagemutig – es ist leicht, sage
ich, sich nachträglich als Retter dieses Volkes aufzuspielen,
das sich noch immer irgendwie selbst gerettet hat, sei es auch
unter Opfern, über die der Geschichtsforscher – im allgemeinen vernachlässigen wir Geschichtsforschung gänzlich – vor
Schrecken erstarrt. Und doch ist es wahr, daß wir gerade in
Notlagen noch besser als sonst auf Josefinens Stimme hor-
chen. Die Drohungen, die über uns stehen, machen uns stiller, bescheidener, für Josefinens Befehlshaberei gefügiger;
gern kommen wir zusammen, gern drängen wir uns aneinander, besonders weil es bei einem Anlaß geschieht, der ganz ab-
seits liegt von der quälenden Hauptsache; es ist, als tränken
wir noch schnell – ja, Eile ist nötig, das vergißt Josefine allzuoft – gemeinsam einen Becher des Friedens vor dem Kampf.
Es ist nicht so sehr eine Gesangsvorführung als vielmehr eine
Volksversammlung, und zwar eine Versammlung, bei der es
bis auf das kleine Pfeifen vorne völlig still ist; viel zu ernst ist
die Stunde, als daß man sie verschwätzen wollte.

Ein solches Verhältnis könnte nun freilich Josefine gar nicht
befriedigen. Trotz all ihres nervösen Mißbehagens, welches
Josefine wegen ihrer niemals ganz geklärten Stellung erfüllt,
sieht sie doch, verblendet von ihrem Selbstbewußtsein, man-

162

ches nicht und kann ohne große Anstrengung dazu gebracht werden, noch viel mehr zu übersehen, ein Schwarm von Schmeichlern ist in diesem Sinne, also eigentlich in einem allgemein nützlichen Sinne, immerfort tätig, – aber nur nebenbei, unbeachtet, im Winkel einer Volksversammlung zu singen, dafür würde sie, trotzdem es an sich gar nicht wenig wäre, ihren Gesang gewiß nicht opfern.

Aber sie muß es auch nicht, denn ihre Kunst bleibt nicht unbeachtet. Trotzdem wir im Grunde mit ganz anderen Dingen beschäftigt sind und die Stille durchaus nicht nur dem Gesange zuliebe herrscht und mancher gar nicht aufschaut, sondern das Gesicht in den Pelz des Nachbars drückt und Josefine also dort oben sich vergeblich abzumühen scheint, dringt doch – das ist nicht zu leugnen – etwas von ihrem Pfeifen unweigerlich auch zu uns. Dieses Pfeifen, das sich erhebt, wo allen anderen Schweigen auferlegt ist, kommt fast wie eine Botschaft des Volkes zu dem Einzelnen; das dünne Pfeifen Josefinens mitten in den schweren Entscheidungen ist fast wie die armselige Existenz unseres Volkes mitten im Tumult der feindlichen Welt. Josefine behauptet sich, dieses Nichts an Stimme, dieses Nichts an Leistung behauptet sich und schafft sich den Weg zu uns, es tut wohl, daran zu denken. Einen wirklichen Gesangskünstler, wenn einer einmal sich unter uns finden sollte, würden wir in solcher Zeit gewiß nicht ertragen und die Unsinnigkeit einer solchen Vorführung einmütig abweisen. Möge Josefine beschützt werden vor der Erkenntnis, daß die Tatsache, daß wir ihr zuhören, ein Beweis gegen ihren Gesang ist. Eine Ahnung dessen hat sie wohl, warum würde sie sonst so leidenschaftlich leugnen, daß wir ihr zuhören, aber immer wieder singt sie, pfeift sie sich über diese Ahnung hinweg.

Aber es gäbe auch sonst noch immer einen Trost für sie: wir hören ihr doch auch gewissermaßen wirklich zu, wahrscheinlich ähnlich, wie man einem Gesangskünstler zuhört; sie erreicht Wirkungen, die ein Gesangskünstler vergeblich bei uns anstreben würde und die nur gerade ihren unzureichenden Mitteln verliehen sind. Dies hängt wohl hauptsächlich mit unserer Lebensweise zusammen.

In unserem Volke kennt man keine Jugend, kaum eine winzige Kinderzeit. Es treten zwar regelmäßig Forderungen auf, man möge den Kindern eine besondere Freiheit, eine besondere Schonung gewährleisten, ihr Recht auf ein wenig Sorglosigkeit, ein wenig sinnloses Sichherumtummeln, auf ein wenig Spiel, dieses Recht möge man anerkennen und ihm zur Erfüllung verhelfen; solche Forderungen treten auf und fast jedermann billigt sie, es gibt nichts, was mehr zu billigen wäre, aber es gibt auch nichts, was in der Wirklichkeit unseres Lebens weniger zugestanden werden könnte, man billigt die Forderungen, man macht Versuche in ihrem Sinn, aber bald ist wieder alles beim Alten. Unser Leben ist eben derart, daß ein Kind, sobald es nur ein wenig läuft und die Umwelt ein wenig unterscheiden kann, ebenso für sich sorgen muß wie ein Erwachsener; die Gebiete, auf denen wir aus wirtschaftlichen Rücksichten zerstreut leben müssen, sind zu groß, unserer Feinde sind zu viele, die uns überall bereiteten Gefahren zu unberechenbar – wir können die Kinder vom Existenzkampfe nicht fernhalten, täten wir es, es wäre ihr vorzeitiges Ende. Zu diesen traurigen Gründen kommt freilich auch ein erhebender: die Fruchtbarkeit unseres Stammes. Eine Generation – und jede ist zahlreich – drängt die andere, die Kinder haben nicht Zeit, Kinder zu sein. Mögen bei anderen Völkern die Kinder sorgfältig gepflegt werden, mögen dort Schulen für die Kleinen errichtet sein, mögen dort aus diesen Schulen täglich die Kinder strömen, die Zukunft des Volkes, so sind es doch immer lange Zeit Tag für Tag die gleichen Kinder, die dort hervorkommen. Wir haben keine Schulen, aber aus unserem Volke strömen in allerkürzesten Zwischenräumen die unübersehbaren Scharen unserer Kinder, fröhlich zischend oder piepsend, solange sie noch nicht pfeifen können, sich wälzend oder kraft des Druckes weiterrollend, solange sie noch nicht laufen können, täppisch durch ihre Masse alles mit sich fortreißend, solange sie noch nicht sehen können, unsere Kinder! Und nicht wie in jenen Schulen die gleichen Kinder, nein, immer, immer wieder neue, ohne Ende, ohne Unterbrechung, kaum erscheint ein Kind, ist es nicht mehr Kind, aber schon drängen hinter ihm die neuen Kindergesichter ununterscheidbar in ihrer Menge und Eile, rosig vor Glück. Freilich, wie schön dies auch sein mag und wie sehr uns andere darum auch mit Recht beneiden mögen, eine wirkliche Kinderzeit können wir eben unseren Kindern nicht geben. Und das hat seine Folgewirkungen. Eine gewisse unerstorbene, unausrottbare Kindlichkeit durchdringt unser Volk; im geraden Widerspruch zu unserem Besten, dem untrüglichen praktischen Verstande, handeln wir manchmal ganz und gar töricht, und zwar eben in der Art, wie Kinder töricht handeln, sinnlos, verschwenderisch, großzügig, leichtsinnig und dies alles oft einem kleinen Spaß zuliebe. Und wenn unsere Freude darüber natürlich nicht mehr die volle Kraft der Kinderfreude haben kann, etwas von dieser lebt darin noch gewiß. Von dieser Kindlichkeit unseres Volkes profitiert seit jeher auch Josefine.

Aber unser Volk ist nicht nur kindlich, es ist gewissermaßen auch vorzeitig alt, Kindheit und Alter machen sich bei uns anders als bei anderen. Wir haben keine Jugend, wir sind gleich Erwachsene, und Erwachsene sind wir dann zu lange, eine gewisse Müdigkeit und Hoffnungslosigkeit durchzieht von da aus mit breiter Spur das im ganzen doch so zähe und hoffnungsstarke Wesen unseres Volkes. Damit hängt wohl auch unsere Unmusikalität zusammen; wir sind zu alt für Musik, ihre Erregung, ihr Aufschwung paßt nicht für unsere Schwere, müde winken wir ihr ab; wir haben uns auf das Pfeifen zurückgezogen; ein wenig Pfeifen hie und da, das ist das Richtige für uns. Wer weiß, ob es nicht Musiktalente unter uns gibt; wenn es sie aber gäbe, der Charakter der Volksgenossen müßte sie noch vor ihrer Entfaltung unterdrücken. Dagegen mag Josefine nach ihrem Belieben pfeifen oder singen oder wie sie es nennen will, das stört uns nicht, das entspricht uns, das können wir wohl vertragen; wenn darin etwas von Musik enthalten sein sollte, so ist es auf die möglichste Nichtigkeit reduziert; eine gewisse Musiktradition wird gewahrt, aber ohne daß uns dies im geringsten beschweren würde.

Aber Josefine bringt diesem so gestimmten Volke noch mehr. Bei ihren Konzerten, besonders in ernster Zeit, haben nur noch die ganz Jungen Interesse an der Sängerin als solcher, nur sie sehen mit Staunen zu, wie sie ihre Lippen kräuselt, zwischen den niedlichen Vorderzähnen die Luft ausstößt, in Bewunderung der Töne, die sie selbst hervorbringt, erstirbt und dieses Hinsinken benützt, um sich zu neuer, ihr immer unverständlicher werdender Leistung anzufeuern, aber die eigentliche Menge hat sich – das ist deutlich zu erkennen – auf sich selbst zurückgezogen. Hier in den dürftigen Pausen zwischen den Kämpfen träumt das Volk, es ist, als lösten sich dem Einzelnen die Glieder, als dürfte sich der Ruhelose einmal nach seiner Lust im großen warmen Bett des Volkes dehnen und strecken. Und in diese Träume klingt hie und da Josefinens Pfeifen; sie nennt es perlend, wir nennen es stoßend; aber jedenfalls ist es hier an seinem Platze, wie nirgends sonst, wie Musik kaum jemals den auf sie wartenden Augenblick findet. Etwas von der armen kurzen Kindheit ist darin, etwas von verlorenem, nie wieder aufzufindendem Glück, aber auch etwas vom tätigen heutigen Leben ist darin, von seiner kleinen, unbegreiflichen und dennoch bestehenden und nicht zu ertö-

tenden Munterkeit. Und dies alles ist wahrhaftig nicht mit
großen Tönen gesagt, sondern leicht, flüsternd, vertraulich,
manchmal ein wenig heiser. Natürlich ist es ein Pfeifen. Wie
denn nicht? Pfeifen ist die Sprache unseres Volkes, nur pfeift
mancher sein Leben lang und weiß es nicht, hier aber ist das
Pfeifen freigemacht von den Fesseln des täglichen Lebens und
befreit auch uns für eine kurze Weile. Gewiß, diese Vorführungen wollten wir nicht missen.

Aber von da bis zu Josefinens Behauptung, sie gebe uns in
solchen Zeiten neue Kräfte usw. usw., ist noch ein sehr weiter
Weg. Für gewöhnliche Leute allerdings, nicht für Josefinens
Schmeichler. »Wie könnte es anders sein« – sagen sie in recht
unbefangener Keckheit – »wie könnte man anders den großen
Zulauf, besonders unter unmittelbar drängender Gefahr, erklären, der schon manchmal sogar die genügende, rechtzeiti-
ge Abwehr eben dieser Gefahr verhindert hat.« Nun, dies letztere ist leider richtig, gehört aber doch nicht zu den Ruhmes-
titeln Josefinens, besonders wenn man hinzufügt, daß, wenn
solche Versammlungen unerwartet vom Feind gesprengt wurden, und mancher der unserigen dabei sein Leben lassen
mußte, Josefine, die alles verschuldet, ja, durch ihr Pfeifen den
Feind vielleicht angelockt hatte, immer im Besitz des sicher-
sten Plätzchens war und unter dem Schutze ihres Anhanges
sehr still und eiligst als erste verschwand. Aber auch dieses
wissen im Grunde alle, und dennoch eilen sie wieder hin,
wenn Josefine nächstens nach ihrem Belieben irgendwo, ir-
gendwann zum Gesange sich erhebt. Daraus könnte man
schließen, daß Josefine fast außerhalb des Gesetzes steht, daß
sie tun darf, was sie will, selbst wenn es die Gesamtheit gefähr-
det, und daß ihr alles verziehen wird. Wenn dies so wäre,
dann wären auch Josefinens Ansprüche völlig verständlich, ja,
man könnte gewissermaßen in dieser Freiheit, die ihr das
Volk geben würde, in diesem außerordentlichen, niemand

sonst gewährten, die Gesetze eigentlich widerlegenden Geschenk ein Eingeständnis dessen sehen, daß das Volk Josefine, wie sie es behauptet, nicht versteht, ohnmächtig ihre Kunst anstaunt, sich ihrer nicht würdig fühlt, dieses Leid, das es Josefine tut, durch eine geradezu verzweifelte Leistung auszugleichen strebt und, so wie ihre Kunst außerhalb seines Fassungsvermögens ist, auch ihre Person und deren Wünsche außerhalb seiner Befehlsgewalt stellt. Nun, das ist allerdings ganz und gar nicht richtig, vielleicht kapituliert im einzelnen das Volk zu schnell vor Josefine, aber wie es bedingungslos vor niemandem kapituliert, also auch nicht vor ihr.

Schon seit langer Zeit, vielleicht schon seit Beginn ihrer Künstlerlaufbahn, kämpft Josefine darum, daß sie mit Rücksicht auf ihren Gesang von jeder Arbeit befreit werde; man solle ihr also die Sorge um das tägliche Brot und alles, was sonst mit unserem Existenzkampf verbunden ist, abnehmen und es – wahrscheinlich – auf das Volk als Ganzes überwälzen. Ein schnell Begeisterter – es fanden sich auch solche – könnte schon allein aus der Sonderbarkeit dieser Forderung, aus der Geistesverfassung, die eine solche Forderung auszudenken imstande ist, auf deren innere Berechtigung schließen. Unser Volk zieht aber andere Schlüsse, und lehnt ruhig die Forderung ab. Es müht sich auch mit der Widerlegung der Gesuchsbegründung nicht sehr ab. Josefine weist z. B. darauf hin, daß die Anstrengung bei der Arbeit ihrer Stimme schade, daß zwar die Anstrengung bei der Arbeit gering sei im Vergleich zu jener beim Gesang, daß sie ihr aber doch die Möglichkeit nehme, nach dem Gesang sich genügend auszuruhen und für neuen Gesang sich zu stärken, sie müsse sich dabei gänzlich erschöpfen und könne trotzdem unter diesen Umständen ihre Höchstleistung niemals erreichen. Das Volk hört sie an und geht darüber hinweg. Dieses so leicht zu rührende Volk ist manchmal gar nicht zu rühren. Die Abweisung ist

168

manchmal so hart, daß selbst Josefine stutzt, sie scheint sich zu fügen, arbeitet wie sichs gehört, singt so gut sie kann, aber das alles nur eine Weile, dann nimmt sie den Kampf mit neuen Kräften – dafür scheint sie unbeschränkt viele zu haben – wieder auf.

Nun ist es ja klar, daß Josefine nicht eigentlich das anstrebt, was sie wörtlich verlangt. Sie ist vernünftig, sie scheut die Arbeit nicht, wie ja Arbeitsscheu überhaupt bei uns unbekannt ist, sie würde auch nach Bewilligung ihrer Forderung gewiß nicht anders leben als früher, die Arbeit würde ihrem Gesang gar nicht im Wege stehn, und der Gesang allerdings würde auch nicht schöner werden – was sie anstrebt, ist also nur die öffentliche, eindeutige, die Zeiten überdauernde, über alles bisher Bekannte sich weit erhebende Anerkennung ihrer Kunst. Während ihr aber fast alles andere erreichbar scheint, versagt sich ihr dieses hartnäckig. Vielleicht hätte sie den Angriff gleich anfangs in andere Richtung lenken sollen, vielleicht sieht sie jetzt selbst den Fehler ein, aber nun kann sie nicht mehr zurück, ein Zurückgehen hieße sich selbst untreu werden, nun muß sie schon mit dieser Forderung stehen oder fallen.

Hätte sie wirklich Feinde, wie sie sagt, sie könnten diesem Kampfe, ohne selbst den Finger rühren zu müssen, belustigt zusehen. Aber sie hat keine Feinde, und selbst wenn mancher hie und da Einwände gegen sie hat, dieser Kampf belustigt niemanden. Schon deshalb nicht, weil sich hier das Volk in seiner kalten richterlichen Haltung zeigt, wie man es sonst bei uns nur sehr selten sieht. Und wenn einer auch diese Haltung in diesem Falle billigen mag, so schließt doch die bloße Vorstellung, daß sich einmal das Volk ähnlich gegen ihn selbst verhalten könnte, jede Freude aus. Es handelt sich eben auch bei der Abweisung, ähnlich wie bei der Forderung, nicht um die Sache selbst, sondern darum, daß sich das Volk gegen ei-

169

nen Volksgenossen derart undurchdringlich abschließen kann und um so undurchdringlicher, als es sonst für eben diesen Genossen väterlich und mehr als väterlich, demütig sorgt.

Stünde hier an Stelle des Volkes ein Einzelner: man könnte glauben, dieser Mann habe die ganze Zeit über Josefine nachgegeben unter dem fortwährenden brennenden Verlangen endlich der Nachgiebigkeit ein Ende zu machen; er habe übermenschlich viel nachgegeben im festen Glauben, daß das Nachgeben trotzdem seine richtige Grenze finden werde; ja, er habe mehr nachgegeben als nötig war, nur um die Sache zu beschleunigen, nur, um Josefine zu verwöhnen und zu immer neuen Wünschen zu treiben, bis sie dann wirklich diese letzte Forderung erhob; da habe er nun freilich, kurz, weil längst vorbereitet, die endgültige Abweisung vorgenommen. Nun, so verhält es sich ganz gewiß nicht, das Volk braucht solche Listen nicht, außerdem ist seine Verehrung für Josefine aufrichtig und erprobt und Josefinens Forderung ist allerdings so stark, daß jedes unbefangene Kind ihr den Ausgang hätte voraussagen können; trotzdem mag es sein, daß in der Auffassung, die Josefine von der Sache hat, auch solche Vermutungen mitspielen und dem Schmerz der Abgewiesenen eine Bitternis hinzufügen.

Aber mag sie auch solche Vermutungen haben, vom Kampf abschrecken läßt sie sich dadurch nicht. In letzter Zeit verschärft sich sogar der Kampf; hat sie ihn bisher nur durch Worte geführt, fängt sie jetzt an, andere Mittel anzuwenden, die ihrer Meinung nach wirksamer, unserer Meinung nach für sie selbst gefährlicher sind.

Manche glauben, Josefine werde deshalb so dringlich, weil sie sich alt werden fühle, die Stimme Schwächen zeige, und es ihr daher höchste Zeit zu sein scheine, den letzten Kampf um ihre Anerkennung zu führen. Ich glaube daran nicht. Josefine wäre nicht Josefine, wenn dies wahr wäre. Für sie gibt es kein

Altern und keine Schwächen ihrer Stimme. Wenn sie etwas fordert, so wird sie nicht durch äußere Dinge, sondern durch innere Folgerichtigkeit dazu gebracht. Sie greift nach dem höchsten Kranz, nicht, weil er im Augenblick gerade ein wenig tiefer hängt, sondern weil es der höchste ist; wäre es in ihrer Macht, sie würde ihn noch höher hängen.

Diese Mißachtung äußerer Schwierigkeiten hindert sie allerdings nicht, die unwürdigsten Mittel anzuwenden. Ihr Recht steht ihr außer Zweifel; was liegt also daran, wie sie es erreicht; besonders da doch in dieser Welt, so wie sie sich ihr darstellt, gerade die würdigen Mittel versagen müssen. Vielleicht hat sie sogar deshalb den Kampf um ihr Recht aus dem Gebiet des Gesanges auf ein anderes ihr wenig teures verlegt. Ihr Anhang hat Aussprüche von ihr in Umlauf gebracht, nach denen sie sich durchaus fähig fühlt, so zu singen, daß es dem Volk in allen seinen Schichten bis in die versteckteste Opposition hinein eine wirkliche Lust wäre, wirkliche Lust nicht im Sinne des Volkes, welches ja behauptet, diese Lust seit jeher bei Josefinens Gesang zu fühlen, sondern Lust im Sinne von Josefinens Verlangen. Aber, fügt sie hinzu, da sie das Hohe nicht fälschen und dem Gemeinen nicht schmeicheln könne, müsse es eben bleiben, wie es sei. Anders aber ist es bei ihrem Kampf um die Arbeitsbefreiung, zwar ist es auch ein Kampf um ihren Gesang, aber hier kämpft sie nicht unmittelbar mit der kostbaren Waffe des Gesanges, jedes Mittel, das sie anwendet, ist daher gut genug.

So wurde z. B. das Gerücht verbreitet, Josefine beabsichtige, wenn man ihr nicht nachgebe, die Koloraturen zu kürzen. Ich weiß nichts von Koloraturen, habe in ihrem Gesange niemals etwas von Koloraturen bemerkt. Josefine aber will die Koloraturen kürzen, vorläufig nicht beseitigen, sondern nur kürzen. Sie hat angeblich ihre Drohung wahr gemacht, mir allerdings ist kein Unterschied gegenüber ihren früheren Vorführungen aufgefallen. Das Volk als Ganzes hat zugehört wie immer, ohne sich über die Koloraturen zu äußern, und auch die Behandlung von Josefinens Forderung hat sich nicht geändert. Übrigens hat Josefine, wie in ihrer Gestalt, unleugbar auch in ihrem Denken manchmal etwas recht Graziöses. So hat sie z. B. nach jener Vorführung, so als sei ihr Entschluß hinsichtlich der Koloraturen gegenüber dem Volk zu hart oder zu plötzlich gewesen, erklärt, nächstens werde sie die Koloraturen doch wieder vollständig singen. Aber nach dem nächsten Konzert besann sie sich wieder anders, nun sei es endgültig zu Ende mit den großen Koloraturen, und vor einer für Josefine günstigen Entscheidung kämen sie nicht wieder. Nun, das Volk hört über alle diese Erklärungen, Entschlüsse und Entschlußänderungen hinweg, wie ein Erwachsener in Gedanken über das Plaudern eines Kindes hinweghört, grundsätzlich wohlwollend, aber unerreichbar.

Josefine aber gibt nicht nach. So behauptete sie z. B. neulich, sie habe sich bei der Arbeit eine Fußverletzung zugezogen, die ihr das Stehen während des Gesanges beschwerlich mache; da sie aber nur stehend singen könne, müsse sie jetzt sogar die Gesänge kürzen. Trotzdem sie hinkt und sich von ihrem Anhang stützen läßt, glaubt niemand an eine wirkliche Verletzung. Selbst die besondere Empfindlichkeit ihres Körperchens zugegeben, sind wir doch ein Arbeitsvolk und auch Josefine gehört zu ihm; wenn wir aber wegen jeder Hautabschürfung hinken wollten, dürfte das ganze Volk mit Hinken gar nicht aufhören. Aber mag sie sich wie eine Lahme führen lassen, mag sie sich in diesem bedauernswerten Zustand öfters zeigen als sonst, das Volk hört ihren Gesang dankbar und entzückt wie früher, aber wegen der Kürzung macht es nicht viel Aufhebens.

Da sie nicht immerfort hinken kann, erfindet sie etwas anderes, sie schützt Müdigkeit vor, Mißstimmung, Schwäche.

Wir haben nun außer dem Konzert auch ein Schauspiel. Wir sehen hinter Josefine ihren Anhang, wie er sie bittet und beschwört zu singen. Sie wollte gern, aber sie kann nicht. Man tröstet sie, umschmeichelt sie, trägt sie fast auf den schon vorher ausgesuchten Platz, wo sie singen soll. Endlich gibt sie mit undeutbaren Tränen nach, aber wie sie mit offenbar letztem Willen zu singen anfangen will, matt, die Arme nicht wie sonst ausgebreitet, sondern am Körper leblos herunterhängend, wobei man den Eindruck erhält, daß sie vielleicht ein wenig zu kurz sind – wie sie so anstimmen will, nun, da geht es doch wieder nicht, ein unwilliger Ruck des Kopfes zeigt es an und sie sinkt vor unseren Augen zusammen. Dann allerdings rafft sie sich doch wieder auf und singt, ich glaube, nicht viel anders als sonst, vielleicht wenn man für feinste Nuancen das Ohr hat, hört man ein wenig außergewöhnliche Erregung heraus, die der Sache aber nur zugute kommt. Und am Ende ist sie sogar weniger müde als vorher, mit festem Gang, soweit man ihr huschendes Trippeln so nennen kann, entfernt sie sich, jede Hilfe des Anhangs ablehnend und mit kalten Blicken die ihr ehrfurchtsvoll ausweichende Menge prüfend.

So war es letzthin, das Neueste aber ist, daß sie zu einer Zeit, wo ihr Gesang erwartet wurde, verschwunden war. Nicht nur der Anhang sucht sie, viele stellen sich in den Dienst des Suchens, es ist vergeblich; Josefine ist verschwunden, sie will nicht singen, sie will nicht einmal darum gebeten werden, sie hat uns diesmal völlig verlassen.

Sonderbar, wie falsch sie rechnet, die Kluge, so falsch, daß man glauben sollte, sie rechne gar nicht, sondern werde nur weiter getrieben von ihrem Schicksal, das in unserer Welt nur ein sehr trauriges werden kann. Selbst entzieht sie sich dem Gesang, selbst zerstört sie die Macht, die sie über die Gemüter erworben hat. Wie konnte sie nur diese Macht erwerben, da sie diese Gemüter so wenig kennt. Sie versteckt sich und

singt nicht, aber das Volk, ruhig, ohne sichtbare Enttäuschung, herrisch, eine in sich ruhende Masse, die förmlich,
auch wenn der Anschein dagegen spricht, Geschenke nur geben, niemals empfangen kann, auch von Josefine nicht, dieses
Volk zieht weiter seines Weges.

Mit Josefine aber muß es abwärts gehn. Bald wird die Zeit
kommen, wo ihr letzter Pfiff ertönt und verstummt. Sie ist eine kleine Episode in der ewigen Geschichte unseres Volkes
und das Volk wird den Verlust überwinden. Leicht wird es uns
ja nicht werden; wie werden die Versammlungen in völliger
Stummheit möglich sein? Freilich, waren sie nicht auch mit
Josefine stumm? War ihr wirkliches Pfeifen nennenswert lauter und lebendiger, als die Erinnerung daran sein wird? War
es denn noch bei ihren Lebzeiten mehr als eine bloße Erinnerung? Hat nicht vielmehr das Volk in seiner Weisheit Josefinens Gesang, eben deshalb, weil er in dieser Art unverlierbar
war, so hoch gestellt?

Vielleicht werden wir also gar nicht sehr viel entbehren, Josefine aber, erlöst von der irdischen Plage, die aber ihrer Meinung nach Auserwählten bereitet ist, wird fröhlich sich verlieren in der zahllosen Menge der Helden unseres Volkes, und
bald, da wir keine Geschichte treiben, in gesteigerter Erlösung
vergessen sein wie alle ihre Brüder.

EL 274-294


## Bereitet der Schlange den Weg

»Bereitet der Schlange den Weg!« schrie es. »Bereitet den Weg
der großen Madam.« »Wir sind bereit« schrie es zur Antwort
»wir sind bereit.« Und wir Wegbereiter, vielgerühmte Stein-
zerklopfer, marschierten aus dem Busch. »Los« rief unser immer fröhlicher Kommandant »los ihr Schlangenfraß.« Dar-

LAUTER NIEMAND

aufhin hoben wir unsere Hämmer und meilenweit begann das
fleißigste Geklopfe. Keine Pause wurde gestattet, nur Hände-
wechsel. Schon für abend war die Ankunft unserer Schlange
angesagt, bis dahin mußte alles zu Staub zerklopft sein, unsere Schlange verträgt auch das kleinste Steinchen nicht. Wo
findet sich gleich eine so empfindliche Schlange. Es ist eben
auch eine einzige Schlange, unvergleichlich verwöhnt ist sie
durch unsere Arbeit, daher auch bereits unvergleichlich gear-
tet. Wir verstehn es nicht, wir bedauern es, daß sie sich noch
immer Schlange nennt. Zumindest Madam sollte sie sich immer nennen, trotzdem sie natürlich auch als Madam unvergleichlich ist. Aber das ist nicht unsere Sorge, unsere Sache ist
es Staub zu machen.

TB3 153 f

# Der Gott der
## zusammengebissenen
## Zähne

## Seltsame Gottheiten

In einem Land betet man nur zu einer einzigen Gruppe von
Gottheiten, man nennt sie: die zusammengebissenen Zähne.

ZFG 166

## Alles fühlt den Griff am Hals

Ich war dieser Figur gegenüber wehrlos, ruhig saß sie beim
Tisch und blickte auf die Tischplatte. Ich gieng im Kreis um
sie herum und fühlte mich von ihr gewürgt. Um mich gieng
ein dritter herum und fühlte sich von mir gewürgt. Um den
dritten gieng ein vierter herum und fühlte sich von ihm gewürgt. Und so setzte es sich fort bis zu den Bewegungen der
Gestirne und darüber hinaus. Alles fühlt den Griff am Hals.

ZFG 153

## Der Magistratsbeamten

Ich könnte sehr zufrieden sein. Ich bin Beamter beim Magistrat. Wie schön ist es Beamter beim Magistrat zu sein. Wenig
Arbeit, genügender Gehalt, viel freie Zeit, übermäßiges Ansehen überall in der Stadt. Stelle ich mir die Situation eines Magistratsbeamten scharf vor, beneide ich ihn unweigerlich. Und
nun bin ich es, bin Magistratsbeamter, – und wollte wenn ich
könnte, diese ganze Würde der Bureaukatze zum Auffressen
geben, die jeden Vormittag von Zimmer zu Zimmer wandert,
um die Reste des Gabelfrühstücks einzusammeln.

BCM 113 f

## Der neue Advokat

Wir haben einen neuen Advokaten, den Dr. Bucephalus. In seinem Äußern erinnert wenig an die Zeit, da er noch Streitroß Alexanders von Macedonien war. Wer allerdings mit den Umständen vertraut ist, bemerkt einiges. Doch sah ich letzthin auf der Freitreppe selbst einen ganz einfältigen Gerichtsdiener mit dem Fachblick des kleinen Stammgastes der Wettrennen den Advokaten bestaunen, als dieser, hoch die Schenkel hebend, mit auf dem Marmor aufklingendem Schritt von Stufe zu Stufe stieg.

Im allgemeinen billigt das Barreau die Aufnahme des Bucephalus. Mit erstaunlicher Einsicht sagt man sich, daß Bucephalus bei der heutigen Gesellschaftsordnung in einer schwierigen Lage ist und daß er deshalb, sowie auch wegen seiner weltgeschichtlichen Bedeutung, jedenfalls Entgegenkommen verdient. Heute – das kann niemand leugnen – gibt es keinen großen Alexander. Zu morden verstehen zwar manche; auch an der Geschicklichkeit, mit der Lanze über den Bankettisch hinweg den Freund zu treffen, fehlt es nicht; und vielen ist Macedonien zu eng, so daß sie Philipp, den Vater, verfluchen – aber niemand, niemand kann nach Indien führen, Schon damals waren Indiens Tore unerreichbar, aber ihre Richtung war durch das Königsschwert bezeichnet. Heute sind die Tore ganz anderswohin und weiter und höher vertragen; niemand zeigt die Richtung; viele halten Schwerter, aber nur, um mit ihnen zu fuchteln; und der Blick, der ihnen folgen will, verwirrt sich.

Vielleicht ist es deshalb wirklich das Beste, sich, wie es Bucephalus getan hat, in die Gesetzbücher zu versenken. Frei, unbedrückt die Seiten von den Lenden des Reiters, bei stiller Lampe, fern dem Getöse der Alexanderschlacht, liest und wendet er die Blätter unserer alten Bücher.

EL 199 f

## Käfig

Ein Käfig ging einen Vogel fangen.

BCM 172

## Im Bureau

Nein, über das Bureau rege ich mich durchaus nicht zuviel auf, erkenne die Berechtigung der Aufregung daraus, daß sie schon fünf Jahre Bureauleben überdauert hat, von denen allerdings das erste Jahr ein ganz besonders schreckliches in einer Privatversicherungsanstalt war, mit Bureaustunden von 8 früh bis 7 abends bis 8, bis ½9 pfui Teufel! Es gab da eine gewisse Stelle in einem kleinen Gang, der zu meinem Bureau führte, in dem mich fast jeden Morgen eine Verzweiflung anfiel, die für einen stärkern, konsequenteren Charakter, als ich es bin, überreichlich zu einem geradezu seligen Selbstmord genügt hätte.

BR1 242

## Gegenseitige Unzufriedenheit

Der Direktor der Versicherungsgesellschaft »Fortschritt« war immer mit seinen Beamten äußerst unzufrieden. Nun ist jeder Direktor mit seinen Beamten unzufrieden, der Unterschied zwischen Beamten und Direktoren ist zu groß als daß er sich durch bloße Befehle von Seiten des Direktors und durch bloßes Gehorchen von seite der Beamten ausgleichen ließe. Erst der beiderseitige Haß bewirkt den Ausgleich und rundet das ganze Unternehmen ab.

TB3 32

## DER KOMISCHE KAFKA

### Mir gefallen Sie auch nicht

Was Du zum Samstag-abend-brief sagen wirst weiß ich noch
nicht und werde es noch lange nicht wissen, jedenfalls sitze
ich jetzt da im Bureau es ist Sonntagsdienst (auch eine merk-
würdige Einrichtung, man sitzt da und genug, andere arbeiten
im Sonntagsdienst also weniger als sonst, ich genau so viel)
trüb, bald wills regnen, bald stört mich Wolkenlicht beim
Schreiben, nun, es ist genau so wie es ist, traurig und schwer.
Und wenn Du schreibst, daß ich Lust zu leben habe, so habe
ich sie heute kaum; was soll mir sie machen, die heutige Nacht,
der heutige Tag? Im Grunde habe ich sie trotzdem (komm immer wieder von Zeit zu Zeit, gutes Wort), an der Oberfläche
aber wenig. Ich gefalle mir auch so wenig, ich sitze hier vor
der Direktoratstür, der Direktor ist nicht da, aber ich würde
nicht staunen, wenn er herauskäme und sagte: »Mir gefallen
Sie auch nicht, deshalb kündige ich Ihnen« »Danke« würde
ich sagen »ich brauche das dringend für eine Wiener Reise«
»So« würde er sagen »jetzt gefallen Sie mir wieder und ich ziehe die Kündigung zurück« »Ach« würde ich sagen »nun kann
ich also wieder nicht fahren« »O ja« würde er sagen »denn
jetzt gefallen Sie mir wieder nicht und ich kündige« Und so
wäre das eine endlose Geschichte.

AN MILENA POLLAK 1920. BR4 271 f

### Glatze meines Chefs

Kunstloser Übergang von der gespannten Haut der Glatze
meines Chefs zu den zarten Falten seiner Stirn. Eine offenba-
re, sehr leicht nachzuahmende Schwäche der Natur, Bankno-
ten dürften nicht so gemacht sein.

TB1 61

## DER GOTT DER ZUSAMMENGEBISSENEN ZÄHNE

### Die Beschwerde

Gestern war ich zum erstenmal in den Direktionskanzleien. Unsere Nachtschicht hat mich zum Vertrauensmann gewählt und da die Konstruktion und Füllung unserer Lampen unzulänglich ist, sollte ich dort auf die Abschaffung dieser Mißstände dringen. Man zeigte mir das zuständige Bureau, ich klopfte an und trat ein. Ein zarter junger Mann, sehr bleich, lächelte mir von seinem großen Schreibtisch entgegen. Viel, überviel nickte er mit dem Kopf. Ich wußte nicht ob ich mich setzen sollte, es war dort zwar ein Sessel bereit, aber ich dachte, bei meinem ersten Besuch müsse ich mich vielleicht nicht gleich setzen, und so erzählte ich die Geschichte stehend. Gerade durch diese Bescheidenheit verursachte ich aber dem jungen Mann offenbar Schwierigkeiten, denn er mußte das Gesicht zu mir herum und aufwärts drehn, falls er nicht seinen Sessel umstellen wollte und das wollte er nicht. Andererseits aber brachte er auch den Hals trotz aller Bereitwilligkeit nicht ganz herum und blickte deshalb während meiner Erzählung auf halbem Wege schief zur Zimmerdecke hinauf, ich unwillkürlich ihm nach. Als ich fertig war stand er langsam auf, klopfte mir auf die Schultern, sagte: So, so – so so, und schob mich in das Nebenzimmer, wo ein Herr mit wildwachsendem großen Bart uns offenbar erwartet hatte, denn auf seinem Tisch war keine Spur irgendeiner Arbeit zu sehn, dagegen führte eine offene Glastür zu einem kleinen Gärtchen mit Blumen und Sträuchern in Fülle. Eine kleine Information aus paar Worten bestehend, vom jungen Mann ihm zugeflüstert genügt dem Herrn um unsere vielfachen Beschwerden zu erfassen. Sofort stand er auf und sagte: Also mein lieber – er stockte, ich glaubte, er wolle meinen Namen wissen und ich machte deshalb schon den Mund auf, um mich neuerlich vorzustellen, aber er fuhr mir dazwischen: Ja, ja, es ist gut, es ist gut, ich kenne Dich

183

sehr genau – also Deine oder Euere Bitte ist gewiß berechtigt, ich und die Herren von der Direktion sind die letzten, die das nicht einsehen würden. Das Wohl der Leute, glaube mir, liegt uns mehr am Herzen als das Wohl des Werkes. Warum auch nicht? Das Werk kann aber wieder neu errichtet werden, es kostet nur Geld, zum Teufel mit dem Geld, geht aber ein Mensch zugrunde, so geht eben ein Mensch zugrunde, es bleibt die Witwe, die Kinder. Ach Du liebe Güte! Darum ist also jeder Vorschlag neue Sicherung, neue Erleichterung, neue Bequemlichkeit und Luxuriositäten einzuführen, uns hochwillkommen. Wer damit kommt, ist unser Mann. Du läßt uns also Deine Anregungen hier, wir werden sie genau prüfen, sollte noch irgendeine kleine blendende Neuigkeit angeheftet werden können, werden wir sie gewiß nicht unterschlagen und bis alles fertig ist, bekommt Ihr die neuen Lampen. Das aber sage Deinen Leuten unten: Solange wir nicht aus Euerem Stollen einen Salon gemacht haben, werden wir hier nicht ruhn und wenn Ihr nicht schließlich in Lackstiefeln umkommt, dann überhaupt nicht. Und damit schön empfohlen!

BCM 119 ff

*Ein Gesuch*

*An die Arbeiter-Unfall-Versicherungs-Anstalt in Prag*
*Prag, 11 Dezember 1912, Mittwoch*

Löblicher Vorstand!
Der ergebenst Gefertigte gestattet sich, einem löblichen Vorstande das höfliche Ersuchen um durchgreifende Regelung seiner Gehalts- und Rangsverhältnisse zu unterbreiten, wobei er bittet, die nachstehenden Gründe in wohlwollende Erwägung zu ziehen:

## DER GOTT DER ZUSAMMENGEBISSENEN ZÄHNE

Unbestritten ist, daß die Teuerung aller für den Lebensunterhalt in Betracht kommenden Faktoren schon seit einer ganzen Reihe von Jahren einen Grad erreicht hat, der allenthalben aufs Drückendste empfunden wird. Dieser Tatsache hat sich auch der löbliche Vorstand nicht verschlossen und hat – zuletzt und insbesondere in den Jahren 1910 und 1911 – die Gehaltsbezüge der großen Gruppen der Anstaltsangestellten einer durchgreifenden Neuregelung unterzogen. Diese Regelung, welche die empfindlichsten Bedürfnisse der in Betracht kommenden Beamtenkreise befriedigte, betraf nicht bloß die gesamte Beamtenschaft im engeren Sinne des Wortes d.i. diejenigen, für welche nach den Bestimmungen der Dienstpragmatik gegenwärtig die Absolvierung einer Mittelschule als Vorbildung erforderlich ist, sondern auch das gesamte männliche und weibliche Kanzleipersonal, ja sogar die Dienerschaft wurde bei dieser Regelung, die doch nur den allgemein herrschenden, unerträglich gewordenen Teuerungsverhältnissen Rechnung trug, mitberücksichtigt ...

Die Konzipisten der Anstalt giengen bei dieser Regelung der Gehälter, welche zur unabweislichen Konsequenz der Teuerung aller für den Lebensunterhalt nötigen Faktoren geworden war, völlig leer aus, obwohl gerade bei dieser Gruppe der Konzeptsbeamten die Regulierung der Bezüge die radikalste hätte sein müssen, wenn man ihre Gehälter in ein richtiges und gerechtes Verhältnis zu denjenigen der Beamtenschaft mit Mittelschulbildung einerseits und zu denjenigen der Beamtenschaft des höheren Konzeptsdienstes, insbesondere der Sekretäre, andererseits, hätte setzen wollen. Die allererste Voraussetzung einer derartigen durchgreifenden Regelung wäre gewesen, daß man das Gehaltsniveau der Konzipisten zunächst auf jene Höhe gehoben hätte, wie sie schon im Jahre 1904 für diese Beamtengruppe erreicht war, und dann erst wäre dieser auf das alte Niveau gebrachte Gehalt mit

Rücksicht auf die anerkannte Tatsache der Teuerung verhältnismäßig zu regulieren gewesen, wie dies übrigens für die höheren Conceptsbeamten geschehen ist. Während nämlich die
Bezüge aller übrigen Anstaltsangestellten entsprechend der
von Jahr zu Jahr überhandnehmenden Teuerung etappenweise naturgemäß eine Steigerung erfuhren, ist das Gehaltsniveau der Koncipisten nicht nur nicht gehoben, sondern in gegensätzlicher Bewegung zur Gehaltsaufbesserung aller anderen Beamtengruppen im Laufe der letzten Jahre immer noch
tiefer hinabgedrückt worden …

Auffallender noch zeigt sich die ungerechtfertigt schlechte
Stellung des ergebenst Gefertigten und seiner engeren Kollegen in gehaltlicher Hinsicht, wenn man erwägt, daß die Anstalt andererseits für die Beauftragtenposten Beamte mit blo
ßer Mittelschulbildung mit einem Anfangsgrundgehalte von
K 2400 bezw. K 2800 aufgenommen hat, also mit einem Gehalte, der im Staatsdienste erst in der X. Rangsklasse, und da
erst nach mehreren in dieser Rangsklasse zurückgelegten
Dienstjahren, erreicht wird, wobei die von ihnen geforderte
Vorpraxis bei diesem Vergleiche nicht in die Wagschale fällt,
da ja auch der Koncipist, soweit er nicht schon ohnehin eine
Vorpraxis außerhalb der Anstalt aufzuweisen hat, vor seiner
Ernennung zum Koncipisten eine längere Praxis in der Anstalt selbst durchmachen muß …

Der ergebenst Gefertigte erlaubt sich daher das höfliche Ersuchen zu stellen, der löbliche Vorstand wolle die angesuchte
durchgreifende Regelung seiner Gehalts- und Rangsverhältnisse in der Art durchführen, daß er den ergebenst Unterzeichneten seinen engern Kollegen beim kgl. böhm. Landesausschusse in Prag nach beiden bezeichneten Richtungen
hin gleichstellt. Er bittet, bei dieser Gleichstellung in gehaltlicher Hinsicht, den Grundgehalt als maßgebend anzusehen, da
lediglich dieser die Beamten nach Rang und Charakter unter

DER GOTT DER ZUSAMMENGEBISSENEN ZÄHNE

einander unterscheidet, während die sogenannten Nebenbe-
züge, die für alle Beamte die relativ gleiche Höhe besitzen,
bloß dazu bestimmt sind, den Grundgehalt mit Rücksicht auf
die Teuerungsverhältnisse zeitgemäß auszugleichen. Beim
kgl. böhm. Landesauschusse in Prag erfolgt die Ernennung
des Konceptsbeamten nach 3 als Koncipist zurückgelegten
Dienstjahren zum Vicesekretär mit einem Grundgehalte von
K 3600-. Dementsprechend erlaubt sich der ergebenst Gefertigte die Bite zu stellen, der hochlöbliche Vorstand wolle seine Einreihung in die 1. Gehaltsstufe der III. Rangsklasse (3600
K) des Gehaltsschemas der Anstaltsbeamten sowie seine Er-
nennung zum Vizesekretär bezw. Komissär (wie bei den
Schwesteranstalten in Graz und Salzburg) gütigst vollziehen.
Prag, am 11. Dezember 1912
Dr. Franz Kafka
Koncipist der Anstalt

BR1 319–326

*Alles muß er sich erzwingen*

Alles, selbst das Gewöhnlichste, etwa das Bedientwerden in
einem Restaurant, muß er sich erst mit Hilfe der Polizei erzwingen. Das nimmt dem Leben alle Behaglichkeit.

HAL 304

*Viele Richter*

Er hat viele Richter, sie sind wie ein Heer von Vögeln, das in
einem Baum sitzt. Ihre Stimmen gehen durcheinander, die
Rang- und Zuständigkeitsfragen sind nicht zu entwirren,

auch werden die Plätze fortwährend gewechselt. Einzelne erkennt man aber doch wieder heraus, zum Beispiel einen, welcher der Meinung ist, man müsse nur einmal zum Guten übergehn und sei schon gerettet ohne Rücksicht auf die Vergangenheit und sogar ohne Rücksicht auf die Zukunft.

HAL 304

## Der Nachbar

Mein Geschäft ruht ganz auf meinen Schultern. Zwei Fräulein mit Schreibmaschinen und Geschäftsbüchern im Vorzimmer, mein Zimmer mit Schreibtisch, Kassa, Beratungstisch, Klubsessel und Telephon, das ist mein ganzer Arbeitsapparat. So einfach zu überblicken, so leicht zu führen. Ich bin jung und die Geschäfte rollen vor mir her, ich klage nicht. Ich klage nicht. Seit Neujahr hat ein junger Mann die kleine leerstehende Nebenwohnung, die ich ungeschickter Weise so lange zu mieten gezögert habe, frischweg gemietet. Auch ein Zimmer mit Vorzimmer, außerdem aber noch eine Küche. Zimmer und Vorzimmer hätte ich wohl brauchen können, meine zwei Fräulein fühlen sich schon manchmal überlastet, – aber wozu hätte mir die Küche gedient. Dieses kleinliche Bedenken war daran schuld, daß ich mir die Wohnung habe wegnehmen lassen. Nun sitzt dort dieser junge Mann. Harras heißt er. Was er dort eigentlich macht weiß ich nicht. Auf der Tür steht nur »Harras, Bureau«. Ich habe Erkundigungen eingezogen, man hat mir mitgeteilt es sei ein Geschäft ähnlich dem meinigen, vor Kreditgewährung könne man nicht geradezu warnen, denn es handle sich doch um einen jungen aufstrebenden Mann, dessen Sache vielleicht Zukunft habe, doch könne man zum Kredit auch nicht geradezu raten, denn gegenwärtig sei allem Anschein nach kein Vermögen vorhanden. Die übliche

DER GOTT DER ZUSAMMENGEBISSENEN ZÄHNE

Auskunft, die man gibt, wenn man nichts weiß. Manchmal
treffe ich Harras auf der Treppe, er muß es immer außerordentlich eilig haben, er huscht förmlich an mir vorüber, genau
gesehn habe ich ihn noch gar nicht, den Bureauschlüssel hält
er schon vorbereitet in der Hand, im Augenblick hat er die Tür
geöffnet, wie der Schwanz einer Ratte ist er hineingeglitten,
und ich stehe nur wieder vor der Tafel »Harras, Bureau«, die
ich schon viel öfter gelesen habe, als sie es verdient. Die elend
dünnen Wände, die den ehrlich tätigen Mann verraten, den
Unehrlichen aber decken. Mein Telephon ist an der Zimmerwand angebracht die mich von meinem Nachbar trennt, doch
hebe ich das bloß als besonders ironische Tatsache hervor,
selbst wenn es an der entgegengesetzten Wand hieng, würde
man in der Nebenwohnung alles hören. Ich habe mir abge-
wöhnt, den Namen der Kunden beim Telephon zu nennen,
aber es gehört natürlich nicht viel Schlauheit dazu, aus cha-
rakteristischen aber unvermeidlichen Wendungen des Ge-
sprächs die Namen zu erraten. Manchmal umtanze ich, die
Hörmuschel am Ohr, von Unruhe gestachelt, auf den Fußspitzen den Apparat, und kann es doch nicht verhüten daß Geheimnisse preisgegeben werden. Natürlich werden dadurch
beim Telephonieren auch meine Geschäftlichen Entscheidungen unsicherer, meine Stimme zittrig. Was macht Harras,
während ich telephoniere? Wollte ich sehr übertreiben, aber
das muß man oft, um sich Klarheit zu verschaffen, so könnte
ich sagen: Harras braucht kein Telephon, er benutzt meines,
er hat sein Kanapee an die Wand gerückt und horcht, ich dagegen muß, wenn geläutet wird zum Telephon laufen, die
Wünsche des Kunden entgegennehmen, schwerwiegende
Entschlüsse fassen, großangelegte Überredungen ausführen,
vor allem aber während des Ganzen unwillkürlich durch die
Zimmerwand Harras Bericht erstatten. Vielleicht wartet er
gar nicht das Ende des Gespräches ab, sondern erhebt sich

nach der Gesprächsstelle die ihn über den Fall genügend aufgeklärt hat, huscht nach seiner Gewohnheit durch die Stadt und ehe ich die Hörmuschel aufgehängt habe, ist er vielleicht schon daran, mir entgegenzuarbeiten.

BCM 90 f

## Die große Portiersloge

Karl beeilte sich wie er nur konnte, um nur beim Haupttor eine Belästigung zu vermeiden, aber es gieng alles viel langsamer, als er wollte. Zuerst war Bess nicht gleich zu finden und jetzt in der Frühstückszeit war alles voll Menschen, dann zeigte sich, daß ein Junge sich Karls alte Hosen ausgeborgt hatte und Karl mußte die Kleiderständer bei fast allen Betten absuchen, ehe er diese Hosen fand, so daß wohl fünf Minuten vergangen waren, ehe Karl zum Haupttor kam. Gerade vor ihm gieng eine Dame mitten zwischen vier Herren. Sie giengen alle auf ein großes Automobil zu, das sie erwartete und dessen Schlag bereits ein Lakai geöffnet hielt während er den freien linken Arm seitwärts wagrecht und steif ausstreckte, was höchst feierlich aussah. Aber Karl hatte umsonst gehofft, hinter dieser vornehmen Gesellschaft unbemerkt hinauszukommen. Schon faßte ihn der Oberportier bei der Hand und zog ihn zwischen zwei Herren hindurch, die er um Verzeihung bat, zu sich hin. »Das soll eine Viertelminute gewesen sein«, sagte er und sah Karl von der Seite an, als beobachte er eine schlecht gehende Uhr. »Komm einmal her«, sagte er dann und führte ihn in die große Portiersloge, die Karl zwar schon längst einmal anzusehen Lust gehabt hatte, in die er aber jetzt von dem Portier geschoben nur mit Mißtrauen eintrat. Er war schon in der Tür, als er sich umwendete und den Versuch machte, den Oberportier wegzuschieben und wegzukommen.

»Nein, nein, hier geht man hinein«, sagte der Oberportier und drehte Karl um. »Ich bin doch schon entlassen«, sagte Karl und meinte damit, daß ihm im Hotel niemand mehr etwas zu befehlen habe. »Solange ich Dich halte bist Du nicht entlassen«, sagte der Portier, was allerdings auch richtig war.

Karl fand schließlich auch keine Ursache, warum er sich gegen den Portier wehren sollte. Was konnte ihm denn auch im Grunde noch geschehn? Überdies bestanden die Wände der Portiersloge ausschließlich aus ungeheueren Glasscheiben, durch die man die Menge der im Vestibul gegeneinanderströmenden Menschen deutlich sah, als wäre man mitten unter ihnen. Ja es schien in der ganzen Portierloge keinen Winkel zu geben, in dem man sich vor den Augen der Leute verbergen konnte. So eilig es dort draußen die Leute zu haben schienen, denn mit ausgestrecktem Arm, mit gesenktem Kopf, mit spähenden Augen, mit hochgehaltenen Gepäckstücken suchten sie ihren Weg, so versäumte doch kaum einer einen Blick in die Portiersloge zu werfen, denn hinter deren Scheiben waren immer Ankündigungen und Nachrichten ausgehängt, die sowohl für die Gäste als für das Hotelpersonal Wichtigkeit hatten. Außerdem aber bestand noch ein unmittelbarer Verkehr der Portiersloge mit dem Vestibul, denn an zwei großen Schiebefenstern saßen zwei Unterportiere und waren unaufhörlich damit beschäftigt Auskünfte in den verschiedensten Angelegenheiten zu erteilen. Das waren geradezu überbürdete Leute und Karl hätte behaupten wollen, daß der Oberportier, wie er ihn kannte, sich in seiner Laufbahn um diese Posten herumgewunden hatte. Diese zwei Auskunftserteiler hatten – von außen konnte man sich das nicht richtig vorstellen – in der Öffnung des Fensters immer zumindest zehn fragende Gesichter vor sich. Unter diesen zehn Fragern die immerfort wechselten war oft ein Durcheinander von Sprachen, als sei jeder einzelne von einem andern Lande abgesendet. Immer fragten einige gleichzeitig, immer redeten außerdem einzelne untereinander. Die meisten wollten etwas aus der Portiersloge holen oder etwas dort abgeben, so sah man immer auch ungeduldig fuchtelnde Hände aus dem Gedränge ragen. Einmal hatte einer ein Begehren wegen irgendeiner Zeitung, die sich unversehens von der Höhe aus entfaltete und für einen Augenblick alle Gesichter verhüllte. Allem diesen mußten nun die zwei Unterportiere standhalten. Bloßes Reden hätte für ihre Aufgabe nicht genügt, sie plapperten, besonders der eine, ein düsterer Mann mit einem das ganze Gesicht umgebenden dunklen Bart, gab die Auskünfte ohne die geringste Unterbrechung. Er sah weder auf die Tischplatte, wo er fortwährend Handreichungen auszuführen hatte, noch auf das Gesicht dieses oder jenes Fragers, sondern ausschließlich starr vor sich, offenbar um seine Kräfte zu sparen und zu sammeln. Übrigens störte wohl sein Bart ein wenig die Verständlichkeit seiner Rede und Karl konnte in dem Weilchen, während dessen er bei ihm stehen blieb, sehr wenig von dem Gesagten auffassen, wenn es auch möglicherweise trotz des englischen Beiklanges gerade fremde Sprachen waren, die er gebrauchen mußte. Außerdem beirrte es daß sich eine Auskunft so knapp an die andere anschloß und in sie übergieng, so daß oft noch ein Frager mit gespanntem Gesicht zuhorchte, da er glaubte, es gehe noch um seine Sache, um erst nach einem Weilchen zu merken, daß er schon erledigt war. Gewöhnen mußte man sich auch daran, daß der Unterportier niemals bat, eine Frage zu wiederholen, selbst wenn sie im Ganzen verständlich und nur ein wenig undeutlich gestellt war, ein kaum merkliches Kopfschütteln verriet dann, daß er nicht die Absicht habe, diese Frage zu beantworten und es war Sache des Fragestellers, seinen eigenen Fehler zu erkennen und die Frage besser zu formulieren. Besonders damit verbrachten manche Leute sehr lange Zeit vor dem Schalter. Zur

DER GOTT DER ZUSAMMENGEBISSENEN ZÄHNE

Unterstützung der Unterportiere war jedem ein Laufbursche beigegeben, der im gestreckten Lauf von einem Bücherregal und aus verschiedenen Kästen alles beizubringen hatte was der Unterportier gerade benötigte. Das waren die bestbezahlten wenn auch anstrengendsten Posten, die es im Hotel für ganz junge Leute gab, in gewissem Sinne waren sie auch noch ärger daran als die Unterportiere, denn diese hatten bloß nachzudenken und zu reden, während diese jungen Leute gleichzeitig nachdenken und laufen mußten. Brachten sie einmal etwas unrichtiges herbei, so konnte sich natürlich der Unterportier in der Eile nicht damit aufhalten, ihnen lange Belehrungen zu geben, er warf vielmehr einfach das, was sie ihm auf den Tisch legten, mit einem Ruck vom Tisch herunter. Sehr interessant war die Ablösung der Unterportiere, die gerade kurz nach dem Eintritt Karls stattfand. Eine solche Ablösung mußte natürlich wenigstens während des Tages öfters stattfinden, denn es gab wohl kaum einen Menschen, der es länger als eine Stunde hinter dem Schalter ausgehalten hätte. Zur Ablösungszeit ertönte nun eine Glocke und gleichzeitig traten aus einer Seitentüre die zwei Unterportiere, die jetzt an die Reihe kommen sollten, jeder von seinem Laufjungen gefolgt. Sie stellten sich vorläufig untätig beim Schalter auf und betrachteten ein Weilchen die Leute draußen, um festzustellen, in welchem Stadium sich gerade die augenblickliche Fragebeantwortung befand. Schien ihnen der Augenblick passend, um einzugreifen, klopften sie dem abzulösenden Unterportier auf die Schulter, der, trotzdem er sich bisher um nichts, was hinter seinem Rücken vorgieng, gekümmert hatte, sofort verstand und seinen Platz freimachte. Das ganze gieng so rasch, daß es oft die Leute draußen überraschte und sie aus Schrecken über das so plötzlich vor ihnen auftauchende neue Gesicht fast zurückwichen. Die abgelösten zwei Männer streckten sich und begossen dann über zwei bereitstehenden

193

Waschbecken ihre heißen Köpfe, die abgelösten Laufjungen durften sich aber noch nicht strecken, sondern hatten noch ein Weilchen damit zu tun, die während ihrer Dienststunden auf den Boden geworfenen Gegenstände aufzuheben und an ihren Platz zu legen.

DV 196–200

### Poseidon war überdrüssig

Poseidon war überdrüssig seiner Meere. Der Dreizack entfiel ihm. Still saß er an felsiger Küste und eine von seiner Gegenwart betäubte Möwe zog schwankende Kreise um sein Haupt.

BCM 224

### Poseidon bei der Arbeit

Poseidon saß an seinem Arbeitstisch und rechnete. Die Verwaltung aller Gewässer gab ihm unendliche Arbeit. Er hätte Hilfskräfte haben können wie viel er wollte und er hatte auch sehr viele, aber da er sein Amt sehr ernst nahm, rechnete er alles noch einmal durch und so halfen ihm die Hilfskräfte wenig. Man kann nicht sagen daß ihn die Arbeit freute, er führte sie eigentlich nur aus weil sie ihm auferlegt war, ja er hatte sich schon oft um fröhlichere Arbeit, wie er sich ausdrückte beworben, aber immer wenn man ihm dann verschiedene Vorschläge machte, zeigte es sich, daß ihm doch nichts so zusagte, wie sein bisheriges Amt. Es war auch sehr schwer, etwas anderes für ihn zu finden. Man konnte ihm doch unmöglich etwa ein bestimmtes Meer zuweisen, abgesehen davon daß auch hier die rechnerische Arbeit nicht kleiner sondern nur kleinlicher war, konnte der große Poseidon doch immer nur

194

DER GOTT DER ZUSAMMENGEBISSENEN ZÄHNE

eine beherrschende Stellung bekommen. Und bot man ihm
eine Stellung außerhalb des Wassers an, wurde ihm schon von
der Vorstellung übel, sein göttlicher Atem geriet in Unordnung, sein eherner Brustkorb schwankte. Übrigens nahm man
seine Beschwerden nicht eigentlich ernst; wenn ein Mächtiger
quält, muß man ihm auch in der aussichtslosesten Angelegenheit scheinbar nachzugeben versuchen; an eine wirkliche Ent-
hebung Poseidons von seinem Amt dachte niemand, seit Ur-
beginn war er zum Gott der Meere bestimmt worden und dabei mußte es bleiben.

Am meisten ärgerte er sich – und dies verursachte hauptsächlich seine Unzufriedenheit mit dem Amt – wenn er von
den Vorstellungen hörte, die man sich von ihm machte, wie er
etwa immerfort mit dem Dreizack durch die Fluten kutschie-
re. Unterdessen saß er hier in der Tiefe des Weltmeeres und
rechnete ununterbrochen, hie und da eine Reise zu Jupiter
war die einzige Unterbrechung der Eintönigkeit, eine Reise
übrigens, von der er meistens wütend zurückkehrte. So hatte
er die Meere kaum gesehn, nur flüchtig beim eiligen Aufstieg
zum Olymp, und niemals wirklich durchfahren. Er pflegte zu
sagen, er warte damit bis zum Weltuntergang, dann werde
sich wohl noch ein stiller Augenblick ergeben, wo er knapp
vor dem Ende nach Durchsicht der letzten Rechnung noch
schnell eine kleine Rundfahrt werde machen können.

ZFG 130 f


*Das Geschäft der Priester*

Auf der Freitreppe des Tempels kniet ein Priester und verwandelt alle Bitten und Klagen der Gläubigen die zu ihm
kommen in Gebete, oder vielmehr er verwandelt nichts sondern wiederholt nur das ihm Gesagte laut und vielmals. Es

kommt z. B. ein Kaufmann und klagt, daß er heute einen großen Verlust gehabt hat und daß infolgedessen sein Geschäft
zugrundegeht. Darauf der Priester – er kniet auf einer Stufe,
hat auf eine höhere Stufe die Hände flach hingelegt und
schaukelt beim Beten auf und ab –: A. hat heute einen großen
Verlust gehabt, sein Geschäft geht zugrunde. A. hat heute
einen großen Verlust gehabt, sein Geschäft geht zugrunde
u. s. f.

ZFG 139

## Zur Frage der Gesetze

Unsere Gesetze sind leider nicht allgemein bekannt, sie sind
Geheimnis der kleinen Adelsgruppe, welche uns beherrscht.
Wir sind davon überzeugt, daß diese alten Gesetze genau ein-
gehalten werden, aber es ist doch etwas äußerst Quälendes
nach Gesetzen beherrscht zu werden, die man nicht kennt.
Ich denke hiebei nicht an die verschiedenen Auslegungsmög-
lichkeiten und die Nachteile, die es mit sich bringt, wenn nur
Einzelne und nicht das ganze Volk an der Auslegung sich beteiligen dürfen. Diese Nachteile sind vielleicht gar nicht sehr
groß. Die Gesetze sind ja so alt, Jahrhunderte haben an ihrer
Auslegung gearbeitet, auch diese Auslegung ist wohl schon
Gesetz geworden, die möglichen Freiheiten bei der Auslegung
bestehn zwar immer noch, sind aber sehr eingeschränkt. Außerdem hat offenbar der Adel keinen Grund sich bei der Auslegung von seinem persönlichen Interesse zu unsern Ungunsten beeinflussen zu lassen, denn die Gesetze sind ja von ihrem Beginne an für den Adel festgelegt worden, der Adel steht
außerhalb des Gesetzes und gerade deshalb scheint das Gesetz
sich ausschließlich in die Hände des Adels gegeben zu haben.
Darin liegt natürlich Weisheit – wer zweifelt die Weisheit der

196

DER GOTT DER ZUSAMMENGEBISSENEN ZÄHNE

alten Gesetze an? – aber eben auch Qual für uns, wahrscheinlich ist das unumgänglich.

Übrigens können auch diese Schein-Gesetze eigentlich nur
vermutet werden. Es ist eine Tradition, daß sie bestehn und
dem Adel als Geheimnis anvertraut sind, aber mehr als alte
und durch ihr Alter glaubwürdige Tradition ist es nicht und
kann es nicht sein, denn der Charakter dieser Gesetze verlangt auch das Geheim-halten ihres Bestandes. Wenn wir im
Volk also seit ältesten Zeiten die Handlungen des Adels aufmerksam verfolgen, Aufschreibungen unserer Ureltern darüber besitzen und sie gewissenhaft fortgesetzt haben und
wenn wir in den zahllosen Tatsachen gewisse Richtlinien zu
erkennen glauben, die auf diese oder jene gesetzliche Bestimmung schließen lassen und wenn wir nach diesen sorgfältigst
gesiebten und geordneten Schlußfolgerungen uns für die Gegenwart und Zukunft ein wenig einzurichten suchen – so ist
das alles höchst unsicher und vielleicht nur ein Spiel des Ver-
standes, denn vielleicht bestehen diese Gesetze die wir hier zu
erraten suchen überhaupt nicht. Es gibt eine kleine Partei, die
wirklich dieser Meinung ist und die nachzuweisen sucht, daß,
wenn ein Gesetz besteht, es nur lauten kann: Was der Adel tut,
ist Gesetz. Diese Partei sieht nur Willkürakte des Adels und
verwirft die Volkstradition, die ihrer Meinung nach nur geringen zufälligen Nutzen bringt, dagegen meistens schweren
Schaden, da sie dem Volk den kommenden Ereignissen gegenüber eine falsche trügerische zu Leichtsinn führende Sicherheit gibt. Dieser Schaden ist nicht zu leugnen, aber die
beiweitem überwiegende Mehrheit unseres Volkes sieht die
Ursache dessen darin, daß die Tradition noch beiweitem nicht
ausreicht, daß also noch viel mehr in ihr geforscht werden
muß und daß allerdings auch ihr Material, so riesenhaft es
uns scheint, noch viel zu klein ist und daß noch Jahrhunderte vergehen müssen ehe es genügen wird. Das für die Gegen-

wart Trübe dieses Ausblicks erhellt nur der Glaube, daß einmal eine Zeit kommen wird, wo die Tradition und ihre Forschung gewissermaßen aufatmend den Schlußpunkt macht, alles klar geworden ist, das Gesetz nun dem Volk gehört und der Adel verschwindet. Das wird nicht etwa mit Haß gegen den Adel gesagt, durchaus nicht und von niemandem, eher hassen wir uns selbst, weil wir noch nicht des Gesetzes gewürdigt werden können. Und darum eigentlich ist jene in gewissem Sinn doch sehr verlockende Partei, welche an kein eigentliches Gesetz glaubt, so klein geblieben, weil auch sie den Adel und das Recht seines Bestandes vollkommen anerkennt. Man kann es eigentlich nur in einer Art Widerspruch ausdrücken: Eine Partei die neben dem Glauben an die Gesetze auch den Adel verwerfen würde, hätte sofort das ganze Volk hinter sich, aber eine solche Partei kann nicht entstehn, weil den Adel niemand zu verwerfen wagt. Auf dieses Messers Schneide leben wir. Ein Schriftsteller hat das einmal so zusammengefaßt: Das einzige sichtbare zweifellose Gesetz, das uns auferlegt ist, ist der Adel und um dieses einzige Gesetz sollten wir uns selbst bringen wollen?

ZFG 106 ff

### Noch viel weiter

Unser Städtchen liegt nicht etwa an der Grenze, bei weitem nicht, zur Grenze ist noch so weit, daß vielleicht noch niemand aus dem Städtchen dort gewesen ist, wüste Hochländer sind zu durchqueren, aber auch weite fruchtbare Länder. Man wird müde wenn man sich nur einen Teil des Weges vorstellt und mehr als einen Teil kann man sich gar nicht vorstellen. Auch große Städte liegen auf dem Weg, viel größer als unser Städtchen. Zehn solche Städtchen nebeneinander gelegt und

von oben noch zehn solche Städtchen hineingezwängt ergeben noch keine dieser riesigen und engen Städte. Verirrt man
sich nicht auf dem Weg dorthin, so verirrt man sich in den
Städten gewiß und ihnen auszuweichen ist wegen ihrer Größe unmöglich.

Aber doch noch weiter als bis zur Grenze ist, wenn man solche Entfernungen überhaupt vergleichen kann – es ist so wie
wenn man sagte, ein dreihundertjähriger Mann ist älter als ein
zweihundertjähriger – also noch viel weiter, als bis zur Grenze ist es von unserem Städtchen zur Hauptstadt. Während wir
von den Grenzkriegen hie und da doch Nachrichten bekommen, erfahren wir aus der Hauptstadt fast nichts, wir bürger-
lichen Leute meine ich, denn die Regierungsbeamten haben
allerdings eine sehr gute Verbindung mit der Hauptstadt; in
zwei, drei Monaten können sie schon eine Nachricht von dort
haben, wenigstens behaupten sie es.

Und nun ist es merkwürdig und darüber wundere ich mich
immer wieder von neuem, wie wir uns in unserem Städtchen
allem ruhig fügen was von der Hauptstadt aus angeordnet
wird. Seit Jahrhunderten hat bei uns keine von den Bürgern
selbst ausgehende politische Veränderung stattgefunden. In
der Hauptstadt haben die hohen Herrscher einander abgelöst,
ja sogar Dynastien sind ausgelöscht oder abgesetzt worden
und neue haben begonnen, im vorigen Jahrhundert ist sogar
die Hauptstadt selbst zerstört, eine neue weit von ihr gegrün-
det, später auch diese zerstört und die alte wieder aufgebaut
worden, auf unser Städtchen hat das eigentlich keinen Einfluß
gehabt. Unsere Beamtenschaft war immer auf ihrem Posten,
die höchsten Beamten kamen aus der Hauptstadt, die mittle-
ren Beamten zumindest von auswärts, die niedrigsten aus unserer Mitte und so blieb es und so hat es uns genügt. Der höchste Beamte ist der Obersteuereinnehmer, er hat den Rang eines
Obersten und wird auch so genannt. Heute ist er ein alter

Mann, ich kenne ihn aber schon seit Jahren, denn schon in meiner Kinderzeit war er Oberst, er hat zuerst eine sehr schnelle Karriere gemacht, dann scheint sie aber gestockt zu haben, nun für unser Städtchen reicht sein Rang aus, einen höheren Rang wären wir bei uns gar nicht aufzunehmen fähig. Wenn ich mir ihn vorzustellen suche, sehe ich ihn auf der Veranda seines Hauses auf dem Marktplatz sitzen, zurückgelehnt, die Pfeife im Mund. Über ihm weht vom Dach die Reichsfahne, an den Seiten der Veranda, die so groß ist, daß dort manchmal auch kleine militärische Übungen stattfinden, ist die Wäsche zum Trocknen ausgehängt. Seine Enkel, in schönen seidenen Kleidern, spielen um ihn herum, auf den Marktplatz hinunter dürfen sie nicht gehn, die andern Kinder sind ihrer unwürdig, aber doch lockt sie der Platz und sie stecken wenigstens die Köpfe zwischen den Geländerstangen durch und wenn die andern Kinder unten streiten, streiten sie von oben mit.

Dieser Oberst also beherrscht die Stadt. Ich glaube, er hat noch niemandem ein Dokument vorgezeigt, das ihn dazu berechtigt. Er hat wohl auch kein solches Dokument. Vielleicht ist er wirklich Obersteuereinnehmer, aber ist das alles?, berechtigt ihn das auch in allen Gebieten der Verwaltung zu herrschen? Sein Amt ist ja für den Staat sehr wichtig, aber für die Bürger ist es doch nicht das Wichtigste. Bei uns hat man fast den Eindruck als ob die Leute sagten: »Nun hast Du uns alles genommen was wir hatten, nun nimm bitte auch uns selbst noch dazu.« Denn tatsächlich hat er nicht etwa die Herrschaft an sich gerissen und ist auch kein Tyrann. Es hat sich seit alten Zeiten so entwickelt, daß der Obersteuereinnehmer der erste Beamte ist und der Oberst fügt sich dieser Tradition nicht anders als wir.

Aber doch, trotzdem er ohne allzuviel Unterscheidungen der Würde unter uns lebt, ist er doch etwas ganz anderes als die gewöhnlichen Bürger. Wenn eine Abordnung mit einer

## DER GOTT DER ZUSAMMENGEBISSENEN ZÄHNE

Bitte vor ihn kommt, steht er da wie die Mauer der Welt. Hinter ihm ist nichts mehr, man hört förmlich dort weiterhin noch ahnungsweise paar Stimmen flüstern, aber das ist wahrscheinlich Täuschung, er bedeutet doch den Abschluß des Ganzen, wenigstens für uns. Man muß ihn bei solchen Empfängen gesehen haben. Als Kind war ich einmal dabei, als eine Abordnung der Bürgerschaft ihn um eine Regierungsunterstützung bat, denn das ärmste Stadtviertel war gänzlich niedergebrannt. Mein Vater, der Hufschmied, ist in der Gemeinde angesehn, war Mitglied der Abordnung und hatte mich mitgenommen. Das ist nichts außergewöhnliches, zu einem solchen Schauspiel drängt sich alles, man erkennt die eigentliche Abordnung kaum aus der Menge heraus; da solche Empfänge meist auf der Veranda stattfinden, gibt es auch Leute, die vom Marktplatz her auf Leitern hinaufklettern und über das Geländer hinweg an den Dingen oben teilnehmen. Damals war es so eingerichtet, daß etwa ein Viertel der Veranda ihm vorbehalten war, den übrigen Teil füllte die Menge. Einige Soldaten überwachten alles, auch umstanden sie in einem Halbkreis ihn selbst. Im Grunde hätte ein Soldat für alles genügt, so groß ist bei uns die Furcht vor ihnen. Ich weiß nicht genau von wo diese Soldaten kommen, jedenfalls von weit her, alle sind sie einander sehr ähnlich, sie würden nicht einmal eine Uniform brauchen. Es sind kleine, nicht starke, aber behende Leute, am auffallendsten ist an ihnen das starke Gebiß, das förmlich allzusehr ihren Mund füllt, und dann ein gewisses unruhig zuckendes Blitzen ihrer kleinen schmalen Augen. Durch dieses beides sind sie der Schrecken der Kinder, allerdings auch ihre Lust, denn immerfort möchten die Kinder vor diesem Gebiß und diesen Augen erschrecken wollen, um dann verzweifelt wegzulaufen. Dieser Schrecken aus der Kinderzeit verliert sich wahrscheinlich auch bei den Erwachsenen nicht, zumindest wirkt er nach. Es kommt dann freilich

201

auch noch anderes hinzu. Die Soldaten sprechen einen uns ganz unverständlichen Dialekt, können sich an unsern kaum gewöhnen, dadurch ergibt sich bei ihnen eine gewisse Abgeschlossenheit, Unnahbarkeit, die überdies auch ihrem Charakter entspricht, so still, ernst und starr sind sie, sie tun nichts eigentlich Böses und sind doch in einem bösen Sinn fast unerträglich. Es kommt z. B. ein Soldat in ein Geschäft, kauft eine Kleinigkeit, und bleibt dort nun an den Pult gelehnt stehn, hört den Gesprächen zu, versteht sie wahrscheinlich nicht, aber es hat doch den Anschein als ob er sie verstünde, sagt selbst kein Wort, blickt nur starr auf den welcher spricht, dann wieder auf die welche zuhören und hält die Hand auf dem Griff des langen Messers in seinem Gürtel. Das ist abscheulich, man verliert die Lust an der Unterhaltung, der Laden leert sich und erst wenn er ganz leer ist, geht auch der Soldat. Wo also die Soldaten auftreten wird auch unser lebhaftes Volk still. So war es auch damals. Wie bei allen feierlichen Gelegenheiten stand der Oberst aufrecht und hielt mit den nach vorn ausgestreckten Händen zwei lange Bambusstangen. Es ist eine alte Sitte die etwa bedeutet: So stützt er das Gesetz und so stützt es ihn. Nun weiß ja jeder was ihn oben auf der Veranda erwartet und doch pflegt man immer wieder von neuem zu erschrecken, auch damals wollte der zum Reden Bestimmte nicht anfangen, er stand schon dem Obersten gegenüber, aber dann verließ ihn der Mut und er drängte sich wieder unter verschiedenen Ausreden in die Menge zurück. Auch sonst fand sich kein Geeigneter der bereit gewesen wäre zu sprechen – von den Ungeeigneten boten sich allerdings einige an – es war eine große Verwirrung und man sandte Boten an verschiedene Bürger, bekannte Redner, aus. Während dieser ganzen Zeit stand der Oberst unbeweglich da, nur im Atmen hob und senkte sich auffallend die Brust. Nicht daß er etwa schwer geatmet hätte, er atmete nur äußerst deutlich, so wie

## DER GOTT DER ZUSAMMENGEBISSENEN ZÄHNE

z. B. Frösche atmen, nur daß es bei ihnen immer so ist, hier
aber war es außerordentlich. Ich schlich mich zwischen den
Erwachsenen durch und beobachtete ihn durch die Lücke
zwischen zwei Soldaten solange bis mich einer mit dem Knie
wegstieß. Inzwischen hatte sich der ursprünglich zum Redner
Bestimmte gesammelt und von zwei Mitbürgern fest gestützt
hielt er die Ansprache. Rührend war, wie er bei dieser ernsten
das große Unglück schildernden Rede immer lächelte, ein al-
lerdemütigstes Lächeln, das sich vergeblich anstrengte auch
nur einen leichten Widerschein auf dem Gesicht des Obersten
hervorzurufen. Schließlich formulierte er die Bitte, ich glaube, er bat nur um Steuerbefreiung für ein Jahr, vielleicht aber
auch noch um billigeres Bauholz aus den kaiserlichen Wäldern. Dann verbeugte er sich tief und blieb in der Verbeu-
gung, ebenso wie alle andern außer dem Obersten, den Soldaten und einigen Beamten im Hintergrund. Lächerlich war es
für das Kind, wie die auf den Leitern am Verandarand paar
Sprossen hinunterstiegen um während dieser entscheidenden
Pause nicht gesehen zu werden und nur neugierig unten
knapp über dem Boden der Veranda von Zeit zu Zeit spio-
nierten. Das dauerte eine Weile, dann trat ein Beamter, ein
kleiner Mann, vor den Obersten, suchte sich auf den Fußspitzen zu ihm emporzuheben, erhielt von ihm, der noch immer
bis auf das tiefe Atmen unbeweglich blieb etwas ins Ohr geflü-
stert, klatschte in die Hände, worauf sich alle erhoben, und
verkündete: »Die Bitte ist abgewiesen. Entfernt Euch.« Ein
unleugbares Gefühl der Erleichterung ging durch die Menge,
alles drängte sich hinaus, auf den Obersten, der förmlich wieder ein Mensch wie wir alle geworden war, achtete kaum jemand besonders, ich sah nur, wie er tatsächlich erschöpft die
Stangen losließ, die hinfielen, in einen von Beamten herbeige-
schleppten Lehnstuhl sank und eilig die Tabakpfeife in den
Mund schob.

Dieser ganze Vorfall ist nicht vereinzelt, so geht es allgemein zu. Es kommt zwar vor, daß hie und da kleine Bitten erfüllt werden, aber dann ist es so, als hätte dies der Oberst auf eigene Verantwortung als mächtige Privatperson getan, es muß – gewiß nicht ausdrücklich, aber der Stimmung nach – förmlich vor der Regierung geheimgehalten werden. Nun sind ja in unserem Städtchen die Augen des Obersten, soweit wir es beurteilen können, auch die Augen der Regierung, aber doch wird hier ein Unterschied gemacht, in den vollständig nicht einzudringen ist.

In wichtigen Angelegenheiten aber kann die Bürgerschaft einer Abweisung immer sicher sein. Und nun ist es eben so merkwürdig, daß man ohne diese Abweisung gewissermaßen nicht auskommen kann und dabei ist dieses Hingehn und Abholen der Abweisung durchaus keine Formalität. Immer wieder frisch und ernst geht man hin und geht dann wieder von dort allerdings nicht geradezu gekräftigt und beglückt, aber doch auch gar nicht enttäuscht und müde.

Es gibt allerdings so weit meine Beobachtungen reichen, eine gewisse Altersklasse, die nicht zufrieden ist, es sind etwa die jungen Leute zwischen siebzehn und zwanzig. Also ganz junge Burschen, die die Tragweite des unbedeutendsten, wie erst gar eines revolutionären Gedankens nicht von der Ferne ahnen können. Und gerade unter sie schleicht sich die Unzufriedenheit ein

ZFG 100–6

*Der Unterstaatsanwalt*

Es ist für die persönlichen Verhältnisse des Unterstaatsanwalts an und für sich sehr bedauerlich, daß er nur einen so niedrigen Rang einnimmt, seinem eigentlichen Bestreben

## DER GOTT DER ZUSAMMENGEBISSENEN ZÄHNE

aber würde es vielleicht nicht einmal genügen Oberstaatsanwalt zu sein. Er müßte ein noch viel höherer Staatsanwalt werden, um auch nur alle Dummheit die er vor seinen Augen sieht, unter wirksame Anklage setzen zu können. Zur Anklage gegen den Bezirksrichter würde er sich dabei wahrhaftig nicht herablassen, er würde ihn von der Höhe seines Anklägersitzes nicht einmal erkennen. Wohl aber würde er rings herum eine so schöne Ordnung schaffen, daß der Bezirksrichter nicht in ihr bestehen könnte, daß ihm ohne daß er angerührt würde die Knie zu schlottern anfiengen und er schließlich vergehen müßte. Dann wäre es vielleicht auch an der Zeit, den Fall des Unterstaatsanwaltes selbst aus den versperrten Disciplinargerichten in den offenen Gerichtssaal zu bringen. Dann wäre der Unterstaatsanwalt nicht mehr persönlich beteiligt, er hätte kraft höherer Gewalt die ihm angelegten Ketten zerbrochen und könnte nun selbst über sie zu Gericht sitzen. Er stellt sich vor, daß ihm eine mächtige Persönlichkeit vor der Verhandlung ins Ohr flüstert: »Jetzt wird Dir Genugtuung zuteil werden.« Und nun kommt es zur Verhandlung. Die angeklagten Disciplinarräte lügen natürlich, lügen mit zusammengebissenen Zähnen, lügen so wie nur Leute von Gericht lügen können, wenn die Anklage einmal sie trifft. Aber es ist alles so vorbereitet, daß die Tatsachen selbst alle Lügen von sich abschütteln und sich frei und wahrheitsgemäß vor den Zuhörern entwickeln. Es sind viele Zuhörer da, auf drei Seiten des Saales, nur die Richterbank ist leer, man hat keine Richter gefunden, die Richter drängen sich im engen Raum, wo sonst der Angeklagte steht, und suchen sich vor der leeren Richterbank zu verantworten. Nur der öffentliche Ankläger, der gewesene Unterstaatsanwalt, ist natürlich zugegen und auf seinem gewöhnlichen Platz. Er ist viel ruhiger als sonst, er nickt nur hie und da, alles nimmt den richtigen uhrenmäßigen Gang. Erst jetzt, nachdem der Fall von allen Schriftsätzen,

205

DER KOMISCHE KAFKA

Zeugenaussagen, Verhandlungsprotokollen, Urteilsberatungen und Entscheidungsgründen befreit ist, erkennt man seine sofort überwältigende Einfachheit!

BK 171 f

## Man hat mich gewarnt

Man hat mich gewarnt, rechtzeitig, ja sogar sehr vorzeitig. Merkwürdig ist die feine Witterung mancher Leute.

DE 116

## Es gibt drei Möglichkeiten

»Sie scheinen noch keinen Überblick über das Gericht zu haben«, sagte der Maler, er hatte die Beine weit auseinander gestreckt und klatschte mit den Fußspitzen auf den Boden. »Da Sie aber unschuldig sind, werden Sie ihn auch nicht benötigen. Ich allein hole Sie heraus.« »Wie wollen Sie das tun?« fragte K. »Da Sie doch vor kurzem selbst gesagt haben, daß das Gericht für Beweisgründe vollständig unzugänglich ist.« »Unzugänglich nur für Beweisgründe, die man vor dem Gericht vorbringt«, sagte der Maler und hob den Zeigefinger, als habe K. eine feine Unterscheidung nicht bemerkt. »Anders verhält es sich aber damit, was man in dieser Hinsicht hinter dem öffentlichen Gericht versucht, also in den Beratungszimmern, in den Korridoren oder z. B. auch hier im Atelier.« Was der Maler jetzt sagte schien K. nicht mehr so unglaubwürdig, es zeigte vielmehr eine große Übereinstimmung mit dem, was K. auch von andern Leuten gehört hatte. Ja, es war sogar sehr hoffnungsvoll. Waren die Richter durch persönliche Beziehungen wirklich so leicht zu lenken, wie es der Advokat dar-

206

gestellt hatte, dann waren die Beziehungen des Malers zu den eitlen Richtern besonders wichtig und jedenfalls keineswegs zu unterschätzen. Dann fügte sich der Maler sehr gut in den Kreis von Helfern, die K. allmählich um sich versammelte. Man hatte einmal in der Bank sein Organisationstalent gerühmt, hier, wo er ganz allein auf sich gestellt war, zeigte sich eine gute Gelegenheit es auf das Äußerste zu erproben. Der Maler beobachtete die Wirkung, die seine Erklärung auf K. gemacht hatte und sagte dann mit einer gewissen Ängstlichkeit: »Fällt es Ihnen nicht auf daß ich fast wie ein Jurist spreche? Es ist der ununterbrochene Verkehr mit den Herren vom Gericht, der mich so beeinflußt. Ich habe natürlich viel Gewinn davon, aber der künstlerische Schwung geht zum großen Teil verloren.« »Wie sind Sie denn zum erstenmal mit den Richtern in Verbindung gekommen?« fragte K., er wollte zuerst das Vertrauen des Malers gewinnen, bevor er ihn geradezu in seine Dienste nahm. »Das war sehr einfach«, sagte der Maler, »ich habe diese Verbindung geerbt. Schon mein Vater war Gerichtsmaler. Es ist das eine Stellung die sich immer vererbt. Man kann dafür neue Leute nicht brauchen. Es sind nämlich für das Malen der verschiedenen Beamtengrade so verschiedene vielfache und vor allem geheime Regeln aufgestellt, daß sie überhaupt nicht außerhalb bestimmter Familien bekannt werden. Dort in der Schublade z. B. habe ich die Aufzeichnungen meines Vaters, die ich niemandem zeige. Aber nur wer sie kennt ist zum Malen von Richtern befähigt. Jedoch selbst wenn ich sie verlieren würde, blieben mir noch so viele Regeln, die ich allein in meinem Kopfe trage, daß mir niemand meine Stellung streitig machen könnte. Es will doch jeder Richter so gemalt werden wie die alten großen Richter gemalt worden sind und das kann nur ich.« »Das ist beneidenswert«, sagte K., der an seine Stellung in der Bank dachte, »Ihre Stellung ist also unerschütterlich?« »Ja unerschütterlich«, sagte der Maler und hob stolz die Achseln. »Deshalb kann ich es auch wagen hie und da einem armen Mann, der einen Proceß hat, zu helfen.« »Und wie tun Sie das?« fragte K., als sei es nicht er, den der Maler soeben einen armen Mann genannt hatte. Der Maler aber ließ sich nicht ablenken, sondern sagte: »In Ihrem Fall z. B. werde ich, da Sie vollständig unschuldig sind, Folgendes unternehmen.« Die wiederholte Erwähnung seiner Unschuld wurde K. schon lästig. Ihm schien es manchmal als mache der Maler durch solche Bemerkungen einen günstigen Ausgang des Processes zur Voraussetzung seiner Hilfe, die dadurch natürlich in sich selbst zusammenfiel. Trotz dieser Zweifel bezwang sich aber K. und unterbrach den Maler nicht. Verzichten wollte er auf die Hilfe des Malers nicht, dazu war er entschlossen, auch schien ihm diese Hilfe durchaus nicht fragwürdiger als die des Advokaten zu sein. K. zog sie jener sogar beiweitem vor, weil sie harmloser und offener dargeboten wurde.

Der Maler hatte seinen Sessel näher zum Bett gezogen und fuhr mit gedämpfter Stimme fort: »Ich habe vergessen Sie zunächst zu fragen, welche Art der Befreiung Sie wünschen. Es gibt drei Möglichkeiten, nämlich die wirkliche Freisprechung, die scheinbare Freisprechung und die Verschleppung. Die wirkliche Freisprechung ist natürlich das Beste, nur habe ich nicht den geringsten Einfluß auf diese Art der Lösung. Es gibt meiner Meinung nach überhaupt keine einzelne Person, die auf die wirkliche Freisprechung Einfluß hätte. Hier entscheidet wahrscheinlich nur die Unschuld des Angeklagten. Da Sie unschuldig sind, wäre es wirklich möglich, daß Sie sich allein auf Ihre Unschuld verlassen. Dann brauchen Sie aber weder mich noch irgendeine andere Hilfe.«

Diese geordnete Darstellung verblüffte K. anfangs, dann aber sagte er ebenso leise wie der Maler: »Ich glaube Sie widersprechen sich.« »Wie denn?« fragte der Maler geduldig

## DER GOTT DER ZUSAMMENGEBISSENEN ZÄHNE

und lehnte sich lächelnd zurück. Dieses Lächeln erweckte in
K. das Gefühl, als ob er jetzt daran gehe, nicht in den Worten
des Malers sondern in dem Gerichtsverfahren selbst Widersprüche zu entdecken. Trotzdem wich er aber nicht zurück
und sagte: »Sie haben früher die Bemerkung gemacht, daß das
Gericht für Beweisgründe unzugänglich ist, später haben Sie
dies auf das öffentliche Gericht eingeschränkt und jetzt sagen
Sie sogar, daß der Unschuldige vor dem Gericht keine Hilfe
braucht. Darin liegt schon ein Widerspruch. Außerdem aber
haben Sie früher gesagt, daß man die Richter persönlich beeinflussen kann, stellen aber jetzt in Abrede, daß die wirkliche
Freisprechung, wie Sie sie nennen, jemals durch persönliche
Beeinflussung zu erreichen ist. Darin liegt der zweite Widerspruch.« »Diese Widersprüche sind leicht aufzuklären«, sagte
der Maler. »Es ist hier von zwei verschiedenen Dingen die Rede, von dem was im Gesetz steht und von dem was ich persönlich erfahren habe, das dürfen Sie nicht verwechseln. Im
Gesetz, ich habe es allerdings nicht gelesen, steht natürlich einerseits daß der Unschuldige freigesprochen wird, andererseits steht dort aber nicht, daß die Richter beeinflußt werden
können. Nun habe aber ich gerade das Gegenteil dessen erfahren. Ich weiß von keiner wirklichen Freisprechung, wohl
aber von vielen Beeinflussungen. Es ist natürlich möglich daß
in allen mir bekannten Fällen keine Unschuld vorhanden war.
Aber ist das nicht unwahrscheinlich? In so vielen Fällen keine
einzige Unschuld? Schon als Kind hörte ich dem Vater genau
zu, wenn er zuhause von Processen erzählte, auch die Richter,
die in sein Atelier kamen, erzählten vom Gericht, man spricht
in unsern Kreisen überhaupt von nichts anderem, kaum bekam ich die Möglichkeit selbst zu Gericht zu gehn, nützte ich
sie immer aus, unzählbare Processe habe ich in wichtigen Sta-
dien angehört und soweit sie sichtbar sind verfolgt, und – ich
muß es zugeben – nicht einen einzigen wirklichen Freispruch

209

## DER KOMISCHE KAFKA

erlebt.«»Keinen einzigen Freispruch also«, sagte K. als rede er
zu sich selbst und zu seinen Hoffnungen.»Das bestätigt aber
die Meinung die ich von dem Gericht schon habe. Es ist also
auch von dieser Seite zwecklos. Ein einziger Henker könnte
das ganze Gericht ersetzen.«»Sie dürfen nicht verallgemei-
nern«, sagte der Maler unzufrieden,»ich habe ja nur von meinen Erfahrungen gesprochen.«»Das genügt doch«, sagte K.,
»oder haben Sie von Freisprüchen aus früherer Zeit gehört?«
»Solche Freisprüche«, antwortete der Maler,»soll es allerdings
gegeben haben. Nur ist es sehr schwer das festzustellen. Die
abschließenden Entscheidungen des Gerichtes werden nicht
veröffentlicht, sie sind nicht einmal den Richtern zugänglich,
infolgedessen haben sich über alte Gerichtsfälle nur Legenden
erhalten. Diese enthalten allerdings sogar in der Mehrzahl
wirkliche Freisprechungen, man kann sie glauben, nachweis-
bar sind sie aber nicht. Trotzdem muß man sie nicht ganz vernachlässigen, eine gewisse Wahrheit enthalten sie wohl gewiß,
auch sind sie sehr schön, ich selbst habe einige Bilder gemalt,
die solche Legenden zum Inhalt haben.«»Bloße Legenden ändern meine Meinung nicht«, sagte K.,»man kann sich wohl
auch vor Gericht auf diese Legenden nicht berufen?«Der Maler lachte.»Nein, das kann man nicht«, sagte er.»Dann ist es
nutzlos darüber zu reden«, sagte K., er wollte vorläufig alle
Meinungen des Malers hinnehmen, selbst wenn er sie für unwahrscheinlich hielt und sie andern Berichten widersprachen.
Er hatte jetzt nicht die Zeit alles was der Maler sagte auf die
Wahrheit hin zu überprüfen oder gar zu widerlegen, es war
schon das Äußerste erreicht, wenn er den Maler dazu bewog,
ihm in irgendeiner, sei es auch in einer nicht entscheidenden
Weise zu helfen. Darum sagte er:»Sehn wir also von der wirklichen Freisprechung ab, Sie erwähnten aber noch zwei andere Möglichkeiten.«»Die scheinbare Freisprechung und die
Verschleppung. Um die allein kann es sich handeln«, sagte der

210

Maler. »Wollen Sie aber nicht, ehe wir davon reden, den Rock ausziehn. Es ist Ihnen wohl heiß.« »Ja«, sagte K., der bisher auf nichts als auf die Erklärungen des Malers geachtet hatte, dem aber jetzt, da er an die Hitze erinnert worden war, starker Schweiß auf der Stirn ausbrach. »Es ist fast unerträglich.« Der Maler nickte, als verstehe er K.'s Unbehagen sehr gut. »Könnte man nicht das Fenster öffnen?« fragte K. »Nein«, sagte der Maler. »Es ist bloß eine fest eingesetzte Glasscheibe, man kann es nicht öffnen.« Jetzt erkannte K., daß er die ganze Zeit über darauf gehofft hatte, plötzlich werde der Maler oder er zum Fenster gehn und es aufreißen. Er war darauf vorbereitet, selbst den Nebel mit offenem Mund einzuatmen. Das Gefühl hier von der Luft vollständig abgesperrt zu sein verursachte ihm Schwindel. Er schlug leicht mit der Hand auf das Federbett neben sich und sagte mit schwacher Stimme: »Das ist ja unbequem und ungesund.« »Oh nein«, sagte der Maler zur Verteidigung seines Fensters. »Dadurch daß es nicht aufgemacht werden kann, wird, trotzdem es nur eine einfache Scheibe ist, die Wärme hier besser festgehalten als durch ein Doppelfenster. Will ich aber lüften, was nicht sehr notwendig ist, da durch die Balkenritzen überall Luft eindringt, kann ich eine meiner Türen oder sogar beide öffnen.« K. durch diese Erklärung ein wenig getröstet blickte herum, um die zweite Tür zu finden. Der Maler bemerkte das und sagte: »Sie ist hinter Ihnen, ich mußte sie durch das Bett verstellen.« Jetzt erst sah K. die kleine Türe in der Wand. »Es ist eben hier alles viel zu klein für ein Atelier«, sagte der Maler, als wolle er einem Tadel K.'s zuvorkommen. »Ich mußte mich einrichten so gut es gieng. Das Bett vor der Tür steht natürlich an einem sehr schlechten Platz. Der Richter z. B. den ich jetzt male, kommt immer durch die Tür beim Bett und ich habe ihm auch einen Schlüssel von dieser Tür gegeben, damit er auch wenn ich nicht zuhause bin, hier im Atelier auf mich warten kann. Nun kommt er aber gewöhnlich früh am Morgen während ich noch schlafe. Es reißt mich natürlich immer aus dem tiefsten Schlaf wenn sich neben dem Bett die Türe öffnet. Sie würden jede Ehrfurcht vor den Richtern verlieren, wenn Sie die Flüche hören würden, mit denen ich ihn empfange, wenn früh er über mein Bett steigt. Ich könnte ihm allerdings den Schlüssel wegnehmen, aber es würde dadurch nur ärger werden. Man kann hier alle Türen mit der geringsten Anstrengung aus den Angeln brechen.« Während dieser ganzen Rede überlegte K. ob er den Rock ausziehn sollte, er sah aber schließlich ein, daß er wenn er es nicht tat unfähig war, hier noch länger zu bleiben, er zog daher den Rock aus, legte ihn aber über die Knie, um ihn falls die Besprechung zuende wäre, sofort wieder anziehn zu können. Kaum hatte er den Rock ausgezogen, rief eines der Mädchen: »Er hat schon den Rock ausgezogen« und man hörte wie sich alle zu den Ritzen drängten, um das Schauspiel selbst zu sehn. »Die Mädchen glauben nämlich«, sagte der Maler, »daß ich Sie malen werde und daß Sie sich deshalb ausziehn.« »So«, sagte K. nur wenig belustigt, denn er fühlte sich nicht viel besser als früher trotzdem er jetzt in Hemdärmeln dasaß. Fast mürrisch fragte er: »Wie nannten Sie die zwei andern Möglichkeiten?« Er hatte die Ausdrücke schon wieder vergessen. »Die scheinbare Freisprechung und die Verschleppung«, sagte der Maler. »Es liegt an Ihnen, was Sie davon wählen. Beides ist durch meine Hilfe erreichbar, natürlich nicht ohne Mühe, der Unterschied in dieser Hinsicht ist der, daß die scheinbare Freisprechung eine gesammelte zeitweilige, die Verschleppung eine viel geringere aber dauernde Anstrengung verlangt. Zunächst also die scheinbare Freisprechung. Wenn Sie diese wünschen sollten, schreibe ich auf einem Bogen Papier eine Bestätigung Ihrer Unschuld auf. Der Text für eine solche Bestätigung ist mir von meinem Vater überliefert und ganz unangreifbar. Mit dieser Bestätigung mache ich nun einen Rundgang bei den mir bekannten Richtern. Ich fange also etwa damit an, daß ich dem Richter, den ich jetzt male, heute abend wenn er zur Sitzung kommt, die Bestätigung vorlege. Ich lege ihm die Bestätigung vor, erkläre ihm daß Sie unschuldig sind und verbürge mich für Ihre Unschuld. Das ist aber keine bloß äußerliche, sondern eine wirkliche bindende Bürgschaft.« In den Blicken des Malers lag es wie ein Vorwurf, daß K. ihm die Last einer solchen Bürgschaft auferlegen wolle. »Das wäre ja sehr freundlich«, sagte K. »Und der Richter würde Ihnen glauben und mich trotzdem nicht wirklich freisprechen?« »Wie ich schon sagte«, antwortete der Maler. »Übrigens ist es durchaus nicht sicher, daß jeder mir glauben würde, mancher Richter wird z. B. verlangen, daß ich Sie selbst zu ihm hinführe. Dann müßten Sie also einmal mitkommen. Allerdings ist in einem solchen Fall die Sache schon halb gewonnen, besonders da ich Sie natürlich vorher genau darüber unterrichten würde, wie Sie sich bei dem betreffenden Richter zu verhalten haben. Schlimmer ist es bei den Richtern, die mich – auch das wird vorkommen – von vornherein abweisen. Auf diese müssen wir, wenn ich es auch an mehrfachen Versuchen gewiß nicht fehlen lassen werde, verzichten, wir dürfen das aber auch, denn einzelne Richter können hier nicht den Ausschlag geben. Wenn ich nun auf dieser Bestätigung eine genügende Anzahl von Unterschriften der Richter habe, gehe ich mit dieser Bestätigung zu dem Richter, der Ihren Proceß gerade führt. Möglicherweise habe ich auch seine Unterschrift, dann entwickelt sich alles noch ein wenig rascher, als sonst. Im allgemeinen gibt es dann aber überhaupt nicht mehr viel Hindernisse, es ist dann für den Angeklagten die Zeit der höchsten Zuversicht. Es ist merkwürdig aber wahr, die Leute sind in dieser Zeit zuversichtlicher als nach dem Freispruch. Es bedarf jetzt keiner besondern Mühe mehr. Der Richter besitzt in der Bestätigung die Bürgschaft einer

Anzahl von Richtern, kann Sie unbesorgt freisprechen und wird es allerdings nach Durchführung verschiedener Formalitäten mir und andern Bekannten zu Gefallen zweifellos tun. Sie aber treten aus dem Gericht und sind frei.« »Dann bin ich also frei«, sagte K. zögernd. »Ja«, sagte der Maler, »aber nur scheinbar frei oder besser ausgedrückt zeitweilig frei. Die untersten Richter nämlich, zu denen meine Bekannten gehören, haben nicht das Recht endgiltig freizusprechen, dieses Recht hat nur das oberste, für Sie, für mich und für uns alle ganz unerreichbare Gericht. Wie es dort aussieht wissen wir nicht und wollen wir nebenbei gesagt auch nicht wissen. Das große Recht, von der Anklage zu befreien haben also unsere Richter nicht, wohl aber haben sie das Recht von der Anklage loszulösen. Das heißt, wenn Sie auf diese Weise freigesprochen werden, sind Sie für den Augenblick der Anklage entzogen, aber sie schwebt auch weiterhin über Ihnen und kann, sobald nur der höhere Befehl kommt, sofort in Wirkung treten. Da ich mit dem Gericht in so guter Verbindung stehe kann ich Ihnen auch sagen wie sich in den Vorschriften für die Gerichtskanzleien der Unterschied zwischen der wirklichen und der scheinbaren Freisprechung rein äußerlich zeigt. Bei einer wirklichen Freisprechung sollen die Proceßakten vollständig abgelegt werden, sie verschwinden gänzlich aus dem Verfahren, nicht nur die Anklage, auch der Proceß und sogar der Freispruch sind vernichtet, alles ist vernichtet. Anders beim scheinbaren Freispruch. Mit dem Akten ist keine weitere Veränderung vor sich gegangen, als daß er um die Bestätigung der Unschuld, um den Freispruch und um die Begründung des Freispruchs bereichert worden ist. Im übrigen aber bleibt er im Verfahren, er wird wie es der ununterbrochene Verkehr der Gerichtskanzleien erfordert, zu den höhern Gerichten weitergeleitet, kommt zu den niedrigern zurück und pendelt so mit größern und kleinern Schwingungen, mit größern und

kleinern Stockungen auf und ab. Diese Wege sind unberechenbar. Von außen gesehn kann es manchmal den Anschein
bekommen, daß alles längst vergessen, der Akt verloren und
der Freispruch ein vollkommener ist. Ein Eingeweihter wird
das nicht glauben. Es geht kein Akt verloren, es gibt bei Gericht kein Vergessen. Eines Tages – niemand erwartet es –
nimmt irgendein Richter den Akt aufmerksamer in die Hand,
erkennt daß in diesem Fall die Anklage noch lebendig ist und
ordnet die sofortige Verhaftung an. Ich habe hier angenommen, daß zwischen dem scheinbaren Freispruch und der neu-
en Verhaftung eine lange Zeit vergeht, das ist möglich und ich
weiß von solchen Fällen, es ist aber ebensogut möglich, daß
der Freigesprochene vom Gericht nachhause kommt und dort
schon Beauftragte warten, um ihn wieder zu verhaften. Dann
ist natürlich das freie Leben zuende.« »Und der Proceß beginnt von neuem?« fragte K. fast ungläubig. »Allerdings«, sagte der Maler, »der Proceß beginnt von neuem, es besteht aber
wieder die Möglichkeit ebenso wie früher, einen scheinbaren
Freispruch zu erwirken. Man muß wieder alle Kräfte zusam-
mennehmen und darf sich nicht ergeben.« Das Letztere sagte
der Maler vielleicht unter dem Eindruck, den K., der ein wenig zusammengesunken war, auf ihn machte. »Ist aber«, fragte K. als wolle er jetzt irgendwelchen Enthüllungen des Malers
zuvorkommen, »die Erwirkung eines zweiten Freispruches
nicht schwieriger als die des ersten?« »Man kann«, antwortete der Maler, »in dieser Hinsicht nichts Bestimmtes sagen. Sie
meinen wohl daß die Richter durch die zweite Verhaftung in
ihrem Urteil zu Ungunsten des Angeklagten beeinflußt werden? Das ist nicht der Fall. Die Richter haben ja schon beim
Freispruch diese Verhaftung vorhergesehn. Dieser Umstand
wirkt also kaum ein. Wohl aber kann aus zahllosen sonstigen
Gründen die Stimmung der Richter sowie ihre rechtliche Be-
urteilung des Falles eine andere geworden sein und die Bemü-

hungen um den zweiten Freispruch müssen daher den verän-
derten Umständen angepaßt werden und im allgemeinen
ebenso kräftig sein wie die vor dem ersten Freispruch.« »Aber
dieser zweite Freispruch ist doch wieder nicht endgiltig«, sagte K. und drehte abweisend den Kopf. »Natürlich nicht«, sagte der Maler, »dem zweiten Freispruch folgt die dritte Verhaftung, dem dritten Freispruch die vierte Verhaftung und so
fort. Das liegt schon im Begriff des scheinbaren Freispruchs.«
K. schwieg. »Der scheinbare Freispruch scheint Ihnen offenbar nicht vorteilhaft zu sein«, sagte der Maler, »vielleicht entspricht Ihnen die Verschleppung besser. Soll ich Ihnen das
Wesen der Verschleppung erklären?« K. nickte. Der Maler
hatte sich breit in seinem Sessel zurückgelehnt, das Nacht-
hemd war weit offen, er hatte eine Hand darunter geschoben,
mit der er über die Brust und die Seiten strich. »Die Verschleppung«, sagte der Maler und sah einen Augenblick vor
sich hin, als suche er eine vollständig zutreffende Erklärung,
»die Verschleppung besteht darin, daß der Proceß dauernd im
niedrigsten Proceßstadium erhalten wird. Um dies zu erreichen ist es nötig, daß der Angeklagte und der Helfer, insbesondere aber der Helfer in ununterbrochener persönlicher
Fühlung mit dem Gerichte bleibt. Ich wiederhole, es ist hiefür
kein solcher Kraftaufwand nötig wie bei der Erreichung eines
scheinbaren Freispruchs, wohl aber ist eine viel größere Aufmerksamkeit nötig. Man darf den Proceß nicht aus dem Auge verlieren, man muß zu dem betreffenden Richter in regel-
mäßigen Zwischenräumen und außerdem bei besondern Gelegenheiten gehn und ihn auf jede Weise sich freundlich zu erhalten suchen; ist man mit dem Richter nicht persönlich
bekannt, so muß man durch bekannte Richter ihn beeinflussen lassen, ohne daß man etwa deshalb die unmittelbaren
Besprechungen aufgeben dürfte. Versäumt man in dieser
Hinsicht nichts, so kann man mit genügender Bestimmtheit

## DER GOTT DER ZUSAMMENGEBISSENEN ZÄHNE

annehmen, daß der Proceß über sein erstes Stadium nicht hinauskommt. Der Proceß hört zwar nicht auf, aber der Angeklagte ist vor einer Verurteilung fast ebenso gesichert, wie wenn er frei wäre. Gegenüber dem scheinbaren Freispruch hat die Verschleppung den Vorteil, daß die Zukunft des Angeklagten weniger unbestimmt ist, er bleibt vor dem Schrecken der plötzlichen Verhaftungen bewahrt und muß nicht fürchten, etwa gerade zu Zeiten, wo seine sonstigen Umstände dafür am wenigsten günstig sind, die Anstrengungen und Aufregungen auf sich nehmen zu müssen, welche mit der Erreichung des scheinbaren Freispruchs verbunden sind. Allerdings hat auch die Verschleppung für den Angeklagten gewisse Nachteile die man nicht unterschätzen darf. Ich denke hiebei nicht daran, daß hier der Angeklagte niemals frei ist, das ist er ja auch bei der scheinbaren Freisprechung im eigentlichen Sinne nicht. Es ist ein anderer Nachteil. Der Proceß kann nicht stillstehn, ohne daß wenigstens scheinbare Gründe dafür vorliegen. Es muß deshalb im Proceß nach außen hin etwas geschehn. Es müssen also von Zeit zu Zeit verschiedene Anordnungen getroffen werden, der Angeklagte muß verhört werden, Untersuchungen müssen stattfinden u. s. w. Der Proceß muß eben immerfort in dem kleinen Kreis, auf den er künstlich eingeschränkt worden ist, gedreht werden. Das bringt natürlich gewisse Unannehmlichkeiten für den Angeklagten mit sich, die Sie sich aber wiederum nicht zu schlimm vorstellen dürfen. Es ist ja alles nur äußerlich, die Verhöre beispielsweise sind also nur ganz kurz, wenn man einmal keine Zeit oder keine Lust hat hinzugehn, darf man sich entschuldigen, man kann sogar bei gewissen Richtern die Anordnungen für eine lange Zeit im voraus gemeinsam festsetzen, es handelt sich im Wesen nur darum, daß man, da man Angeklagter ist, von Zeit zu Zeit bei seinem Richter sich meldet.« Schon während der letzten Worte hatte K. den Rock über den Arm gelegt

217

DER KOMISCHE KAFKA

und war aufgestanden. »Er steht schon auf«, rief es sofort
draußen vor der Tür. »Sie wollen schon fortgehn?« fragte der
Maler, der auch aufgestanden war. »Es ist gewiß die Luft, die
Sie von hier vertreibt. Es ist mir sehr peinlich. Ich hätte Ihnen
auch noch manches zu sagen. Ich mußte mich ganz kurz fassen. Ich hoffe aber verständlich gewesen zu sein.« »Oja«, sagte K., dem von der Anstrengung mit der er sich zum Zuhören
gezwungen hatte der Kopf schmerzte. Trotz dieser Bestätigung sagte der Maler alles nocheinmal zusammenfassend, als
wolle er K. auf den Heimweg einen Trost mitgeben: »Beide
Metoden haben das Gemeinsame, daß sie eine Verurteilung
des Angeklagten verhindern.« »Sie verhindern aber auch die
wirkliche Freisprechung«, sagte K. leise, als schäme er sich das
erkannt zu haben. »Sie haben den Kern der Sache erfaßt«, sagte der Maler schnell.

DP 158–170

*Meine Sehnsucht*

Meine Sehnsucht waren die alten Zeiten
meine Sehnsucht war die Gegenwart
meine Sehnsucht war die Zukunft
und mit alledem sterbe ich in einem Wächterhäuschen am
Straßenrand
einem aufrechten Sarg seit jeher
einem Besitzstück des Staates
mein Leben habe ich damit verbracht
mich zurückzuhalten es zu zerschlagen.

ZFG 159

# Die Maus,
## die sich nicht traut

*Sie schläft*

Sie schläft. Ich wecke sie nicht. Warum weckst du sie nicht? Es ist mein Unglück und mein Glück. Ich bin unglücklich, daß ich sie nicht wecken kann, daß ich nicht aufsetzen kann den Fuß auf die brennende Türschwelle ihres Hauses, daß ich nicht den Weg kenne zu ihrem Hause, daß ich nicht die Richtung kenne, in welcher der Weg liegt, daß ich mich immer weiter von ihr entferne, kraftlos wie das Blatt im Herbstwind sich von seinem Baume entfernt und überdies: ich war niemals an diesem Baume, im Herbstwind ein Blatt, aber von keinem Baum. – Ich bin glücklich, daß ich sie nicht wecken kann. Was täte ich, wenn sie sich erhöbe, wenn sie aufstehen würde von dem Lager, wenn ich aufstehen würde von dem Lager, der Löwe von seinem Lager, und mein Gebrüll einbrechen würde in mein ängstliches Gehör.

HAL 175 f


*Sexuelle Wünsche*

Zu einer freien Aussprache mit neuen Bekanntschaften konnte ich früher deshalb nicht kommen, weil mich unbewußt das Vorhandensein sexueller Wünsche hinderte, jetzt hindert mich ihr bewußter Mangel.

TB1 221

*Zum Frühstück*

Mein
lieber Max,
einen wie unvorteilhaften Anfangsbuchstaben hast du!
Bei meiner Federhaltung kann ich ihm, wenn ich es auch
gerne möchte, nichts Gutes tun.

Aber da ich zu viel zu tun habe und hier Sonnenschein ist,
habe ich im leeren Bureau eine fast vorzügliche Idee bekommen, deren Ausführung äußerst billig ist. Wir könnten statt
unseres geplanten Nachtlebens von Montag zu Dienstag ein
hübsches Morgenleben veranstalten, uns um 5 Uhr oder ½6
bei der Marienstatue treffen – bei den Weibern kann es uns
dann nicht fehlen – und ins Trokadero oder nach Kuchelbad
gehn oder ins Eldorado. Wir können dann, wie es uns passen
wird im Garten an der Moldau Kaffee trinken oder auch an
die Schulter der Josci gelehnt. Beides wäre zu loben. Denn im
Trokadero würden wir uns nicht übel machen; es gibt Millionäre und noch Reichere, die um 6 Uhr früh kein Geld mehr
haben und wir kämen so, durch alle übrigen Weinstuben aus-
geplündert, jetzt leider in die letzte, um, weil wir es brauchen,
einen winzigen Kaffee zu trinken und nur weil wir Millionäre
waren – oder sind wir es noch, wer weiß das am Morgen –
sind wir imstande, ein zweites Täßchen zu zahlen.

Wie man sieht, braucht man zu dieser Sache nichts als ein
leeres Portemonnaie und das kann ich dir borgen, wenn du
willst. Solltest du aber zu diesem Unternehmen zu wenig
muthig, zu wenig knickerig, zu wenig energisch sein, dann
mußt du mir nicht schreiben und triffst mich Montag um 9;
wenn du es aber bist, dann schreibe mir gleich eine Rohrpost-
karte mit deinen Bedingungen.

Ich habe nämlich jene montenegrinische Fürstlichkeit auf
dem Wege ins Eldorado entdeckt und da dachte ich – alles

ordne sich zur Einfahrt in diesen Hafen – wir könnten die beiden Mädchen als erstes Frühstück nehmen, das du so lieb
hast.

Franz

AN MAX BROD 1908. BR1 82 f

## Dicke duftende Dame

– dicke große duftende Dame neben mir die ihr Parfum mit
dem Fächer in der Luft verteilt – ihr vieles Fleisch hält es im
flachen Fuß nicht aus und steigt gleich hinter den Zehen in
die Höhe – ich fühle mich neben ihr eintrocknen –

RT 39

## Die Rehberger

Im Halbdunkel der Rittergasse die in ihrem Herbstkostüm
dicke warme Rehberger, die wir nur in ihrer Sommerblouse
und dem dünnen blauen Sommerjäckchen gekannt haben in
denen ein Mädchen mit nicht ganz fehlerlosem Aussehn
schließlich ärger als nackt ist. Da hatte man erst recht ihre
starke Nase in dem blutleeren Gesicht gesehn, in dessen Wangen man lange die Hände hätte drücken können, ehe sich eine Rötung gezeigt hätte, den starken blonden Flaum, der sich
auf der Wange und der Oberlippe häufte, den Eisenbahn-
staub, der sich zwischen Nase und Wange verflogen hatte und
das schwächliche Weiß im Blousenausschnitt. Heute aber liefen wir ihr respektvoll nach und als ich mich an der Mündung
eines Durchhauses vor der Ferdinandstraße verabschieden
mußte wegen Unrasiertheit und sonstigem schäbigem Aussehn (Max war gerade sehr schön mit schwarzem Überzieher,

223

weißem Gesicht und Brillenglanz) fühlte ich nachher einige
kleine Stöße von Zuneigung zu ihr. Und wenn ich nachdach-
te warum, mußte ich mir immer nur sagen, weil sie so warm
angezogen war.

TB1 61

### Trost und Glück

Ja, wenn man durch Trost schon glücklich würde und nicht
auch ein wenig Glück zum Glücklichsein nöthig wäre.

BR1 52

### Agathe und Hedwig

Vorläufig darf ich noch bis zum 25. August hier leben. Ich
fahre viel auf dem Motorrad, ich bade viel, ich liege lange
nackt im Gras am Teiche, bis Mitternacht bin ich mit einem
lästig verliebten Mädchen im Park, ich habe schon Heu auf
der Wiese umgelegt, ein Ringelspiel aufgebaut, nach dem Gewitter Bäumen geholfen, Kühe und Ziegen geweidet und am
Abend nachhause getrieben, viel Billard gespielt, große Spa-
ziergänge gemacht, viel Bier getrunken und ich bin auch
schon im Tempel gewesen. Am meisten Zeit aber – ich bin
sechs Tage hier – habe ich mit zwei kleinen Mädchen verbracht, sehr gescheidten Mädchen, Studentinnen, sehr social-
demokratisch, die ihre Zähne aneinanderhalten müssen, um
nicht gezwungen zu sein bei jedem Anlaß eine Überzeugung,
ein Princip auszusprechen. Die eine heißt Agathe, die andere
Hedwig. Agathe ist sehr häßlich und Hedwig auch. H. ist
klein und dick, ihre Wangen sind roth ununterbrochen und
grenzenlos, ihre obern Vorderzähne sind groß und erlauben

224

dem Mund nicht, sich zu schließen, und dem Unterkiefer nicht, klein zu sein; sie ist sehr kurzsichtig und das nicht nur der hübschen Bewegung halber, mit der sie den Zwicker auf die Nase – deren Spitze ist wirklich schön aus kleinen Flächen zusammengesetzt – niedersetzt; heute Nacht habe ich von ihren verkürzten dicken Beinen geträumt und auf diesen Umwegen erkenne ich die Schönheit eines Mädchens und verliebe mich.

AN MAX BROD 1907. BR1 53

## *Einladung*

Geehrtes Fräulein,
hier sind die Briefe, ich lege auch die heutige Karte bei und habe keine Zeile mehr von Ihnen.

Deshalb darf ich Ihnen sagen, daß Sie mir eine Freude machen würden durch die Erlaubnis mit Ihnen zu reden. Es ist Ihr Recht, das für eine Lüge zu halten, doch wäre diese Lüge gewissermaßen zu groß, als daß Sie sie mir zutrauen dürften, ohne hiebei eine Art Freundlichkeit zu zeigen. Dazu kommt noch, daß gerade die Meinung, es handle sich um eine Lüge, Sie notwendig noch aufmuntern müßte, mit mir zu reden, ohne daß ich damit sagen will, meine mögliche Freude über die Erlaubnis könne Sie zu deren Verweigerung bewegen.

Im Übrigen kann Sie [ich hätte Freude, vergessen Sie das nicht] keine Überlegung zwingen. Sie können ja Ekel oder Langweile befürchten, vielleicht fahren Sie schon morgen weg, es ist auch möglich, daß Sie diesen Brief gar nicht gelesen haben.

Sie sind für morgen mittag bei uns eingeladen, ich bin kein Hindernis für die Annahme der Einladung, ich komme immer erst um ¼3 nachhause; wenn ich höre, daß Sie kommen

DER KOMISCHE KAFKA

sollen, bleibe ich bis ¼4 weg; es ist übrigens auch schon vorgekommen und man wird sich nicht wundern
    FKafka

AN HEDWIG WEILER 1909. BR1 95 f


*Ohnmacht*


Gestern kam eine Ohnmacht zu mir. Sie wohnt im Nachbar-
haus, ich habe sie dort schon öfters abends im niedrigen Tor
gebückt verschwinden sehn. Eine große Dame mit lang flie-
ßendem Kleid und breitem mit Federn geschmückten Hut.
Eiligst kam sie rauschend durch meine Tür, wie ein Arzt der
fürchtet zu spät zum auslöschenden Kranken gekommen zu
sein. »Anton«, rief sie mit hohler und doch sich rühmender
Stimme, »ich komme, ich bin da.«

BCM 57


*Die Abweisung*


Wenn ich einem schönen Mädchen begegne und sie bitte: »Sei
so gut, komm mit mir« und sie stumm vorübergeht, so meint
sie damit:
    »Du bist kein Herzog mit fliegendem Namen, kein breiter
Amerikaner mit indianischem Wuchs, mit wagrecht ruhen-
den Augen, mit einer von der Luft der Rasenplätze und der sie
durchströmenden Flüsse massierten Haut, Du hast keine Reisen gemacht zu den großen Seen und auf ihnen, die ich weiß
nicht wo zu finden sind. Also ich bitte, warum soll ich, ein
schönes Mädchen, mit Dir gehn?«
    »Du vergißt, Dich trägt kein Automobil in langen Stößen
schaukelnd durch die Gasse; ich sehe nicht die in ihre Kleider

gepreßten Herren Deines Gefolges, die Segenssprüche für Dich murmelnd in genauem Halbkreis hinter Dir gehn; Deine Brüste sind im Mieder gut geordnet, aber Deine Schenkel und Hüften entschädigen sich für jene Enthaltsamkeit; Du trägst ein Taffetkleid mit plissierten Falten, wie es im vorigen Herbste uns durchaus allen Freude machte, und doch lächelst Du – diese Lebensgefahr auf dem Leibe – bisweilen.«

»Ja, wir haben beide recht und, um uns dessen nicht unwiderleglich bewußt zu werden, wollen wir, nicht wahr, lieber jeder allein nach Hause gehn.«

EL 28

## Eine kleine Frau

Es ist eine kleine Frau; von Natur aus recht schlank, ist sie doch stark geschnürt; ich sehe sie immer im gleichen Kleid, es ist aus gelblich-grauem, gewissermaßen holzfarbigem Stoff und ist ein wenig mit Troddeln oder knopfartigen Behängen von gleicher Farbe versehen; sie ist immer ohne Hut, ihr stumpf-blondes Haar ist glatt und nicht unordentlich, aber sehr locker gehalten. Trotzdem sie geschnürt ist, ist sie doch leicht beweglich, sie übertreibt freilich diese Beweglichkeit, gern hält sie die Hände in den Hüften und wendet den Oberkörper mit einem Wurf überraschend schnell seitlich. Den Eindruck, den ihre Hand auf mich macht, kann ich nur wiedergeben, wenn ich sage, daß ich noch keine Hand gesehen habe, bei der die einzelnen Finger derart scharf voneinander abgegrenzt wären, wie bei der ihren; doch hat ihre Hand keineswegs irgendeine anatomische Merkwürdigkeit, es ist eine völlig normale Hand.

Diese kleine Frau nun ist mit mir sehr unzufrieden, immer hat sie etwas an mir auszusetzen, immer geschieht ihr Unrecht von mir, ich ärgere sie auf Schritt und Tritt; wenn man das Leben in allerkleinste Teile teilen und jedes Teilchen gesondert beurteilen könnte, wäre gewiß jedes Teilchen meines Lebens für sie ein Ärgernis. Ich habe oft darüber nachgedacht, warum ich sie denn so ärgere; mag sein, daß alles an mir ihrem Schönheitssinn, ihrem Gerechtigkeitsgefühl, ihren Gewohnheiten, ihren Überlieferungen, ihren Hoffnungen widerspricht, es gibt derartige einander widersprechende Naturen, aber warum leidet sie so sehr darunter? Es besteht ja gar keine Beziehung zwischen uns, die sie zwingen würde, durch mich zu leiden. Sie müßte sich nur entschließen, mich als völlig Fremden anzusehn, der ich ja auch bin und der ich gegen einen solchen Entschluß mich nicht wehren, sondern ihn sehr begrüßen würde, sie müßte sich nur entschließen, meine Existenz zu vergessen, die ich ihr ja niemals aufgedrängt habe oder aufdrängen würde – und alles Leid wäre offenbar vorüber. Ich sehe hiebei ganz von mir ab und davon, daß ihr Verhalten natürlich auch mir peinlich ist, ich sehe davon ab, weil ich ja wohl erkenne, daß alle diese Peinlichkeit nichts ist im Vergleich mit ihrem Leid. Wobei ich mir allerdings durchaus dessen bewußt bin, daß es kein liebendes Leid ist; es liegt ihr gar nichts daran, mich wirklich zu bessern, zumal ja auch alles, was sie an mir aussetzt, nicht von einer derartigen Beschaffenheit ist, daß mein Fortkommen dadurch gestört würde. Aber mein Fortkommen kümmert sie eben auch nicht, sie kümmert nichts anderes als ihr persönliches Interesse, nämlich die Qual zu rächen, die ich ihr bereite, und die Qual, die ihr in Zukunft von mir droht, zu verhindern. Ich habe schon einmal versucht, sie darauf hinzuweisen, wie diesem fortwährenden Ärger am besten ein Ende gemacht werden könnte, doch habe ich sie gerade dadurch in eine derartige Aufwallung gebracht, daß ich den Versuch nicht mehr wiederholen werde.

## DIE MAUS, DIE SICH NICHT TRAUT

Auch liegt ja, wenn man will, eine gewisse Verantwortung auf mir, denn so fremd mir die kleine Frau auch ist, und so sehr die einzige Beziehung, die zwischen uns besteht, der Ärger ist, den ich ihr bereite, oder vielmehr der Ärger, den sie sich von mir bereiten läßt, dürfte es mir doch nicht gleichgültig sein, wie sie sichtbar unter diesem Ärger auch körperlich leidet. Es kommen hie und da, sich mehrend in letzter Zeit, Nachrichten zu mir, daß sie wieder einmal am Morgen bleich, übernächtig, von Kopfschmerzen gequält und fast arbeitsunfähig gewesen sei; sie macht damit ihren Angehörigen Sorgen, man rät hin und her nach den Ursachen ihres Zustandes und hat sie bisher noch nicht gefunden. Ich allein kenne sie, es ist der alte und immer neue Ärger. Nun teile ich freilich die Sorgen ihrer Angehörigen nicht; sie ist stark und zäh; wer sich so zu ärgern vermag, vermag wahrscheinlich auch die Folgen des Ärgers zu überwinden; ich habe sogar den Verdacht, daß sie sich – wenigstens zum Teil – nur leidend stellt, um auf diese Weise den Verdacht der Welt auf mich hinzulenken. Offen zu sagen, wie ich sie durch mein Dasein quäle, ist sie zu stolz; an andere meinetwegen zu appellieren, würde sie als eine Herabwürdigung ihrer selbst empfinden; nur aus Widerwillen, aus einem nicht aufhörenden, ewig sie antreibenden Widerwillen beschäftigt sie sich mit mir; diese unreine Sache auch noch vor der Öffentlichkeit zu besprechen, das wäre für ihre Scham zu viel. Aber es ist doch auch zu viel, von der Sache ganz zu schweigen, unter deren unaufhörlichem Druck sie steht. Und so versucht sie in ihrer Frauenschlauheit einen Mittelweg; schweigend, nur durch die äußern Zeichen eines geheimen Leides will sie die Angelegenheit vor das Gericht der Öffentlichkeit bringen. Vielleicht hofft sie sogar, daß, wenn die Öffentlichkeit einmal ihren vollen Blick auf mich richtet, ein allgemeiner öffentlicher Ärger gegen mich entstehen und mit seinen großen Machtmitteln mich bis zur vollständigen Endgültigkeit viel kräftiger und schneller richten wird, als es ihr verhältnismäßig doch schwacher privater Ärger imstande ist; dann aber wird sie sich zurückziehen, aufatmen und mir den Rücken kehren. Nun, sollten dies wirklich ihre Hoffnungen sein, so täuscht sie sich. Die Öffentlichkeit wird nicht ihre Rolle übernehmen; die Öffentlichkeit wird niemals so unendlich viel an mir auszusetzen haben, auch wenn sie mich unter ihre stärkste Lupe nimmt. Ich bin kein so unnützer Mensch, wie sie glaubt; ich will mich nicht rühmen und besonders nicht in diesem Zusammenhang; wenn ich aber auch nicht durch besondere Brauchbarkeit ausgezeichnet sein sollte, werde ich doch auch gewiß nicht gegenteilig auffallen; nur für sie, für ihre fast weißstrahlenden Augen bin ich so, niemanden andern wird sie davon überzeugen können. Also könnte ich in dieser Hinsicht völlig beruhigt sein? Nein, doch nicht; denn wenn es wirklich bekannt wird, daß ich sie geradezu krank mache durch mein Benehmen, und einige Aufpasser, eben die fleißigsten Nachrichten-Überbringer, sind schon nahe daran, es zu durchschauen oder sie stellen sich wenigstens so, als durchschauten sie es, und es kommt die Welt und wird mir die Frage stellen, warum ich denn die arme kleine Frau durch meine Unverbesserlichkeit quäle und ob ich sie etwa bis in den Tod zu treiben beabsichtige und wann ich endlich die Vernunft und das einfache menschliche Mitgefühl haben werde, damit aufzuhören – wenn mich die Welt so fragen wird, es wird schwer sein, ihr zu antworten. Soll ich dann eingestehn, daß ich an jene Krankheitszeichen nicht sehr glaube und soll ich damit den unangenehmen Eindruck hervorrufen, daß ich, um von einer Schuld loszukommen, andere beschuldige und gar in so unfeiner Weise? Und könnte ich etwa gar offen sagen, daß ich, selbst wenn ich an ein wirkliches Kranksein glaubte, nicht das geringste Mitgefühl hätte, da mir ja die Frau völlig fremd ist und die Beziehung, die zwischen uns besteht,

DIE MAUS, DIE SICH NICHT TRAUT

nur von ihr hergestellt ist und nur von ihrer Seite aus besteht. Ich will nicht sagen, daß man mir nicht glauben würde; man würde mir vielmehr weder glauben noch nicht glauben; man käme gar nicht so weit, daß davon die Rede sein könnte; man würde lediglich die Antwort registrieren, die ich hinsichtlich einer schwachen, kranken Frau gegeben habe, und das wäre wenig günstig für mich. Hier wie bei jeder andern Antwort wird mir eben hartnäckig in die Quere kommen die Unfähigkeit der Welt, in einem Fall wie diesem den Verdacht einer Liebesbeziehung nicht aufkommen zu lassen, trotzdem es bis zur äußersten Deutlichkeit zutage liegt, daß eine solche Beziehung nicht besteht und daß, wenn sie bestehen würde, sie eher noch von mir ausginge, der ich tatsächlich die kleine Frau in der Schlagkraft ihres Urteils und der Unermüdlichkeit ihrer Folgerungen immerhin zu bewundern fähig wäre, wenn ich nicht eben durch ihre Vorzüge immerfort gestraft würde. Bei ihr aber ist jedenfalls keine Spur einer freundlichen Beziehung zu mir vorhanden; darin ist sie aufrichtig und wahr; darauf ruht meine letzte Hoffnung; nicht einmal, wenn es in ihren Kriegsplan passen würde, an eine solche Beziehung zu mir glauben zu machen, würde sie sich soweit vergessen, etwas derartiges zu tun. Aber die in dieser Richtung völlig stumpfe Öffentlichkeit wird bei ihrer Meinung bleiben und immer gegen mich entscheiden.

So bliebe mir eigentlich doch nur übrig, rechtzeitig, ehe die Welt eingreift, mich soweit zu ändern, daß ich den Ärger der kleinen Frau nicht etwa beseitige, was undenkbar ist, aber doch ein wenig mildere. Und ich habe mich tatsächlich öfters gefragt, ob mich denn mein gegenwärtiger Zustand so befriedige, daß ich ihn gar nicht ändern wolle, und ob es denn nicht möglich wäre, gewisse Änderungen an mir vorzunehmen, auch wenn ich es nicht täte, weil ich von ihrer Notwendigkeit überzeugt wäre, sondern nur, um die Frau zu besänftigen.

Und ich habe es ehrlich versucht, nicht ohne Mühe und Sorgfalt, es entsprach mir sogar, es belustigte mich fast; einzelne Änderungen ergaben sich, waren weithin sichtbar, ich mußte die Frau nicht auf sie aufmerksam machen, sie merkt alles derartige früher als ich, sie merkt schon den Ausdruck der Absicht in meinem Wesen; aber ein Erfolg war mir nicht beschieden. Wie wäre es auch möglich? Ihre Unzufriedenheit mit mir ist ja, wie ich jetzt schon einsehe, eine grundsätzliche; nichts kann sie beseitigen, nicht einmal die Beseitigung meiner selbst; ihre Wutanfälle etwa bei der Nachricht meines Selbstmordes wären grenzenlos. Nun kann ich mir nicht vorstellen, daß sie, diese scharfsinnige Frau, dies nicht ebenso einsieht wie ich, und zwar sowohl die Aussichtslosigkeit ihrer Bemühungen als auch meine Unschuld, meine Unfähigkeit, selbst bei bestem Willen ihren Forderungen zu entsprechen. Gewiß sieht sie es ein, aber als Kämpfernatur vergißt sie es in der Leidenschaft des Kampfes, und meine unglückliche Art, die ich aber nicht anders wählen kann, denn sie ist mir nun einmal so gegeben, besteht darin, daß ich jemandem, der außer Rand und Band geraten ist, eine leise Mahnung zuflüstern will. Auf diese Weise werden wir uns natürlich nie verständigen. Immer wieder werde ich etwa im Glück der ersten Morgenstunden aus dem Hause treten und dieses um meinetwillen vergrämte Gesicht sehn, die verdrießlich aufgestülpten Lippen, den prüfenden und schon vor der Prüfung das Ergebnis kennenden Blick, der über mich hinfährt und dem selbst bei größter Flüchtigkeit nichts entgehen kann, das bittere in die mädchenhafte Wange sich einbohrende Lächeln, das klagende Aufschauen zum Himmel, das Einlegen der Hände in die Hüften, um sich zu festigen, und dann in der Empörung das Bleichwerden und Erzittern.

Letzthin machte ich, überhaupt zum erstenmal, wie ich mir bei dieser Gelegenheit erstaunt eingestand, einem guten

DIE MAUS, DIE SICH NICHT TRAUT

Freund einige Andeutungen von dieser Sache, nur nebenbei, leicht, mit ein paar Worten, ich drückte die Bedeutung des Ganzen, so klein sie für mich nach außen hin im Grunde ist, noch ein wenig unter die Wahrheit hinab. Sonderbar, daß der Freund dennoch nicht darüber hinweghörte, ja sogar aus eigenem der Sache an Bedeutung hinzugab, sich nicht ablenken ließ und dabei verharrte. Noch sonderbarer allerdings, daß er trotzdem in einem entscheidenden Punkt die Sache unterschätzte, denn er riet mir ernstlich, ein wenig zu verreisen. Kein Rat könnte unverständiger sein; die Dinge liegen zwar einfach, jeder kann sie, wenn er näher hinzutritt, durchschauen, aber so einfach sind sie doch auch nicht, daß durch mein Wegfahren alles oder auch nur das Wichtigste in Ordnung käme. Im Gegenteil, vor dem Wegfahren muß ich mich vielmehr hüten; wenn ich überhaupt irgendeinen Plan befolgen soll, dann jedenfalls den, die Sache in ihren bisherigen, engen, die Außenwelt noch nicht einbeziehenden Grenzen zu halten, also ruhig zu bleiben, wo ich bin, und keine großen, durch diese Sache veranlaßten, auffallenden Veränderungen zuzulassen, wozu auch gehört, mit niemandem davon zu sprechen, aber dies alles nicht deshalb, weil es irgendein gefährliches Geheimnis wäre, sondern deshalb, weil es eine kleine, rein persönliche und als solche immerhin leicht zu tragende Angelegenheit ist und weil sie dieses auch bleiben soll. Darin waren die Bemerkungen des Freundes doch nicht ohne Nutzen, sie haben mich nichts Neues gelehrt, aber mich in meiner Grundansicht bestärkt.

Wie es sich ja überhaupt bei genauerem Nachdenken zeigt, daß die Veränderungen, welche die Sachlage im Laufe der Zeit erfahren zu haben scheint, keine Veränderungen der Sache selbst sind, sondern nur die Entwicklung meiner Anschauung von ihr, insofern, als diese Anschauung teils ruhiger, männlicher wird, dem Kern näher kommt, teils allerdings auch unter dem nicht zu verwindenden Einfluß der fortwährenden Erschütterungen, seien diese auch noch so leicht, eine gewisse Nervosität annimmt.

Ruhiger werde ich der Sache gegenüber, indem ich zu erkennen glaube, daß eine Entscheidung, so nahe sie manchmal bevorzustehen scheint, doch wohl noch nicht kommen wird; man ist leicht geneigt, besonders in jungen Jahren, das Tempo, in dem Entscheidungen kommen, sehr zu überschätzen; wenn einmal meine kleine Richterin, schwach geworden durch meinen Anblick, seitlich in den Sessel sank, mit der einen Hand sich an der Rückenlehne festhielt, mit der anderen an ihrem Schnürleib nestelte, und Tränen des Zornes und der Verzweiflung ihr die Wangen hinabrollten, dachte ich immer, nun sei die Entscheidung da und gleich würde ich vorgerufen werden, mich zu verantworten. Aber nichts von Entscheidung, nichts von Verantwortung, Frauen wird leicht übel, die Welt hat nicht Zeit, auf alle Fälle aufzupassen. Und was ist denn eigentlich in all den Jahren geschehn? Nichts weiter, als daß sich solche Fälle wiederholten, einmal stärker, einmal schwächer, und daß nun also ihre Gesamtzahl größer ist. Und daß Leute sich in der Nähe herumtreiben und gern eingreifen würden, wenn sie eine Möglichkeit dazu finden würden; aber sie finden keine, bisher verlassen sie sich nur auf ihre Witterung, und Witterung allein genügt zwar, um ihren Besitzer reichlich zu beschäftigen, aber zu anderem taugt sie nicht. So aber war es im Grunde immer, immer gab es diese unnützen Eckensteher und Lufteinatmer, welche ihre Nähe immer auf irgendeine überschlaue Weise, am liebsten durch Verwandtschaft, entschuldigten, immer haben sie aufgepaßt, immer haben sie die Nase voll Witterung gehabt, aber das Ergebnis alles dessen ist nur, daß sie noch immer dastehn. Der ganze Unterschied besteht darin, daß ich sie allmählich erkannt habe, ihre Gesichter unterscheide; früher habe ich geglaubt, sie kä men allmählich von überall her zusammen, die Ausmaße der Angelegenheit vergrößerten sich und würden von selbst die Entscheidung erzwingen; heute glaube ich zu wissen, daß das alles von altersher da war und mit dem Herankommen der Entscheidung sehr wenig oder nichts zu tun hat. Und die Entscheidung selbst, warum benenne ich sie mit einem so großen Wort? Wenn es einmal – und gewiß nicht morgen und übermorgen und wahrscheinlich niemals – dazu kommen sollte, daß sich die Öffentlichkeit doch mit dieser Sache, für die sie, wie ich immer wiederholen werde, nicht zuständig ist, beschäftigt, werde ich zwar nicht unbeschädigt aus dem Verfahren hervorgehen, aber es wird doch wohl in Betracht gezogen werden, daß ich der Öffentlichkeit nicht unbekannt bin, in ihrem vollen Licht seit jeher lebe, vertrauensvoll und Vertrauen verdienend, und daß deshalb diese nachträglich hervorgekommene leidende kleine Frau, die nebenbei bemerkt ein anderer als ich vielleicht längst als Klette erkannt und für die Öffentlichkeit völlig geräuschlos unter seinem Stiefel zertreten hätte, daß diese Frau doch schlimmstenfalls nur einen kleinen häßlichen Schnörkel dem Diplom hinzufügen könnte, in welchem mich die Öffentlichkeit längst als ihr achtungswertes Mitglied erklärt. Das ist der heutige Stand der Dinge, der also wenig geeignet ist, mich zu beunruhigen.

Daß ich mit den Jahren doch ein wenig unruhig geworden bin, hat mit der eigentlichen Bedeutung der Sache gar nichts zu tun; man hält es einfach nicht aus, jemanden immerfort zu ärgern, selbst wenn man die Grundlosigkeit des Ärgers wohl erkennt; man wird unruhig, man fängt an, gewissermaßen nur körperlich, auf Entscheidungen zu lauern, auch wenn man an ihr Kommen vernünftigerweise nicht sehr glaubt. Zum Teil aber handelt es sich auch nur um eine Alterserscheinung; die Jugend kleidet alles gut; unschöne Einzelheiten verlieren sich in der unaufhörlichen Kraftquelle der Jugend; mag einer als Junge einen etwas lauernden Blick gehabt haben, er ist ihm nicht übelgenommen, er ist gar nicht bemerkt worden, nicht einmal von ihm selbst, aber, was im Alter übrigbleibt, sind Reste, jeder ist nötig, keiner wird erneut, jeder steht unter Beobachtung, und der lauernde Blick eines alternden Mannes ist eben ein ganz deutlich lauernder Blick, und es ist nicht schwierig, ihn festzustellen. Nur ist es aber auch hier keine wirkliche sachliche Verschlimmerung.

Von wo aus also ich es auch ansehe, immer wieder zeigt sich und dabei bleibe ich, daß, wenn ich mit der Hand auch nur ganz leicht diese kleine Sache verdeckt halte, ich noch sehr lange, ungestört von der Welt, mein bisheriges Leben ruhig werde fortsetzen dürfen, trotz allen Tobens der Frau.

EL 252–261


## Das Unglück des Junggesellen

Es scheint so arg, Junggeselle zu bleiben, als alter Mann unter schwerer Wahrung der Würde um Aufnahme zu bitten, wenn man einen Abend mit Menschen verbringen will, krank zu sein und aus dem Winkel seines Bettes wochenlang das leere Zimmer anzusehn, immer vor dem Haustor Abschied zu nehmen, niemals neben seiner Frau sich die Treppe hinaufzudrängen, in seinem Zimmer nur Seitentüren zu haben, die in fremde Wohnungen führen, sein Nachtmahl in einer Hand nach Hause zu tragen, fremde Kinder anstaunen zu müssen und nicht immerfort wiederholen zu dürfen: »Ich habe keine«, sich im Aussehn und Benehmen nach ein oder zwei Junggesellen der Jugenderinnerungen auszubilden.

So wird es sein, nur daß man auch in Wirklichkeit heute und später selbst dastehen wird, mit einem Körper und einem wirklichen Kopf, also auch einer Stirn, um mit der Hand an sie zu schlagen.

EL 21 f

### Sisyphus

Das unendliche tiefe warme erlösende Glück neben dem Korb seines Kindes zu sitzen der Mutter gegenüber.

Es ist auch etwas darin von dem Gefühl: es kommt nicht mehr auf Dich an, es sei denn daß Du es willst. Dagegen das Gefühl des Kinderlosen: immerfort kommt es auf Dich an ob Du willst oder nicht, jeden Augenblick bis zum Ende, jeden nervenzerrenden Augenblick, immerfort kommt es auf Dich an und ohne Ergebnis. Sisyphus war ein Junggeselle.

TB3 201

### Schlechte Gedanken

Ehrenhaftigkeit schlechter Gedanken. Gestern abend fühlte ich mich besonders elend. Mein Magen war wieder verdorben, ich hatte mit Mühe geschrieben, der Vorlesung Löwys im Kaffeehaus, (das zuerst still war und von uns geschont werden mußte, das sich dann aber belebte und uns nicht in Ruhe ließ) hatte ich mit Anstrengung zugehört, meine traurige nächste Zukunft erschien mir nicht wert in sie einzutreten, verlassen gieng ich durch die Ferdinandstraße. Da kamen mir an der Mündung des Bergstein wieder die Gedanken an die spätere Zukunft. Wie wollte ich sie mit diesem aus einer Rumpelkammer gezogenem Körper ertragen? Auch im Talmud heißt es: Ein Mann ohne Weib ist kein Mensch. Gegenüber solchen Gedanken blieb mir an diesem Abend keine

andere Hilfe als daß ich mir sagte: »Jetzt kommt ihr schlechte Gedanken, jetzt weil ich schwach bin und verdorbenen
Magen habe. Gerade jetzt wollt ihr euch durchdenken lassen.
Nur darauf was Euch wohltut habt ihr es abgesehn. Schämt
Euch. Kommt ein anderesmal, wenn ich kräftiger bin. Nützt
meinen Zustand nicht so aus.« Und tatsächlich, ohne andere
Beweise auch nur abzuwarten, wichen sie zurück, zerstreuten
sich langsam und störten mich nicht mehr auf meinem weitern natürlich nicht übermäßig glücklichen Spaziergang. Sie
vergaßen aber offenbar, daß sie, wenn sie alle meine schlechten Zustände respektieren wollen, selten an die Reihe kommen werden.

TB1 206 f


## Zölibat und Selbstmord

Zölibat und Selbstmord stehn auf ähnlicher Erkenntnisstufe,
Selbstmord und Märtyrertod keineswegs, vielleicht Ehe und
Märtyrertod.

HAL 64


## Der Ehemann

Der Ehemann ist von einem Pfahl – man weiß nicht von wo
der kam – von hinten getroffen niedergeworfen und durch-
bohrt worden. Auf dem Boden liegend klagt er mit erhobe-
nem Kopf und ausgebreiteten Armen. Später kann er sich
auch schon für einen Augenblick schwankend erheben. Er
weiß nichts anderes zu erzählen, als wie er getroffen wurde
und zeigt die beiläufige Richtung, aus der seiner Meinung
nach der Pfahl gekommen ist. Diese immer gleichen Erzäh-

lungen ermüden schon die Ehefrau, zumal der Mann immer wieder eine andere Richtung zeigt.

TB2 177

*Gebunden sein*

Das Gefühl haben, gebunden zu sein und gleichzeitig das andere, daß, wenn man losgebunden würde, es noch ärger wäre.

TB1 108

*Gespenster*

Auf der Treppe traf ich einen Mieter aus dem gleichen Stockwerk.

»Sie gehen schon wieder weg, Sie Lump?« fragte er, auf seinen über zwei Stufen ausgebreiteten Beinen ausruhend.

»Was soll ich machen?« sagte ich, »jetzt habe ich ein Gespenst im Zimmer gehabt.«

»Sie sagen das mit der gleichen Unzufriedenheit, wie wenn Sie ein Haar in der Suppe gefunden hätten.«

»Sie spaßen. Aber merken Sie sich, ein Gespenst ist ein Gespenst.«

»Sehr wahr. Aber wie, wenn man überhaupt nicht an Gespenster glaubt?«

»Ja meinen Sie denn, ich glaube an Gespenster? Was hilft mir aber dieses Nichtglauben?«

»Sehr einfach. Sie müssen eben keine Angst mehr haben, wenn ein Gespenst wirklich zu Ihnen kommt.«

»Ja, aber das ist doch die nebensächliche Angst. Die eigentliche Angst ist die Angst vor der Ursache der Erscheinung. Und diese Angst bleibt. Die habe ich geradezu großartig in mir.« Ich fing vor Nervosität an, alle meine Taschen zu durchsuchen.

»Da Sie aber vor der Erscheinung selbst keine Angst hatten, hätten Sie sie doch ruhig nach ihrer Ursache fragen können!«

»Sie haben offenbar noch nie mit Gespenstern gesprochen. Aus denen kann man ja niemals eine klare Auskunft bekommen. Das ist ein Hinundher. Diese Gespenster scheinen über ihre Existenz mehr im Zweifel zu sein, als wir, was übrigens bei ihrer Hinfälligkeit kein Wunder ist.«

»Ich habe aber gehört, daß man sie auffüttern kann.«

»Da sind Sie gut berichtet. Das kann man. Aber wer wird das machen?«

»Warum nicht? Wenn es ein weibliches Gespenst ist z. B.«, sagte er und schwang sich auf die obere Stufe.

EL 34 f

## Verehrtes Fräulein, entschuldigen Sie

Verehrtes Fräulein, entschuldigen Sie, daß ich nicht auf der Schreibmaschine schreibe, aber ich habe Ihnen so entsetzlich viel zu schreiben, die Schreibmaschine steht drüben im Korridor, außerdem scheint mir dieser Brief so dringend, auch haben wir heute in Böhmen Feiertag (was übrigens nicht mehr so streng zu obiger Entschuldigung gehört) die Schreibmaschine schreibt mir auch nicht genug schnell, schönes Wetter ist auch, warm, das Fenster ist offen (meine Fenster sind aber immer offen) ich kam, was schon lange nicht geschehn ist, ein wenig singend ins Bureau und wenn ich nicht gekommen wäre, um Ihren Brief abzuholen, ich wüßte wirklich nicht, warum ich heute an einem Feiertag ins Bureau hätte kommen sollen.

## DIE MAUS, DIE SICH NICHT TRAUT

Wie ich zu Ihrer Adresse komme? Danach fragen Sie ja nicht, wenn Sie danach fragen. Ich habe mir eben Ihre Adresse ausgebettelt. Zuerst bekam ich irgend eine Aktiengesellschaft genannt, aber das hat mir nicht gefallen. Dann bekam ich Ihre Wohnungadresse ohne Nr. und dann die Nr. dazu. Jetzt war ich zufrieden und schrieb erst recht nicht, denn ich hielt die Adresse schon immerhin für etwas. Außerdem fürchtete ich, daß die Adresse falsch wäre, denn wer war Immanuel Kirch? Und nichts ist trauriger, als einen Brief an eine unsichere Adresse zu schicken, das ist ja dann kein Brief, das ist mehr ein Seufzer. Als ich dann wußte, daß in Ihrer Gasse eine Imm.-Kirche steht, war wieder eine Zeitlang gut. Nur hätte ich zu Ihrer Adresse gern noch die Bezeichnung einer Himmelsrichtung gehabt, weil das doch bei Berliner Adressen immer so ist. Ich für meinen Teil hätte Sie gern in den Norden verlegt, trotzdem das, wie ich glaube, eine arme Gegend ist.

Aber abgesehen von diesen Adressensorgen (man weiß ja in Prag gar nicht bestimmt ob Sie in Nr. 20 oder 30 wohnen) was hat mein Jammerbrief alles leiden müssen, ehe er geschrieben wurde. Jetzt da die Tür zwischen uns sich zu rühren anfängt oder wir wenigstens die Klinke in der Hand halten, kann ich es doch sagen, wenn ich es nicht sogar sagen muß. Was für Launen halten mich, Fräulein! Ein Regen von Nervositäten geht ununterbrochen auf mich herunter. Was ich jetzt will, will ich nächstens nicht. Wenn ich auf der Stiege oben bin, weiß ich noch immer nicht in welchem Zustand ich sein werde, wenn ich in die Wohnung trete. Ich muß Unsicherheiten in mir aufhäufen, ehe sie eine kleine Sicherheit oder ein Brief werden. Wie oft!, – um nicht zu übertreiben, sage ich an 10 Abenden – habe ich mir vor dem Einschlafen jenen ersten Brief zusammengestellt. Nun ist es eines meiner Leiden, daß ich nichts, was ich vorher ordentlich zusammengestellt habe, später in einem Flusse niederschreiben kann. Mein Gedächt-

241

nis ist ja sehr schlecht, aber selbst das beste Gedächtnis könnte mir nicht zum genauen Niederschreiben eines auch nur
kleinen, vorher ausgedachten und bloß gemerkten Abschnit-
tes helfen, denn innerhalb jedes Satzes gibt es Übergänge, die
vor der Niederschrift in Schwebe bleiben müssen. Setze ich
mich dann um den gemerkten Satz zu schreiben, sehe ich nur
Brocken, die da liegen, sehe weder zwischen ihnen durch,
noch über sie hinweg und hätte nur die Feder wegzuwerfen,
wenn das meiner Lauheit entsprechen würde. Trotzdem aber
überlegte ich jenen Brief, denn ich war ja gar nicht entschlossen, ihn zu schreiben und solche Überlegungen sind eben
auch das beste Mittel, mich vom Schreiben abzuhalten. Einmal, erinnere ich mich, stand ich so gar aus dem Bett auf, um
das, was ich für Sie überlegt hatte, aufzuschreiben. Aber ich
stieg doch wieder gleich zurück ins Bett, weil ich mir – das ist
ein zweites meiner Leiden – die Narrheit meiner Unruhe vor-
warf und behauptete, ich könnte das was ich genau im Kopfe
habe, auch am Morgen niederschreiben. Gegen Mitternacht
dringen solche Behauptungen immer durch.

AN FELICE BAUER 1912. BR1 173 ff


*Meine neueste Photographie*

Auf die Gefahr hin, Dir den Sonntag zu verderben, schicke ich
Dir meine neueste Photographie undzwar gleich in 3 Exem-
plaren, da ich gefunden zu haben glaube, daß sie in größerer
Anzahl an Schrecken verliert. Ich weiß mir keine Hilfe, dieses
Blitzlicht gibt mir immer ein irrsinniges Aussehn, das Gesicht
wird verdreht, die Augen schielen und starren. Habe keine
Angst Liebste, so sehe ich nicht aus, dieses Bild gilt nicht, das
sollst Du nicht bei Dir tragen, ich werde Dir bald ein besseres
schicken. In Wirklichkeit bin ich zumindest noch einmal so

schön, wie auf diesem Bild. Genügt Dir das nicht Liebste, dann ist es allerdings schlimm.

AN FELICE BAUER 1913. BR2 17 f


*Mein Aussehn*

Nein Felice mein Aussehn ist nicht meine schlimmste Eigenschaft.

AN FELICE BAUER 1913. BR2 175


*Die Liebe und das Wildschwein*

Schon als Kind bin ich immer in großer Bewunderung vor einem schlechten Buntdruck in der Auslage eines Bildergeschäftes gestanden, auf dem der Selbstmord eines Liebespaares dargestellt war. Es war eine Winternacht und der Mond nur für diesen letzten Augenblick zwischen großen Wolken sichtbar. Die beiden waren am Ende eines kleinen hölzernen Landungssteges und machten gerade den entscheidenden Schritt. Gleichzeitig strebte der Fuß des Mädchens und des Mannes in die Tiefe und man fühlte aufatmend wie beide schon von der Schwerkraft ergriffen waren. Es ist mir nur noch erinnerlich, daß das Mädchen um den bloßen Kopf einen dünnen hellgrünen Schleier gewunden hatte der lose flatterte, während der dunkle Mantel des Mannes vom Wind gestrafft wurde. Sie hielten einander umfaßt und man konnte nicht sagen, sie zog oder er trieb, so gleichmäßig und notwendig gieng es vorwärts und man fühlte vielleicht undeutlich schon damals, wenn man es auch erst später erkannte, daß es für Liebe vielleicht keinen andern Ausweg gibt, als den, der da dargestellt wurde. Aber damals war ich noch ein Kind und das

243

Bild das gewöhnlich neben jenem hieng und ein Wildschwein zeigte, das durch einen riesigen Sprung aus dem Waldesdunkel ein Jägerfrühstück in einer Waldlichtung störte, daß die Jäger sich hinter Bäume versteckten und die Teller und Speisen in die Luft flogen, hat mich gewiß noch viel besser unterhalten.

AN FELICE BAUER 1913. BR2 110

## Ich kann auch Lachen

Ich kann auch lachen, Felice, zweifle nicht daran, ich bin sogar als großer Lacher bekannt, doch war ich in dieser Hinsicht früher viel närrischer als jetzt. Es ist mir sogar passiert, daß ich in einer feierlichen Unterredung mit unserem Präsidenten – es ist schon zwei Jahre her wird aber in der Anstalt als Legende mich überleben – zu lachen angefangen habe; aber wie! Es wäre zu umständlich, Dir die Bedeutung dieses Mannes darzustellen, glaube mir also, daß sie sehr groß ist, und daß ein normaler Anstaltsbeamter sich diesen Mann nicht auf der Erde, sondern in den Wolken vorstellt. Und da wir im allgemeinen nicht viel Gelegenheit haben mit dem Kaiser zu reden, so ersetzt dieser Mann dem normalen Beamten – ähnlich ist es ja in allen großen Betrieben – das Gefühl einer Zusammenkunft mit dem Kaiser. Natürlich haftet auch diesem Mann, wie jedem in ganz klare allgemeine Beobachtung gestellten Menschen, dessen Stellung nicht ganz dem eigenen Verdienste entspricht, genug Lächerlichkeit an, aber sich durch eine solche Selbstverständlichkeit, durch diese Art Naturerscheinung, gar in der Gegenwart des großen Mannes zum Lachen verleiten lassen, dazu muß man schon gottverlassen sein. Wir – zwei Kollegen und ich – waren damals gerade zu einem höhern Rang erhoben worden und hatten uns in feierlichem schwarzen Anzug beim Präsidenten zu bedanken, wobei ich nicht zu sagen vergessen darf, daß ich aus besonderem Grunde dem Präsidenten von vornherein zu besonderem Dank verpflichtet bin. Der würdigste von uns dreien – ich war der jüngste – hielt die Dankrede, kurz, vernünftig, schneidig wie das seinem Wesen entsprach. Der Präsident hörte in seiner gewöhnlichen, bei feierlichen Gelegenheit gewählten, ein wenig an die Audienzhaltung unseres Kaisers erinnernden, tatsächlich (wenn man will und nicht anders kann) urkomischen Stellung zu. Die Beine leicht gekreuzt, die linke Hand zur Faust geballt auf die äußerste Tischecke gelegt, den Kopf gesenkt so daß sich der weiße Vollbart auf der Brust einbiegt und zu alledem den nicht allzu großen aber immerhin vortretenden Bauch ein wenig schaukelnd. Ich muß damals in einer sehr unbeherrschbaren Laune gewesen sein, denn diese Stellung kannte ich schon zur Genüge und es war gar nicht nötig, daß ich, allerdings mit Unterbrechungen, kleine Lachanfälle bekam, die sich aber noch leicht als Hustenreiz erklären ließen, zumal der Präsident nicht aufsah. Auch hielt mich die klare Stimme meines Kollegen, der nur vorwärts blickte und meinen Zustand wohl bemerkte, ohne sich aber von ihm beeinflussen zu lassen, noch genug im Zaum. Da hob aber der Präsident nach Beendigung der Rede meines Kollegen das Gesicht und nun packte mich für einen Augenblick ein Schrecken ohne Lachen, denn nun konnte er ja auch meine Mienen sehn und leicht feststellen, daß das Lachen, das mir zu meinem Leidwesen aus dem Munde kam, durchaus kein Husten war. Als er aber seine Rede anfieng, wieder diese übliche, längst vorher bekannte, kaiserlich schematische, von schweren Brusttönen begleitete, ganz und gar sinnlose und unbegründete Rede, als mein Kollege durch Seitenblicke mich, der ich mich ja gerade zu beherrschen suchte, warnen wollte und mich gerade dadurch lebhaft an den Genuß des

245

DER KOMISCHE KAFKA

frühern Lachens erinnerte, konnte ich mich nicht mehr halten und alle Hoffnung schwand mir, daß ich mich jemals würde halten können. Zuerst lachte ich nur zu den kleinen hie und da eingestreuten zarten Späßchen des Präsidenten; während es aber Gesetz ist, daß man zu solchen Späßchen nur gerade in Respekt das Gesicht verzieht, lachte ich schon aus vollem Halse, ich sah wie meine Kollegen aus Furcht vor Ansteckung erschraken, ich hatte mit ihnen mehr Mitleid als mit mir, aber ich konnte mir nicht helfen, dabei suchte ich mich nicht etwa abzuwenden oder die Hand vorzuhalten, sondern starrte immerzu dem Präsidenten in meiner Hilflosigkeit ins Gesicht, unfähig das Gesicht wegzuwenden, wahrscheinlich in einer gefühlsmäßigen Annahme, daß nichts besser, alles nur schlechter werden könne und daß es daher am besten sei, jede Veränderung zu vermeiden. Natürlich lachte ich dann, da ich nun schon einmal im Gange war, nicht mehr bloß über die gegenwärtigen Späßchen, sondern auch über die vergangenen und die zukünftigen und über alle zusammen und kein Mensch wußte mehr, worüber ich eigentlich lache; eine allgemeine Verlegenheit fieng an, nur der Präsident war noch verhältnismäßig unbeteiligt, als großer Mann, der an Vielerlei in der Welt gewöhnt ist und dem übrigens die Möglichkeit der Respektlosigkeit vor seiner Person gar nicht eingehn kann. Wenn wir in diesem Zeitpunkt herausgeschlüpft wären, der Präsident kürzte auch vielleicht seine Rede ein wenig ab, wäre noch alles ziemlich gut abgelaufen, mein Benehmen wäre zwar zweifellos unanständig gewesen, diese Unanständigkeit wäre aber nicht offen zur Sprache gekommen und die Angelegenheit wäre, wie dies mit solchen scheinbar unmöglichen Dingen öfters geschieht, durch stillschweigendes Übereinkommen unserer vier, die wir beteiligt waren, erledigt gewesen. Nun fieng aber zum Unglück der bisher nicht erwähnte Kollege (ein fast 40 jähriger Mann mit rundem kindischen

246

aber bärtigen Gesicht, dabei ein fester Biertrinker) eine kleine
ganz unerwartete Rede an. Im Augenblick war es mir vollständig unbegreiflich, er war ja schon durch mein Lachen ganz aus
der Fassung gebracht gewesen, hatte mit vor verhaltenem Lachen aufgeblähten Wangen dagestanden und – jetzt fieng er
eine ernste Rede an. Nun war das aber bei ihm gut verständlich. Er hat ein so leeres hitziges Temperament, ist imstande,
von allen anerkannte, Behauptungen leidenschaftlich endlos
zu vertreten und die Langweile dieser Reden wäre ohne das
Lächerliche und Sympathische ihrer Leidenschaft unerträglich. Nun hatte der Präsident in aller Harmlosigkeit irgendetwas gesagt, was diesem Kollegen nicht ganz paßte, außerdem
hatte er, vielleicht durch den Anblick meines schon ununter-
brochenen Lachens beeinflußt, ein wenig daran vergessen wo
er sich befand, kurz er glaubte, es sei der richtige Augenblick
gekommen, mit seinen besondern Ansichten hervorzutreten
und den (gegen alles, was andere reden, natürlich zum Tode
gleichgültigen) Präsidenten zu überzeugen. Als er also jetzt
mit schwingenden Handbewegungen etwas (schon im Allgemeinen und hier insbesondere) Läppisches daherredete, wurde es mir zu viel, die Welt, die ich bisher immerhin im Schein
vor den Augen gehabt hatte, vergieng mir völlig und ich
stimmte ein so lautes rücksichtsloses Lachen an, wie es vielleicht in dieser Herzlichkeit nur Volksschülern in ihren Schul-
bänken gegeben ist. Alles verstummte und nun war ich endlich mit meinem Lachen anerkannter Mittelpunkt. Dabei
schlotterten mir natürlich vor Angst die Knie, während ich
lachte, und meine Collegen konnten nun ihrerseits nach Belieben mitlachen, die Gräßlichkeit meines solange vorbereite-
ten und geübten Lachens erreichten sie ja doch nicht und blieben vergleichsweise unbemerkt. Mit der rechten Hand meine
Brust schlagend, zum Teil im Bewußtsein meiner Sünde (in
Erinnerung an den Versöhnungstag) zum Teil um das viele

247

verhaltene Lachen aus der Brust herauszutreiben, brachte ich vielerlei Entschuldigungen für mein Lachen vor, die vielleicht alle sehr überzeugend waren, aber infolge neuen immer dazwischenfahrenden Lachens gänzlich unverstanden blieben. Nun war natürlich selbst der Präsident beirrt und nur in dem solchen Leuten schon mit allen seinen Hilfsmitteln eingeborenen Gefühl alles möglichst abzurunden, fand er irgend eine Phrase, die meinem Heulen irgend eine menschliche Erklärung gab, ich glaube eine Beziehung zu einem Spaß, den er vor langer Zeit gemacht hatte. Dann entließ er uns eilig. Unbesiegt, mit großem Lachen, aber totunglücklich stolperte ich als erster aus dem Saal. – Die Sache ist ja durch einen Brief, den ich dem Präsidenten gleich danach schrieb, sowie durch Vermittlung eines Sohnes des Präsidenten, den ich gut kenne, endlich auch durch den Zeitverlauf zum größten Teil besänftigt worden, gänzliche Verzeihung habe ich natürlich nicht erlangt und werde sie auch nie erlangen. Aber daran liegt nicht viel, vielleicht habe ich es damals nur getan, um Dir später einmal beweisen zu können, daß ich lachen kann.

AN FELICE BAUER 1913. BR2 26-29

## Meine neuen Ideen

Also meine neuen Ideen:
1 Es wird ein Schreibmaschinenbureau eingerichtet, in welchem alles, was in Lindströms Parlographen diktiert ist, zum Selbstkostenpreis oder anfangs zur Einführung vielleicht etwas unter dem Selbstkostenpreis in Schreibmaschinenschrift übertragen wird. Das Ganze kann dadurch vielleicht noch billiger werden, daß man sich mit einer Schreibmaschinenfabrik zu diesem Zweck in Verbindung setzt, welche gewiß aus Reklame- und Konkurrenzgründen günstige Bedingungen stellen wird.

DIE MAUS, DIE SICH NICHT TRAUT

2  Es wird ein Parlograph erfunden (kommandier, Liebste, die
Werkmeister!) der das Diktat erst nach Einwurf einer Geld-
münze aufnimmt. Solche Parlographen werden nun überall
aufgestellt, wo gegenwärtig Automaten, Mutoscope und dgl.
stehn. Auf jedem solchen Parlographen wird wie auf den Post-
kästen die Stunde verzeichnet sein, zu welcher das Diktierte,
in Schreibmaschinenschrift übertragen, der Post übergeben
werden wird. Ich sehe schon die kleinen Automobile der Lind-
ström A.-G., mit welchen die benutzten Walzen dieser Parlographen eingesammelt und frische Walzen gebracht werden.
3  Man setzt sich mit dem Reichspostamt in Verbindung und
stellt solche Parlographen auf allen größern Postämtern auf.
4  Außerdem werden solche Apparate überall dort aufgestellt,
wo man zwar Zeit und Bedürfnis zum Schreiben, aber nicht
die nötige Ruhe und Bequemlichkeit hat, also in Eisenbahn-
waggons, auf Schiffen, im Zeppelin, in der Elektrischen (wenn
man zum Professor fährt). Hast Du bei Deiner Hotelrundfra-
ge besonders an die Sommerfrischenhotels gedacht, wo die
vor Geschäftsunruhe zappelnden Kaufleute die Parlographen
umlagern würden.
5  Es wird eine Verbindung zwischen dem Telephon und dem
Parlographen erfunden, was doch wirklich nicht so schwer
sein kann. Gewiß meldest Du mir schon übermorgen, daß es
gelungen ist. Das hätte natürlich ungeheuere Bedeutung für
Redaktionen, Korrespondenzbureaux u. s. w. Schwerer, aber
wohl auch möglich, wäre eine Verbindung zwischen Grammophon und Telephon. Schwerer deshalb, weil man ja das
Grammophon überhaupt nicht versteht und ein Parlograph
nicht um deutliche Aussprache bitten kann. Eine Verbindung
zwischen Grammoph. und Telephon hätte ja auch keine so
große allgemeine Bedeutung, nur für Leute, die, wie ich, vor
dem Telephon Angst haben, wäre es eine Erleichterung. Allerdings haben Leute wie ich auch vor dem Grammophon Angst

249

und es ist ihnen überhaupt nicht zu helfen. Übrigens ist die Vorstellung ganz hübsch, daß in Berlin ein Parlograph zum Telephon geht und in Prag ein Grammophon und diese zwei eine kleine Unterhaltung mit einander führen. Aber Liebste die Verbindung zwischen Parlograph und Telephon muß unbedingt erfunden werden.

AN FELICE BAUER 1913. BR2 56 ff

*Ich komme nicht*

Ich habe mich ein wenig verirrt, aber es tut nichts, denn Sie sind vielleicht mitgegangen und nun sind wir beide verirrt. Das ist ja das eigentlich Schöne bei Ihrer Übersetzung, daß sie treu ist (zanken Sie mich nur wegen des »treu« aus, Sie können alles, aber zanken können Sie vielleicht am besten, ich wollte Ihr Schüler sein und immerfort Fehler machen, um nur immerfort von Ihnen ausgezankt werden zu dürfen; man sitzt auf der Schulbank, wagt kaum aufzuschauen, Sie sind über einen gebeugt und immerfort flimmert oben Ihr Zeigefinger, mit dem Sie Aussetzungen machen, ist es so?) also daß sie »treu« ist und daß ich das Gefühl habe, als führte ich Sie an der Hand hinter mir durch die unterirdischen, finstern, niedrigen, häßlichen Gänge der Geschichte, fast endlos (deshalb sind die Sätze endlos, haben Sie das nicht erkannt?) fast endlos (zwei Monate nur, sagen Sie?) um dann beim Ausgang im hellen Tag hoffentlich den Verstand zu haben, zu verschwinden.

Eine Mahnung für heute abzubrechen, für heute die glückbringende Hand freizugeben. Morgen schreibe ich wieder und werde erklären, warum ich, soweit ich für mich bürgen kann, nicht nach Wien kommen werde und werde mich nicht früher damit beruhigen, ehe Sie sagen: Er hat recht.

AN MILENA POLLAK 1920. BR4 151

## Ich komme ganz bestimmt nicht

Also die gestern versprochene Erklärung:
Ich will nicht (Milena, helfen Sie mir! Verstehen Sie mehr, als ich sage!) ich will nicht (das ist kein Stottern) nach Wien kommen, weil ich die Anstrengung geistig nicht aushalten würde ...
Soviel ist bisher sicher, daß ich Montag von hier fortfahre, manchmal sehe ich das Telegramm an und kann es kaum lesen, es ist als wäre da eine Geheimschrift, die die obere Schrift verwischt und lautet: Fahre über Wien! ein offenbarer Befehl, aber ohne jede Schrecklichkeit der Befehle. Ich tue es nicht, schon äußerlich ist es unsinnig, nicht den kurzen Weg über München zu nehmen, sondern den doppelt so langen über Linz und dann gar auch noch weiter über Wien ...
Es ist so, daß mein Urlaub Ende Juni zuendegeht und ich zum Übergang – auch wird es hier schon sehr heiß, was mich allerdings an sich nicht stören würde – noch irgendwo anders auf dem Land sein will. Auch sie wollte fahren, nun sollen wir einander dort treffen ich bleibe paar Tage dort und dann vielleicht noch paar Tage in Konstantinsbad bei meinen Eltern, dann fahre ich nach Prag, überblicke ich diese Reisen und vergleiche sie mit dem Zustand meines Kopfes, dann ist mir etwa so, wie es Napoleon hätte sein müssen, wenn er bei Entwerfen der Pläne für den russischen Feldzug gleichzeitig ganz genau den Ausgang gewußt hätte.
Ich komme ganz bestimmt nicht, ... sollte ich aber doch – es wird nicht geschehn – zu meiner schrecklichen Überraschung in Wien sein, dann brauche ich weder Frühstück noch Abendessen, sondern eher eine Bahre auf der ich mich ein Weilchen niederlegen kann.

BR4 154 ff

DER KOMISCHE KAFKA

### Ich glaube, ich komme nicht

Ob ich nach Wien komme, kann ich heute noch nicht sagen,
ich glaube aber, ich komme nicht. Hatte ich früher viele Ge-
gengründe, hätte ich heute nur den einen, nämlich daß es
über meine geistige Kraft geht und dann noch vielleicht als
fernen Nebengrund, daß es so für uns alle besser ist.

BR4 177

### Ich komme sicher

So war es gestern, heute würde ich z. B. sagen, daß ich sicher
nach Wien kommen werde, da aber heute heute und morgen
morgen ist lasse ich mir noch die Freiheit. Überraschen werde ich Dich keinesfalls, auch nicht nach Donnerstag kommen.
Komme ich nach Wien, schreibe ich Dir einen Rohrpostbrief
ich könnte niemanden sehn außer Dir, das weiß ich, vor
Dienstag gewiß nicht. Ich käme am Südbahnhof an, weiß
noch nicht wo ich wegfahre, würde also beim Südbahnhof
wohnen; schade daß ich nicht weiß wo Du Deine Südbahn-
Stunden gibst, da könnte ich ja um 5 Uhr dort warten. (Diesen Satz muß ich schon in einem Märchen gelesen haben, irgendwo in der Nähe des andern Satzes: Wenn sie noch nicht
gestorben sind, so leben sie noch heute) Ich sah heute einen
Plan von Wien, einen Augenblick lang erschien es mir unverständlich, daß man eine so große Stadt aufgebaut hat, während Du doch nur ein Zimmer brauchst.

BR4 194 f

252

### DIE MAUS, DIE SICH NICHT TRAUT

## Ich komme hochstwahrscheinlich

Man ist unausgeschlafen viel gescheidter als ausgeschlafen, gestern war ich ein wenig ausgeschlafen, gleich schrieb ich die bestimmten Dummheiten über die Wiener Reise. Schließlich ist diese Reise nichts Geringes, nichts um Späße damit zu machen. Überraschen werde ich Dich jedenfalls auf keine Weise, ich zittere allein schon bei der Vorstellung dessen. Ich komme ja gar nicht in Deine Wohnung. Hast Du Donnerstag noch keinen Rohrpostbrief, dann bin ich nach Prag gefahren. Übrigens käme ich wie ich höre doch am Westbahnhof an gestern schrieb ich, glaube ich, Südbahnhof, nun das ist ja gleichgültig. Ich bin auch nicht allzusehr über dem allgemeinen Höchstmaß unpraktisch, untransportabel, nachlässig (vorausgesetzt daß ich ein wenig geschlafen habe), darin mußt Du keine Sorge haben, steige ich in den Wagen, der nach Wien fährt so steige ich höchstwahrscheinlich auch in Wien wieder aus, nur das Einsteigen macht allerdings Umstände. Also auf Wiedersehn (aber es muß nicht in Wien, kann auch in Briefen sein) F.

BR4 195

## Ein schlauer Traum

Letzthin habe ich wieder von Ihnen geträumt, es war ein großer Traum, ich erinnere mich aber fast an gar nichts. Ich war in Wien, davon weiß ich nichts, dann aber kam ich nach Prag und hatte Ihre Adresse vergessen nicht nur die Gasse, auch die Stadt, alles, nur der Name Schreiber tauchte mir noch irgendwie auf, aber ich wußte nicht, was ich damit machen sollte. Sie waren mir also vollständig verloren. In meiner Verzweiflung machte ich verschiedene sehr listige Versuche, die aber, ich

253

DER KOMISCHE KAFKA

weiß nicht warum, nicht ausgeführt wurden und von denen
mir nur einer erinnerlich ist. Ich schrieb auf ein Couvert:
M. Jesenská und darunter »Ich bitte diesen Brief zuzustellen,
da sonst die Finanzverwaltung einen ungeheueren Verlust er-
leidet.« Durch diese Drohung hoffte ich alle Hilfsmittel des
Staates für Ihre Auffindung in Bewegung zu bringen. Schlau?
Lassen Sie sich dadurch nicht gegen mich einnehmen. Nur im
Traum bin ich so unheimlich.

AN MILENA POLLAK 1920. BR4 176 f

## Nechápu

Jetzt werde ich noch etwas Dummes zur gleichen Sache sagen
d. h. dumm ist daß ich etwas, was ich für richtig halte, sage,
ohne Rücksicht darauf daß es mir schadet. Und dann redet
noch Milena von Ängstlichkeit, gibt mir einen Stoß vor die
Brust oder fragt, was im Tschechischen an Bewegung und
Klang ganz dasselbe ist: Jste žid? Sehen Sie nicht, wie im:
»Jste« die Faust zurückgezogen wird, um Muskelkraft anzu-
sammeln? Und dann im »žid« den freudigen, unfehlbaren,
vorwärts fliegenden Stoß? Solche Nebenwirkungen hat für
das deutsche Ohr die tschechische Sprache öfters. Sie fragten
z. B. einmal, wie es komme, daß ich meinen hiesigen Aufenthalt von einem Brief abhängig mache und antworteten gleich
selbst: nechápu. Möglich daß die 3 Silben auch die 3 Bewegungen der Apostel auf der Prager Uhr bedeuten. Ankunft,
Sich-zeigen und böser Abgang. Ein fremdartiges Wort im
Tschechischen und gar in Ihrer Sprache, es ist so streng, teil-
nahmslos, kaltäugig, sparsam und vor allem nußknackerhaft
dreimal krachen im Wort die Kiefer aufeinander oder richtiger: die erste Silbe macht einen Versuch die Nuß zu fassen, es
geht nicht, dann reißt die zweite Silbe den Mund ganz groß

auf, nun paßt schon die Nuß hinein und die dritte Silbe endlich knackt, hören Sie die Zähne? Besonders dieses endgiltige
Schließen der Lippen am Schluß verbietet dem andern jede
andere weitere gegenteilige Erklärung, was ja allerdings
manchmal recht gut ist z. B. wenn der andere so schwätzt wie
jetzt ich. Worauf der Schwätzer wieder um Verzeihung bittend sagt: »Man schwätzt doch nur, wenn man einmal ein wenig froh ist«

AN MILENA POLLAK 1920. BR4 162 f

## Ein Rest Verstand

Die zwei Briefe kamen gemeinsam, mittag; sie sind nicht zum
lesen da, sondern um ausgebreitet zu werden, das Gesicht in
sie zu legen und den Verstand zu verlieren. Aber nun zeigt es
sich, daß es gut ist, wenn man ihn schon fast verloren hat,
denn den Rest hält man dann noch möglichst lange zusammen. Und darum sagen meine 38 jüdischen angesichts Ihrer
24 christlichen Jahre:
   Wie wäre das? Und wo sind die Weltgesetze und die ganze
Polizei des Himmels? Du bist 38 Jahre alt und so müde wie
man wahrscheinlich durch Alter überhaupt nicht werden
kann. Oder richtiger: Du bist gar nicht müde, sondern unruhig, sondern fürchtest Dich nur einen Schritt zu tun auf dieser von Fuß-Fallen strotzenden Erde, hast deshalb eigentlich
immer gleichzeitig beide Füße in der Luft, bist nicht müde,
sondern fürchtest Dich nur vor der ungeheueren Müdigkeit,
die dieser ungeheueren Unruhe folgen wird und (Du bist
doch Jude und weißt was Angst ist) die sich etwa als blödsin-
niges Hinstieren denken läßt, besten Falls, im Irrenhausgar-
ten hinter dem Karlsplatz.

Gut das wäre also Deine Lage. Einige Gefechte hast Du mit-
gefochten, Freund und Feind dabei unglücklich gemacht (und
hattest doch sogar nur Freunde, gute, liebe Menschen, keinen
Feind) bist schon dabei ein Invalide geworden, einer von denen, die zu zittern anfangen, wenn sie eine Kinderpistole sehn
und nun, nun plötzlich ist es Dir so als seiest Du einberufen
zu dem großen welterlösenden Kampf. Das wäre doch sehr
sonderbar nicht?

AN MILENA POLLAK 1920. BR4 166 f

## Ein Roman der Jugend

Felix Sternheim: Die Geschichte des jungen Oswald.
Hyperionverlag Hans von Weber, München 1910.

Ob es will, oder nicht, es ist ein Buch um junge Leute glücklich zu machen.

Vielleicht muß der Leser, während er diesen Roman in
Briefform zu lesen beginnt, aus Not ein wenig einfältig werden, denn ein Leser kann nicht gedeihen, beugt man seinen
Kopf sogleich mit dem ersten Ruck über den unveränderli-
chen Strom eines Gefühls. Und vielleicht ist diese Einfalt des
Lesers die Ursache, daß ihm die Schwächen des Autors hier
im Anfang geradezu morgendlich klar erscheinen: Eine beschränkte Terminologie von Werthers Schatten umkreist,
schmerzlich den Ohren mit immer »süß« und immer »hold«.
Ein beständig wiederkehrendes Entzücken, dessen Fülle niemals aufgegeben wird, das aber, oft nur noch gerade an den
Worten hängend, tot durch die Seiten geht.

Wird dann aber der Leser vertrauter, bekommt er einen ge-
schützten Platz, dessen Boden schon gemeinsam mit dem Boden der Geschichte zittert, dann ist die Einsicht nicht mehr

## DIE MAUS, DIE SICH NICHT TRAUT

schwierig, daß die Briefform des Romans den Autor fast mehr braucht, als er sie. Die Briefform gestattet, einen raschen Wechsel aus einem dauernden Zustand herauszuschildern, ohne daß der rasche Wechsel um seine Raschheit kommt; sie gestattet, einen dauernden Zustand durch einen Aufschrei bekannt zu machen und die Dauer bleibt daneben bestehn. Sie erlaubt ohne Schaden die Entwicklung aufzuhalten, denn während der Mann, dessen berechtigte Hitze uns erregt, seine Briefe schreibt, schonen ihn alle Mächte, die Vorhänge sind herabgelassen und bei Ruhigsein des ganzen Körpers schiebt er gleichmäßig seine Hand über das Briefpapier. Es wird des Nachts im Halbschlaf geschrieben; je größer die Augen hiebei sind, desto früher fallen sie zu. Es werden zwei Briefe hinter einander an verschiedene Adressaten geschrieben und der zweite mit einem Kopf, der nur an den ersten denkt. Es werden Briefe abends, in der Nacht und am Morgen geschrieben, und das Gesicht am Morgen schaut über das schon unkenntliche Nachtgesicht hinweg, dem Gesicht vom Abend noch mit Verständnis in die Augen. Die Worte »Liebstes, liebstes Gretchen!« kommen verdeckt zwischen zwei großen Sätzen hervor, stoßen durch die Überraschung beide zurück und bekommen alle Freiheit.

Und wir verlassen alles, den Ruhm, die Dichtkunst, die Musik und verlieren uns, wie wir sind, in jenes sommerliche Land, wo die Felder und Wiesen »ähnlich wie im Holländischen, von schmalen, dunklen Wasserarmen durchzogen sind«, wo im Kreise erwachsener Mädchen, kleiner Kinder und einer klugen Frau Oswald in das Gretchen beim Tiktak kleiner gesprochener Sätze sich verliebt. Dieses Gretchen lebt in der tiefsten Stelle des Romans; von allen Seiten, immer wieder, stürzen wir ihm zu. Selbst Oswald verlieren wir hie und da aus den Augen, sie nicht, selbst durch das lauteste Lachen ihrer kleinen Gesellschaft sehn wir sie wie durch ein Gebüsch.

257

## DER KOMISCHE KAFKA

Jedoch kaum sehn wir sie, ihre einfache Gestalt, schon sind wir ihr so nahe, daß wir sie nicht mehr sehen können, kaum fühlen wir sie nahe, sind wir ihr schon entrissen und sehn sie klein in der Ferne. »Sie lehnte ihr Köpfchen an das Birkengeländer, so daß der Mond zur Hälfte ihr Gesicht beschien.«

Die Bewunderung für diesen Sommer im Herzen – wer wagte zu sagen oder besser wer wagte die leichte Beweisführung, daß sich von da ab das Buch zugleich mit dem Helden, mit der Liebe, der Treue, zugleich mit allen guten Dingen geradewegs totschlägt, während bloß die Dichtkunst des Helden siegt, eine Angelegenheit, die nur infolge ihrer Gleichgültigkeit nicht fraglich ist? So geschieht es, daß der Leser, je mehr es gegen Ende geht, desto stärker zu jenem anfänglichen Sommer sich zurückwünscht und schließlich, statt dem Helden auf den Selbstmordfelsen zu folgen, glücklich zu jenem Sommer zurückkehrt und für immer sich dort festhalten möchte.

EL 321 ff

# Im Hauptquartier des Lärms

## Das Erbstück

Ein kleiner Junge hatte als einziges Erbstück nach seinem Vater eine Katze und ist durch sie Bürgermeister von London geworden. Was werde ich durch mein Tier werden, mein Erbstück? Wo dehnt sich die riesige Stadt?

BCM 93

## Eine Kreuzung

Ich habe ein eigentümliches Tier, halb Kätzchen, halb Lamm. Es ist ein Erbstück aus meines Vaters Besitz, entwickelt hat es sich aber doch erst in meiner Zeit, früher war es viel mehr Lamm als Kätzchen, jetzt aber hat es von beiden wohl gleichviel. Von der Katze Kopf und Krallen, vom Lamm Größe und Gestalt, von beiden die Augen, die flackernd und mild sind, das Fellhaar, das weich ist und knapp anliegt, die Bewegungen, die sowohl Hüpfen als Schleichen sind, im Sonnenschein auf dem Fensterbrett macht es sich rund und schnurrt, auf der Wiese läuft es wie toll und ist kaum einzufangen, vor Katzen flieht es, Lämmer will es anfallen, in der Mondnacht ist die Dachtraufe sein liebster Weg, Miauen kann es nicht und vor Ratten hat es Abscheu, neben dem Hühnerstall kann es stundenlang auf der Lauer liegen, doch hat es noch niemals eine Mordgelegenheit ausgenutzt, ich nähre es mit süßer Milch, die bekommt ihm bestens, in langen Zügen saugt es sie über seine Raubtierzähne hinweg in sich ein. Natürlich ist es ein großes Schauspiel für Kinder. Sonntagvormittag ist Besuchsstunde, ich habe das Tierchen auf dem Schooß und die Kinder der ganzen Nachbarschaft stehn um mich herum. Da werden die sonderbarsten Fragen gestellt, die kein Mensch beantworten kann. Ich gebe mir auch keine Mühe, sondern begnüge mich ohne weitere Erklärungen damit, das zu zeigen was ich habe. Manchmal bringen die Kinder Katzen mit, einmal haben sie sogar zwei Lämmer gebracht; es kam aber entgegen ihrer Erwartung zu keinen Erkennungsscenen, die Tiere sahen einander ruhig aus Tieraugen an und nahmen offenbar ihr Dasein als göttliche Tatsache gegenseitig hin.

In meinem Schooß kennt das Tier weder Angst noch Verfolgungslust. An mich angeschmiegt fühlt es sich am wohlsten. Es hält zur Familie die es aufgezogen hat. Es ist das wohl nicht irgendeine außergewöhnliche Treue, sondern der richtige Instinkt eines Tieres, das auf der Erde zwar unzählige Verschwägerte, aber vielleicht keinen einzigen nahen Blutsverwandten hat, und dem deshalb der Schutz den es bei uns gefunden hat, heilig ist. Manchmal muß ich lachen, wenn es mich umschnuppert, zwischen den Beinen sich durchwindet und gar nicht von mir zu trennen ist. Nicht genug damit, daß es Lamm und Katze ist, will es fast auch noch ein Hund sein. Ähnliches glaube ich nämlich im Ernst. Es hat beiderlei Unruhe in sich, die von der Katze und die vom Lamm, so verschiedenartig sie sind. Darum ist ihm aber seine Haut zu eng. Vielleicht wäre für das Tier das Messer des Fleischers eine Erlösung, die muß ich ihm aber als einem Erbstück versagen.

BCM 92 f


*Vater sein*

Vater sein und ruhig mit seinem Sohn reden. Dann darf man aber kein Spielzeughämmerchen an Stelle des Herzens haben.

TB2 219

## IM HAUPTQUARTIER DES LÄRMS

*Die geistige Oberherrschaft*

Ich erinnere mich z. B. daran, wie wir uns öfters zusammen in einer Kabine auszogen. Ich mager, schwach, schmal, Du stark, groß, breit. Schon in der Kabine kam ich mir jämmerlich vor undzwar nicht nur vor Dir, sondern vor der ganzen Welt, denn Du warst für mich das Maß aller Dinge. Traten wir dann aber aus der Kabine vor die Leute hinaus, ich an Deiner Hand, ein kleines Gerippe, unsicher bloßfüßig auf den Planken, in Angst vor dem Wasser, unfähig Deine Schwimmbewegungen nachzumachen, die Du mir in guter Absicht, aber tatsächlich zu meiner tiefen Beschämung immerfort vormachtest, dann war ich sehr verzweifelt und alle meine schlimmen Erfahrungen auf allen Gebieten stimmten in solchen Augenblicken großartig zusammen. Am wohlsten war mir noch, wenn Du Dich manchmal zuerst auszogst und ich allein in der Kabine bleiben und die Schande des öffentlichen Auftretens solange hinauszögern konnte, bis Du endlich nachschauen kamst und mich aus der Kabine triebst. Dankbar war ich Dir dafür, daß Du meine Not nicht zu bemerken schienest, auch war ich stolz auf den Körper meines Vaters. Übrigens besteht zwischen uns dieser Unterschied heute noch ähnlich.

Dem entsprach weiter Deine geistige Oberherrschaft. Du hattest Dich allein durch eigene Kraft so hoch hinaufgearbeitet, infolgedessen hattest Du unbeschränktes Vertrauen zu Deiner Meinung. Das war für mich als Kind nicht einmal so blendend wie später für den heranwachsenden jungen Menschen. In Deinem Lehnstuhl regiertest Du die Welt. Deine Meinung war richtig, jede andere war verrückt, überspannt, meschugge, nicht normal. Dabei war Dein Selbstvertrauen so groß, daß Du gar nicht konsequent sein mußtest und doch nicht aufhörtest Recht zu haben. Es konnte auch vorkommen, daß Du in einer Sache gar keine Meinung hattest und infolgedessen alle Meinungen, die hinsichtlich der Sache überhaupt möglich waren, ohne Ausnahme falsch sein mußten. Du konntest z. B. auf die Tschechen schimpfen, dann auf die Deutschen, dann auf die Juden undzwar nicht nur in Auswahl sondern in jeder Hinsicht und schließlich blieb niemand mehr übrig außer Dir. Du bekamst für mich das Rätselhafte, das alle Tyrannen haben, deren Recht auf ihrer Person, nicht auf dem Denken begründet ist. Wenigstens schien es mir so.

ZFG 16 f

## Unter meinen Mitschülern

Unter meinen Mitschülern war ich dumm, doch nicht der dümmste. Und wenn trotzdem das Letztere von einigen meiner Lehrer meinen Eltern und mir gegenüber nicht selten behauptet worden ist, so haben sie es nur in dem Wahne vieler Leute getan, welche glauben, sie hätten die halbe Welt erobert, wenn sie ein so äußerstes Urteil wagen.

Daß ich aber dumm sei, glaubte man allgemein und wirklich man hatte gute Beweise dafür, die leicht mitgeteilt werden konnten, wenn vielleicht ein Fremder über mich zu belehren war, der anfangs einen nicht üblen Eindruck von mir bekommen hatte und dies vor andern nicht verschwieg.

Darüber mußte ich oft mich ärgern und auch weinen. Und es sind dies damals die einzigen Augenblicke gewesen, wo ich mich unsicher im gegenwärtigen Gedränge und verzweifelt vor dem zukünftigen fühlte, theoretisch unsicher, theoretisch verzweifelt allerdings, denn kam es zu einer Arbeit gleich darauf war ich sicher und zweifellos, fast also wie der Schauspieler, der aus der Koulisse im Anlauf stürmt, weit von der Bühnenmitte einen Augenblick stehen bleibt, die Hände meinetwegen an die Stirne gelegt, während die Leidenschaft die

IM HAUPTQUARTIER DES LÄRMS

gleich darauf notwendig werden soll, in ihm so groß geworden ist, daß er sie nicht verbergen kann, trotzdem er mit verkniffenen Augen sich die Lippen zerbeißt. Die gegenwärtige,
halb vergangene Unsicherheit erhebt die aufgehende Leidenschaft und die Leidenschaft stärkt die Unsicherheit. Unauf-
haltsam bildet sich eine Unsicherheit von neuem, die beide
und uns umschließt.

Darum machte es mich verdrießlich mit fremden Leuten
bekannt zu werden. Ich war schon unruhig, wenn mich manche so entlang der Nasenwände ansahn wie man aus einem
kleinen Hause durch das Fernrohr über den See schaut oder
gar in das Gebirge und die bloße Luft. Da wurden lächerliche
Behauptungen vorgebracht, statistische Lügen, geographische
Irrthümer, Irrlehren, ebenso verboten wie unsinnig, oder
tüchtige politische Ansichten, achtbare Meinungen über actu-
elle Ereignisse, lobenswerte Einfälle, den Sprecher wie die Gesellschaft fast gleich überraschend und alles wurde bewiesen
wieder durch den Blick der Augen, einen Griff an die Tisch-
kante oder indem man vom Sessel sprang. Sobald sie so anfiengen, hörten sie gleich auf dauernd und streng einen anzusehn, denn von selbst beugte sich ihr Oberkörper aus seiner
gewöhnlichen Haltung vor oder zurück. Einige vergaßen geradezu an ihre Kleider (knickten die Beine scharf in den Kni-
en ein, um sich nur auf die Fußspitzen zu stützen oder preß-
ten den Rock in Falten mit großer Kraft an die Brust), andere
nicht, viele hielten sich mit ihren Fingern an einem Zwicker,
an einem Fächer, an einem Bleistift, an einem Lorgnon, an einer Cigarette fest und den meisten, hatten sie auch eine feste
Haut, erhitzte sich doch ihr Gesicht. Ihr Blick glitt von uns ab,
wie ein erhobener Arm niederfällt.

Ich wurde in meinen natürlichen Zustand eingelassen, es
stand mir frei, zu warten und dann zuzuhören, oder wegzu-
gehn und mich ins Bett zu legen, worauf ich mich immer freu-

te, denn ich war oft schläfrig, da ich schüchtern war. Es war wie eine große Tanzpause, in der nur wenige sich für das Weggehn entscheiden, die meisten wartend hier und dort stehen oder sitzen während die Musiker, an die niemand denkt, sich irgendwo zum Weiterspielen stärken. Nur war es nicht so ruhig und es mußte nicht jeder die Pause bemerken, sondern es waren viele Bälle zu gleicher Zeit im Saal.

BK 136 f

## Meine Erziehung

Oft überlege ich es und lasse den Gedanken ihren Lauf, ohne mich einzumischen, aber immer komme ich zu dem Schluß, daß mich meine Erziehung mehr verdorben hat als ich es verstehen kann. In meinem Äußern bin ich ein Mensch wie andere, denn meine körperliche Erziehung hielt sich ebenso an das Gewöhnliche, wie auch mein Körper gewöhnlich war, und wenn ich auch ziemlich klein und etwas dick bin, gefalle ich doch vielen, auch Mädchen. Darüber ist nichts zu sagen. Noch letzthin sagte eine etwas sehr Vernünftiges »Ach, könnte ich sie doch einmal nackt sehn da müssen Sie erst hübsch und zum küssen sein« sagte sie. Wenn mir aber hier die Oberlippe, dort die Ohrmuschel, hier eine Rippe, dort ein Finger fehlte, wenn ich auf dem Kopf haarlose Flecke und Pockennarben im Gesichte hätte, es wäre noch kein genügendes Gegenstück meiner innern Unvollkommenheit. Diese Unvollkommenheit ist nicht angeboren und darum desto schmerzlicher zu tragen. Denn wie jeder habe ich auch von Geburt aus meinen Schwerpunkt in mir, den auch die närrischeste Erziehung nicht verrücken konnte. Diesen guten Schwerpunkt habe ich noch aber gewissermaßen nicht mehr den zugehörigen Körper. Und ein Schwerpunkt, der nichts zu arbeiten hat,

IM HAUPTQUARTIER DES LÄRMS

wird zu Blei und steckt im Leib wie eine Flintenkugel. Jene
Unvollkommenheit ist aber auch nicht verdient, ich habe ihr
Entstehn ohne mein Verschulden erlitten. Darum kann ich in
mir auch nirgends Reue finden, so viel ich sie auch suche.
Denn Reue wäre für mich gut, sie weint sich ja in sich selbst
aus; sie nimmt den Schmerz bei Seite und erledigt jede Sache
allein wie einen Ehrenhandel; wir bleiben aufrecht indem sie
uns erleichtert.

Meine Unvollkommenheit ist, wie ich sagte nicht angeboren, nicht verdient, trotzdem ertrage ich sie besser, als andere
unter großer Arbeit der Einbildung mit ausgesuchten Hilfsmitteln viel kleineres Unglück ertragen eine abscheuliche
Ehefrau z. B., ärmliche Verhältnisse, elende Berufe und bin
dabei keineswegs schwarz vor Verzweiflung im Gesicht, sondern weiß und rot.

Ich wäre es nicht wenn meine Erziehung so weit in mich ge-
drungen wäre, wie sie wollte. Vielleicht war meine Jugend zu
kurz dazu, dann lobe ich ihre Kürze noch jetzt in meinen vier-
ziger Jahren aus voller Brust. Nur dadurch war es möglich,
daß mir noch Kräfte bleiben, um mir der Verluste meiner Jugend bewußt zu werden, weiter, um diese Verluste zu ver-
schmerzen, weiter, um Vorwürfe gegen die Vergangenheit
nach allen Seiten zu erheben und endlich ein Rest von Kraft
für mich selbst. Aber alle diese Kräfte sind wieder nur ein Rest
jener die ich als Kind besaß und die mich mehr als andere den
Verderbern der Jugend ausgesetzt haben, ja ein guter Renn-
wagen wird vor allen von Staub und Wind verfolgt und über-
holt und seinen Rädern fliegen die Hindernisse entgegen, daß
man fast an Liebe glauben sollte.

Was ich jetzt noch bin, wird mir am deutlichsten in der
Kraft mit der die Vorwürfe aus mir herauswollen. Es gab Zeiten wo ich in mir nichts anderes als von Wuth getriebene Vorwürfe hatte, daß ich bei körperlichem Wohlbefinden mich auf

267

der Gasse an fremden Leuten festhielt, weil sich die Vorwürfe in mir von einer Seite auf die andere warfen, wie Wasser in einem Becken, das man rasch trägt.

Jene Zeiten sind vorüber. Die Vorwürfe liegen in mir herum, wie fremde Werkzeuge, die zu fassen und zu heben ich kaum den Muth mehr habe. Dabei scheint die Verderbnis meiner alten Erziehung mehr und mehr in mir von neuem zu wirken, die Sucht sich zu erinnern, vielleicht eine allgemeine Eigenschaft der Junggesellen meines Alters öffnet wieder mein Herz jenen Menschen, welche meine Vorwürfe schlagen sollten und ein Ereignis wie das gestrige früher so häufig wie das Essen ist jetzt so selten, daß ich es notiere.

Aber darüber hinaus noch bin ich selbst ich der jetzt die Feder weggelegt hat, um das Fenster zu öffnen, vielleicht die beste Hilfskraft meiner Angreifer. Ich unterschätze mich nämlich und das bedeutet schon ein Überschätzen der andern aber ich überschätze sie noch außerdem und abgesehen davon schade ich mir noch geradeaus. Überkommt mich Lust zu Vorwürfen, schaue ich aus dem Fenster. Wer leugnet es, daß dort in ihren Booten die Angler sitzen, wie Schüler, die man aus der Schule auf den Fluß getragen hat; gut, ihr Stillhalten ist oft unverständlich wie jenes der Fliegen auf der Fensterscheiben. Und über die Brücke fahren natürlich die Elektrischen wie immer mit vergröbertem Windesrauschen und läuten wie verdorbene Uhren, kein Zweifel, daß der Polizeimann schwarz von unten bis hinauf mit dem gelben Licht der Medaille auf der Brust an nichts anderes als an die Hölle erinnert und nun mit Gedanken ähnlich den meinen einen Angler betrachtet, der sich plötzlich, weint er hat er eine Erscheinung oder zuckt der Kork, zum Bootsrand bückt. Das alles ist richtig aber zu seiner Zeit jetzt sind nur die Vorwürfe richtig.

Sie gehn gegen eine Menge Leute, das kann ja erschrecken und nicht nur ich auch jeder andere würde lieber aus dem offenen Fenster den Fluß ansehn. Da sind die Eltern und die Verwandten, daß sie mir aus Liebe geschadet haben, macht ihre Schuld noch größer, denn wie sehr hätten sie mir aus Liebe nützen können, dann befreundete Familien mit bösem Blick aus Schuldbewußtsein machen sie sich schwer und wollen nicht in die Erinnerung hinauf, dann die Haufen der Kindermädchen, der Lehrer und der Schriftsteller und eine ganz bestimmte Köchin mitten unter ihnen, dann zur Strafe ineinander übergehend ein Hausarzt, ein Friseur, ein Steuermann, eine Bettlerin, ein Papierverkäufer, ein Parkwächter, ein Schwimmeister dann fremde Damen aus dem Stadtpark denen man es gar nicht ansehn würde, Eingeborene der Sommerfrischen als Verhöhnung der unschuldigen Natur und viele andere; aber es wären noch mehr, wenn ich sie alle mit Namen nennen wollte und könnte, kurz es sind so viele daß man achtgeben muß, daß man nicht einen zweimal nennt.

TB1 21-25

## Neue Kleider

Während ich manchmal glaube, daß ich während der ganzen Gymnasialzeit und auch früher besonders scharf denken konnte und dies nur infolge der späteren Schwächung meines Gedächtnisses heute nicht mehr gerecht beurteilen kann, so sehe ich ein anderes mal wieder ein, daß mir mein schlechtes Gedächtnis nur schmeicheln will und daß ich wenigstens in an sich unbedeutenden aber folgeschweren Dingen mich sehr denkfaul benommen habe. So habe ich allerdings in der Erinnerung, daß ich in den Gymnasialzeiten öfters – wenn auch nicht sehr ausführlich, ich ermüdete wahrscheinlich schon damals leicht – mit Bergmann in einer entweder innerlich vorgefundenen oder ihm nachgeahmten talmudischen Weise über Gott und seine Möglichkeit disputierte. Ich knüpfte damals gern an das in einer christlichen Zeitschrift – ich glaube »die christliche Welt« – gefundene Thema an, in welchem eine Uhr und die Welt und der Uhrmacher und Gott einander gegenübergestellt waren und die Existenz des Uhrmachers jene Gottes beweisen sollte. Das konnte ich meiner Meinung nach sehr gut dem Bergmann gegenüber widerlegen wenn auch diese Widerlegung in mir nicht fest begründet war und ich mir sie für den Gebrauch erst wie ein Geduldspiel zusammensetzen mußte. Eine solche Widerlegung fand einmal statt, als wir den Rathausturm umgiengen. Daran erinnere ich mich deshalb genau, weil wir einander einmal vor Jahren daran erinnert haben. – Während ich mich aber darin auszuzeichnen glaubte – anderes als das Verlangen mich auszuzeichnen und die Freude am Wirken und an der Wirkung brachte mich nicht dazu – duldete ich es nur infolge nicht genügend starken Nachdenkens, daß ich immer in schlechten Kleidern herumgieng, die mir meine Eltern abwechselnd von einzelnen Kundschaften, am längsten von einem Schneider in Nusle machen ließen. Ich merkte natürlich, was sehr leicht war, daß ich besonders schlecht angezogen gieng und hatte auch ein Auge dafür wenn andere gut angezogen waren, nur brachte es mein Denken durch Jahre hin nicht fertig die Ursache meines jämmerlichen Aussehns in meinen Kleidern zu finden. Da ich schon damals mehr in Ahnungen als in Wirklichkeit auf dem Wege war, mich geringzuschätzen, war ich überzeugt, daß die Kleider nur an mir dieses zuerst bretterartig steife dann faltighängende Aussehen annehmen. Neue Kleider wollte ich gar nicht, denn wenn ich schon häßlich aussehn sollte, wollte ich es wenigstens bequem haben und außerdem vermeiden, der Welt, die sich an die alten Kleider gewöhnt hatte, die Häßlichkeit der neuen vorzuführen. Diese immer lang dauernden Weigerungen meiner Mutter gegenüber, die mir öfters neue

IM HAUPTQUARTIER DES LÄRMS

Kleider dieser Art machen lassen wollte, da sie mit den Augen
des erwachsenen Menschen immerhin Unterschiede zwischen diesen neuen und alten Kleidern finden konnte, wirk-
ten insoferne auf mich zurück, als ich mir unter Bestätigung
meiner Eltern einbilden mußte, daß mir an meinem Aussehen
nichts lag.

Infolgedessen gab ich den schlechten Kleidern auch in meiner Haltung nach, gieng mit gebeugtem Rücken, schiefen
Schultern, verlegenen Armen und Händen herum; fürchtete
mich vor Spiegeln, weil sie mich in einer meiner Meinung
nach unvermeidlichen Häßlichkeit zeigten, die überdies nicht
ganz wahrheitsgemäß abgespiegelt sein konnte, denn hätte ich
wirklich so ausgesehn, hätte ich auch größeres Aufsehen erre-
gen müssen, erduldete auf Sonntagsspaziergängen von der
Mutter sanfte Stöße in den Rücken und viel zu abstrakte Ermahnungen und Prophezeiungen, die ich mit meinen damaligen gegenwärtigen Sorgen in keine Beziehung bringen konnte. Überhaupt fehlte es mir hauptsächlich an der Fähigkeit, für
die tatsächliche Zukunft auch nur im Geringsten vorzusor-
gen. Ich blieb mit meinem Denken bei den gegenwärtigen
Dingen und ihren gegenwärtigen Zuständen nicht aus Gründ-
lichkeit oder zu sehr festgehaltenem Interesse, sondern, soweit es nicht Schwäche des Denkens verursachte, aus Traurigkeit und Furcht, aus Traurigkeit, denn weil mir die Gegenwart
so traurig war, glaubte ich sie nicht verlassen zu dürfen, ehe
sie sich ins Glück auflöste, aus Furcht, denn wie ich mich vor
dem kleinsten gegenwärtigen Schritt fürchtete, hielt ich mich
auch für unwürdig, bei meinem verächtlichen kindischen
Auftreten ernstlich mit Verantwortung die große männliche
Zukunft zu beurteilen, die mir auch meistens so unmöglich
vorgekommen ist, daß mir jedes kleine Fortschreiten wie eine
Fälschung erschien und das Nächste unerreichbar. Wunder
gab ich leichter zu als wirklichen Fortschritt, war aber zu kühl,

um nicht die Wunder in ihrer Sphäre zu lassen und den wirklichen Fortschritt in der seinen. Ich konnte daher lange Zeit vor dem Einschlafen mich damit abgeben, daß ich einmal als reicher Mann in vierspännigem Wagen in der Judenstadt einfahren ein mit Unrecht geprügeltes schönes Mädchen mit einem Machtwort befreien und in meinem Wagen fortführen werde; unberührt aber von diesem spielerischen Glauben, der sich wahrscheinlich nur von einer schon ungesunden Sexualität nährte, blieb die Überzeugung, daß ich die Endprüfungen des Jahres nicht bestehen werde und wenn das gelingen sollte, daß ich in der nächsten Klasse nicht fortkommen werde und wenn auch das noch durch Schwindel vermieden würde, daß ich bei der Matura endgiltig fallen müßte und daß ich übrigens ganz bestimmt, gleichgültig in welchem Augenblick, die durch mein äußerlich regelmäßiges Aufsteigen eingeschläferten Eltern sowie die übrige Welt durch die Offenbarung einer unerhörten Unfähigkeit mit einem Male überraschen werde. Da ich aber als Wegzeiger in die Zukunft immer nur meine Unfähigkeit ansah – nur selten meine schwache litterarische Arbeit – brachte mir ein Überdenken der Zukunft niemals Nutzen; es war nur ein Fortspinnen der gegenwärtigen Trauer. Wenn ich wollte, konnte ich zwar aufrecht gehn, aber es machte mich müde und ich konnte auch nicht einsehn was mir eine krumme Haltung in Zukunft schaden konnte. Werde ich eine Zukunft haben, dann so war mein Gefühl wird sich alles von selbst in Ordnung bringen. Ein solches Princip war nicht deshalb ausgewählt, weil es Vertrauen zu einer Zukunft enthielt, deren Existenz allerdings nicht geglaubt wurde, es hatte vielmehr nur den Zweck mir das Leben zu erleichtern. So zu gehn, mich anzuziehn mich zu waschen, zu lesen, vor allem mich zu Hause einzusperren, wie es mir am wenigsten Mühe machte und wie es am wenigsten Mut verlangte. Gieng ich darüber hinaus, so kam ich nur auf lächerliche Aus-

## IM HAUPTQUARTIER DES LÄRMS

wege. Einmal schien es unmöglich weiterhin ohne ein schwarzes Festkleid auszukommen, besonders da ich auch vor die Entscheidung gestellt war, ob ich mich an einer Tanzstunde beteiligen wollte. Jener Schneider aus Nusle wurde gerufen und über den Schnitt des Kleides beraten. Ich war unschlüssig wie immer in solchen Fällen, in denen ich fürchten mußte, durch eine klare Auskunft nicht nur in ein unangenehmes Nächstes sondern darüber hinaus in ein noch schlimmeres fortgerissen zu werden. Ich wollte also zunächst kein schwarzes Kleid, als man mich aber vor dem fremden Mann mit dem Hinweis darauf beschämte, daß ich kein Festtagskleid habe, duldete ich es, daß ein Frack überhaupt in Vorschlag kam; da ich aber einen Frack für eine fürchterliche Umwälzung ansah, von der man schließlich reden, die man aber niemals beschließen könnte, einigten wir uns auf einen Smoking, der durch seine Ähnlichkeit mit dem gewöhnlichen Sakko mir wenigstens erträglich schien. Als ich aber hörte, daß die Sakkoweste notwendig ausgeschnitten sei und ich dann also auch ein gestärktes Hemd tragen müßte, wurde ich, da etwas derartiges abzuwehren war, fast über meine Kräfte entschlossen. Ich wollte keinen derartigen Smoking, sondern einen wenn es sein mußte mit Seide zwar ausgefütterten und ausgeschlagenen aber hoch geschlossenen Smoking. Ein solcher Smoking war dem Schneider unbekannt, doch bemerkte er was ich mir auch immer unter einem solchen Rock vorstellte, ein Tanzkleid könne das nicht sein. Gut, dann war es also kein Tanzkleid, ich wollte auch gar nicht tanzen, das war noch lange nicht bestimmt, dagegen wollte ich den beschriebenen Rock mir machen lassen. Der Schneider war desto begriffstütziger, als ich bisher neue Kleider immer mit verschämter Flüchtigkeit, ohne Anmerkungen und Wünsche mir hatte anmessen und anprobieren lassen. Es blieb mir daher auch weil die Mutter drängte nichts anderes übrig als mit ihm, so peinlich das

273

war, über den Altstädter Ring zur Auslage eines Händlers mit
alten Kleidern zu gehn, in dessen Auslage ich schon seit längerer Zeit einen derartigen unverfänglichen Smoking ausgebreitet gesehen und für mich als brauchbar erkannt hatte. Un-
glücklicherweise aber war er schon aus der Auslage entfernt,
selbst durch angestrengtes Schauen war er im Innern des Geschäftes nicht zu erkennen, in das Geschäft einzutreten, nur
um den Smoking zu sehn wagte ich nicht so daß wir in der
früheren Uneinigkeit zurück kamen. Mir aber war es so, als
wäre der künftige Smoking durch die Nutzlosigkeit dieses
Weges schon verflucht, zumindest benutzte ich die Ärgerlich-
keit der Hin- und Gegenreden zum Vorwand den Schneider
mit irgend einer kleinen Bestellung und einer Vertröstung
wegen des Smokinganzuges fortzuschicken und blieb unter
den Vorwürfen meiner Mutter müde zurück für immer – alles geschah mir für immer – abgehalten von Mädchen, elegan-
tem Auftreten und Tanzunterhaltungen. Von der Fröhlichkeit,
die ich hierüber gleichzeitig fühlte, war mir elend und außerdem hatte ich Angst, vor dem Schneider mich lächerlich gemacht zu haben wie bisher keine seiner Kundschaften.

TB1 258-263

*Berufswahl*

In diesem Zustand bekam ich also die Freiheit der Berufswahl. War ich aber überhaupt noch fähig eine solche Freiheit
eigentlich zu gebrauchen? Traute ich mir es denn noch zu, einen wirklichen Beruf erreichen zu können? Meine Selbstbe-
wertung war von Dir viel abhängiger, als von irgendetwas
sonst, etwa von einem äußern Erfolg. Der war die Stärkung eines Augenblicks, sonst nichts, aber auf der andern Seite zog
Dein Gewicht immer viel stärker hinunter. Niemals würde ich

IM HAUPTQUARTIER DES LÄRMS

durch die erste Volksschulklasse kommen, dachte ich, aber es
gelang, ich bekam sogar eine Prämie; aber die Aufnahmsprü-
fung ins Gymnasium würde ich gewiß nicht bestehn, aber es
gelang; aber nun falle ich in der ersten Gymnasialklasse bestimmt durch, nein, ich fiel nicht durch und es gelang immer
weiter und weiter. Daraus ergab sich aber keine Zuversicht, im
Gegenteil, immer war ich überzeugt – und in Deiner abweisenden Miene hatte ich förmlich den Beweis dafür – daß, je
mehr mir gelingt, desto schlimmer es schließlich wird aus-
gehn müssen. Oft sah ich im Geist die schreckliche Versammlung der Professoren (das Gymnasium ist nur das einheitlich-
ste Beispiel, überall um mich war es aber ähnlich), wie sie,
wenn ich die Prima überstanden hatte, also in der Sekunda,
wenn ich diese überstanden hatte, also in der Tertia u. s. w. zu-
sammenkommen würden, um diesen einzigartigen himmel-
schreienden Fall zu untersuchen, wie es mir, dem Unfähigsten
und jedenfalls Unwissendsten gelungen war, mich bis hinauf
in diese Klasse zu schleichen, die mich, da nun die allgemeine Aufmerksamkeit auf mich gelenkt war, natürlich sofort
ausspeien würde, zum Jubel aller von diesem Albdruck befrei-
ten Gerechten. Mit solchen Vorstellungen zu leben ist für ein
Kind nicht leicht. Was kümmerte mich unter diesen Umständen der Unterricht? Wer war imstande aus mir einen Funken
von Anteilnahme herauszuschlagen? Mich interessierte der
Unterricht und nicht nur der Unterricht, sondern alles ringsherum in diesem entscheidenden Alter etwa so, wie einen
Bankdefraudanten, der noch in Stellung ist und vor der Entdeckung zittert, das kleine laufende Bankgeschäft interessiert,
das er noch immer als Beamter zu erledigen hat. So klein, so
fern war alles neben der Hauptsache. Es gieng dann weiter bis
zur Matura, durch die ich wirklich schon zum Teil nur durch
Schwindel kam, und dann stockte es, jetzt war ich frei. Hatte
ich schon trotz dem Zwang des Gymnasiums mich nur auf

275

mich koncentriert, wie erst jetzt, da ich frei war. Also eigentliche Freiheit der Berufswahl gab es für mich nicht, ich wußte: alles wird mir gegenüber der Hauptsache genau so gleichgültig sein, wie alle Lehrgegenstände im Gymnasium, es handelt sich also darum einen Beruf zu finden, der mir, ohne meine Eitelkeit allzusehr zu verletzen, diese Gleichgültigkeit am ehesten erlaubt. Also war Jus das Selbstverständliche. Kleine gegenteilige Versuche der Eitelkeit, der Hoffnung, wie vierzehntägiges Chemiestudium, halbjähriges Deutschstudium verstärkten nur jene Grundüberzeugung. Ich studierte also Jus. Das bedeutete, daß ich mich in den paar Monaten vor den Prüfungen unter reichlicher Mitnahme der Nerven geistig förmlich von Holzmehl nährte, das mir überdies schon von tausenden Mäulern vorgekaut war. Aber in gewissem Sinn schmeckte mir das gerade, wie in gewissem Sinn früher das Gymnasium und später der Beamtenberuf, denn das alles entsprach vollkommen meiner Lage. Jedenfalls zeigte ich hier erstaunliche Voraussicht, schon als kleines Kind hatte ich hinsichtlich der Studien und des Berufes genug klare Vorahnungen. Von hier aus erwartete ich keine Rettung, hier hatte ich schon längst verzichtet.

ZFG 50 f

## Mein gewesenes Kinderfräulein

Mein gewesenes Kinderfräulein, die im Gesicht schwarzgelbe, mit kantigem Nasenrand und einer mir damals so lieben Warze irgendwo auf der Wange war heute zum zweitenmal in kurzer Zeit bei uns um mich zu sehn. Das erste Mal war ich nicht zuhause, diesmal wollte ich in Ruh gelassen sein und schlafen und ließ mich verleugnen. Warum hat sie mich so schlecht erzogen, ich war doch folgsam, sie sagt es jetzt selbst im Vorzimmer zur Köchin und zum Fräulein, ich war von ruhiger Gemütsart und brav. Warum hat sie das nicht für mich ausgenützt und mir eine bessere Zukunft vorbereitet. Sie ist eine Ehefrau oder Witwe, hat Kinder, hat eine lebhafte Sprache, die mich nicht schlafen läßt, denkt, daß ich ein großer, gesunder Herr im schönen Alter von 28 Jahren bin, gern an meine Jugend zurückdenke und überhaupt etwas mit mir anzufangen weiß. Nun liege ich aber hier auf dem Kanapee, mit einem Fußtritt aus der Welt geworfen, passe auf den Schlaf auf der nicht kommen will und wenn er kommt mich nur streifen wird, die Gelenke habe ich wund vor Müdigkeit, mein dürrer Körper zittert sich zugrunde in Aufregungen, derer er sich nicht klar bewußt werden darf, im Kopf zuckt es zum Erstaunen. Und da stehen die 3 Frauen vor meiner Tür, eine lobt mich wie ich war, zwei wie ich bin. Die Köchin sagt, ich werde gleich, sie meint ohne jeden Umweg in den Himmel kommen. So wird es sein.

TB1 203

*Vorwürfe*

Vorgestern Vorwürfe wegen der Fabrik bekommen. Eine Stunde dann auf dem Kanapee über Ausdem-Fenster-springen nachgedacht.

TB2 50

*Wucherer*

Die Eltern die Dankbarkeit von ihren Kindern erwarten (es gibt sogar solche, die sie fordern) sind wie Wucherer, sie riskieren gern das Kapital, wenn sie nur die Zinsen bekommen.

TB3 56

## Der plötzliche Spaziergang

Wenn man sich am Abend endgültig entschlossen zu haben scheint, zu Hause zu bleiben, den Hausrock angezogen hat, nach dem Nachtmahl beim beleuchteten Tische sitzt und jene Arbeit oder jenes Spiel vorgenommen hat, nach dessen Beendigung man gewohnheitsgemäß schlafen geht, wenn draußen ein unfreundliches Wetter ist, welches das Zuhausebleiben selbstverständlich macht, wenn man jetzt auch schon so lange bei Tisch stillgehalten hat, daß das Weggehen allgemeines Erstaunen hervorrufen müßte, wenn nun auch schon das Treppenhaus dunkel und das Haustor gesperrt ist, und wenn man nun trotz alledem in einem plötzlichen Unbehagen aufsteht, den Rock wechselt, sofort straßenmäßig angezogen erscheint, weggehen zu müssen erklärt, es nach kurzem Abschied auch tut, je nach der Schnelligkeit, mit der man die Wohnungstür zuschlägt, mehr oder weniger Ärger zu hinterlassen glaubt, wenn man sich auf der Gasse wiederfindet, mit Gliedern, die diese schon unerwartete Freiheit, die man ihnen verschafft hat, mit besonderer Beweglichkeit beantworten, wenn man durch diesen einen Entschluß alle Entschlußfähigkeit in sich gesammelt fühlt, wenn man mit größerer als der gewöhnlichen Bedeutung erkennt, daß man ja mehr Kraft als Bedürfnis hat, die schnellste Veränderung leicht zu bewirken und zu ertragen, und wenn man so die langen Gassen hinläuft, – dann ist man für diesen Abend gänzlich aus seiner Familie ausgetreten, die ins Wesenlose abschwenkt, während man selbst, ganz fest, schwarz vor Umrissenheit, hinten die Schenkel schlagend, sich zu seiner wahren Gestalt erhebt.

Verstärkt wird alles noch, wenn man zu dieser späten Abendzeit einen Freund aufsucht, um nachzusehen, wie es ihm geht.

EL 19 f

IM HAUPTQUARTIER DES LÄRMS

## Wo bleibst du denn?

Liebster Max, wo bleibst Du denn? Ich wollte Dich auf dem
Kanapee schlafend erwarten, aber ich bin weder eingeschla-
fen, noch bist Du gekommen.

AN MAX BROD 1912. BR1 176

## Unbrauchbar

Mein lieber Max
ich bin doch ganz unbrauchbar, aber darin bin ich unverän-
derlich. Gestern nachmittag schrieb ich Dir eine Rohrpost-
karte:
»Hier in der Grabentabaktrafik bitte ich Dich um Verzeihung dafür, daß ich heute Abend nicht zu Dir komme. Ich
habe Kopfschmerzen, die Zähne bröckeln mir ab, mein
Rasiermesser ist stumpf; es ist ein unangenehmer Anblick.
Dein F.«
Jetzt Abend lege ich mich auf das Kanapee, denke daran
daß ich mich also entschuldigt habe und daß wieder ein wenig Ordnung in der Welt ist; aber wie ich das so überlege, erinnere ich mich daran daß ich Wladislausgasse statt Schalengasse geschrieben habe.
Ich bitte jetzt, ärgere Dich darüber und rede deshalb nicht
mehr mit mir. Mein Weg ist gar nicht gut und ich muß – soviel Übersicht habe ich – wie ein Hund zugrunde gehn. Auch
ich würde mir gerne ausweichen, aber da das nicht möglich
ist, freue ich mich nur noch darüber, daß ich kein Mitleid mit
mir habe und so egoistisch also endlich geworden bin. Diesen
Höhepunkt sollten wir noch feiern, ich und Du meine ich; gerade als künftiger Feind dürftest Du das feiern.

279

DER KOMISCHE KAFKA

Es ist spät. Du sollst wissen, daß ich Dir heute eine gute
Nacht gewünscht habe
Dein
Franz.

AN MAX BROD 1907. BR1 51

*Ich kann nicht*

Mein lieber Max, ich kann morgen nachmittag nicht, so wie
ich heute nicht gekonnt hätte, so wie ich übermorgen nicht
können würde. Ein verdrießliches Leben ohne Ende. Um
7 Uhr abend bin ich bei Dir
Dein
Franz

AN MAX BROD 1912. BR1 287

*Ein Steinchen*

Da hast Du lieber Max zwei Bücher und ein Steinchen. Ich habe mich immer angestrengt, für Deinen Geburtstag etwas zu
finden, das infolge seiner Gleichgültigkeit sich nicht ändern,
nicht verloren gehn, nicht verderben und nicht vergessen werden kann. Und nachdem ich dann monatelang nachgedacht
habe, wußte ich mir wieder nicht anders zu helfen, als ein
Buch zu schicken. Aber mit den Büchern ist es eine Plage, sind
sie von der einen Seite gleichgültig, dann sind sie von der andern um dieses wieder interessanter und dann zog mich zu
den gleichgültigen nur meine Überzeugung hin, die bei mir
beiweitem nicht den Ausschlag gibt und ich hielt am Ende,

280

IM HAUPTQUARTIER DES LÄRMS

noch immer anders überzeugt, ein Buch in der Hand, das vor
Interessantheit nur so brannte. Einmal habe ich auch absichtlich an Deinen Geburtstag vergessen, das war ja besser als ein
Buch zu schicken, aber gut war es nicht. Darum schicke ich
jetzt das Steinchen und werde es Dir schicken solange wir leben. Behältst Du es in der Tasche wird es Dich beschützen,
läßt Du es in einem Schubfach wird es auch nicht untätig sein,
wirfst Du es aber weg, dann ist es am besten. Denn weißt Du
Max meine Liebe zu Dir, ist größer als ich und mehr von mir
bewohnt als daß sie in mir wohnte und hat auch einen schlechten Halt an meinem unsichern Wesen, so aber bekommt sie in
dem Steinchen eine Felsenwohnung und sei es nur in einer
Ritze der Pflastersteine in der Schalengasse. Sie hat mich
schon seit langem öfters gerettet, als Du weißt und gerade
jetzt, wo ich mich weniger auskenne als jemals und mich bei
ganzem Bewußtsein nur im Halbschlaf fühle, nur so äußerst
leicht, nur gerade noch – ich gehe ja herum wie mit schwarzen Eingeweiden – da tut es gut, einen solchen Stein in die
Welt zu werfen und so das Sichere vom Unsichern zu trennen.
Was sind Bücher dagegen! Ein Buch fängt an Dich zu langweilen und hört damit nicht mehr auf, oder Dein Kind zerreißt
das Buch oder, wie das Buch von Walser, es ist schon zerfal-
len, wenn Du es bekommst. An dem Stein dagegen kann Dich
nichts langweilen, so ein Stein kann auch nicht zugrundegehn
und wenn, so erst in späten Zeiten, auch vergessen kannst Du
ihn nicht, weil Du nicht verpflichtet bist, Dich an ihn zu erinnern, endlich kannst Du ihn auch niemals endgiltig verlieren,
denn auf dem ersten besten Kiesweg findest ihn wieder, weil
es eben der erste beste Stein ist. Und noch durch ein größeres
Lob konnte ich ihm nicht schaden, denn Schaden aus Lob
entsteht nur daraus, daß das Gelobte beim Lob zerdrückt, beschädigt oder verlegen wird. Aber das Steinchen? Kurz ich habe Dir das schönste Geburtstagsgeschenk ausgesucht und

281

DER KOMISCHE KAFKA

überreiche es Dir mit einem Kuß, der den unfähigen Dank
dafür ausdrücken soll, daß Du da bist.

Dein Franz

AN MAX BROD 1910. BR1 121 f

*Nichts geschrieben*

Übrigens ist schon eine Zeit lang nichts geschrieben worden.
Es geht mir damit so: Gott will nicht, daß ich schreibe, ich
aber, ich muß. So ist es ein ewiges Auf und Ab, schließlich ist
doch Gott der Stärkere und es ist mehr Unglück dabei, als Du
Dir denken kannst. So viele Kräfte sind in mir an einen Pflock
gebunden, aus dem vielleicht ein grüner Baum wird, während
sie freigemacht mir und dem Staat nützlich sein könnten.
Aber durch Klagen schüttelt man keine Mühlsteine vom Halse, besonders wenn man sie lieb hat.

AN OSKAR POLLAK 1903. BR1 30

*Die Zweifel stehn um jedes Wort*

Meinen Folgerungen aus meinem gegenwärtigen nun schon
fast ein Jahr dauerndem Zustand glaube ich einfach nicht, dazu ist mein Zustand zu ernst. Ich weiß ja nicht einmal ob ich
sagen kann daß es kein neuer Zustand ist. Meine eigentliche
Meinung allerdings ist: dieser Zustand ist neu, ähnliche hatte
ich, einen solchen aber noch nicht. Ich bin ja wie aus Stein,
wie mein eigenes Grabdenkmal bin ich, da ist keine Lücke für
Zweifel oder für Glauben, für Liebe oder Widerwillen, für
Muth oder Angst im besonderen oder allgemeinen, nur eine
vage Hoffnung lebt, aber nicht besser, als die Inschriften auf
den Grabdenkmälern. Kein Wort fast das ich schreibe paßt

282

zum andern, ich höre wie sich die Konsonanten blechern an
einander reiben und die Vokale singen dazu wie Ausstellungs-
neger. Meine Zweifel stehn um jedes Wort im Kreis herum,
ich sehe sie früher als das Wort, aber was denn! ich sehe das
Wort überhaupt nicht, das erfinde ich. Das wäre ja noch das
größte Unglück nicht, nur müßte ich dann Worte erfinden
können, welche imstande sind, den Leichengeruch in einer
Richtung zu blasen, daß er mir und dem Leser nicht gleich ins
Gesicht kommt. Wenn ich mich zum Schreibtisch setze ist mir
nicht wohler als einem der mitten im Verkehr des place de
l'Opera fällt und beide Beine bricht.

TB1 103

## *Was folgt, ist Irrsinn*

Das Schreiben versagt sich mir. Daher Plan der selbstbiogra-
phischen Untersuchungen. Nicht Biographie, sondern Untersuchung und Auffindung möglichst kleiner Bestandteile. Daraus will ich mich dann aufbauen, so wie einer, dessen Haus
unsicher ist, daneben ein sicheres aufbauen will, womöglich
aus dem Material des alten. Schlimm ist es allerdings, wenn
mitten im Bau seine Kraft aufhört und er jetzt statt eines zwar
unsichern aber doch vollständigen Hauses, ein halbzerstörtes
und ein halbfertiges hat, also nichts. Was folgt ist Irrsinn, also
etwa ein Kosakentanz zwischen den zwei Häusern, wobei der
Kosak mit den Stiefelabsätzen die Erde so lange scharrt und
auswirft, bis sich unter ihm sein Grab bildet.

HAL 281

283

## Strindberg lesen

4 V ⟨*1915*⟩ Besserer Zustand weil ich Strindberg (Entzweit) gelesen habe. Ich lese ihn nicht um ihn zu lesen sondern um an seiner Brust zu liegen. Er hält mich wie ein Kind auf seinem linken Arm. Ich sitze dort wie ein Mensch auf einer Statue. Bin zehnmal in Gefahr abzugleiten, beim elften Versuch sitze ich aber fest, habe Sicherheit und große Übersicht.

TB3 89

## Vier oder fünf Geschichten

Kopfschmerzen, schlecht geschlafen. Unfähig zu längerer koncentrierter Arbeit. Auch zu wenig im Freien gewesen. Trotzdem eine neue Geschichte angefangen, die alten fürchtete ich mich zu verderben. Nun stehen vor mir 4 oder 5 Geschichten aufgerichtet wie die Pferde vor dem Cirkusdirektor Schumann bei Beginn der Produktion.

TB3 70 f

## Im Hauptquartier des Lärms

Ich will schreiben mit einem ständigen Zittern auf der Stirn. Ich sitze in meinem Zimmer im Hauptquartier des Lärms der ganzen Wohnung. Alle Türen höre ich schlagen, durch ihren Lärm bleiben mir nur die Schritte der zwischen ihnen Laufenden erspart, noch das Zuklappen der Herdtüre in der Küche höre ich. Der Vater durchbricht die Türen meines Zimmers und zieht im nachschleppenden Schlafrock durch, aus dem

IM HAUPTQUARTIER DES LÄRMS

Ofen im Nebenzimmer wird die Asche gekratzt, Valli fragt
durch das Vorzimmer wie durch eine Pariser Gasse ins Unbe-
stimmte rufend ob denn des Vaters Hut schon geputzt ist, ein
Zischen, das mir befreundet sein will, erhebt das Geschrei einer antwortenden Stimme. Die Wohnungstüre wird aufge-
klinkt und lärmt wie aus katarrhalischem Hals, öffnet sich
dann weiterhin mit dem kurzen Singen einer Frauenstimme
und schließt sich mit einem dumpfen männlichen Ruck, der
sich am rücksichtslosesten anhört. Der Vater ist weg, jetzt beginnt der zartere zerstreutere hoffnungslose Lärm, von den
Stimmen der zwei Kanarienvögel angeführt. Schon früher
dachte ich daran, bei den Kanarienvögeln fällt es mir aber von
neuem ein, ob ich nicht die Türe bis zu einer kleinen Spalte
öffnen, schlangengleich ins Nebenzimmer kriechen und so
auf dem Boden meine Schwestern und ihr Fräulein um Ruhe
bitten sollte.

TB1 176

*Gut bürgerlich gesinnter Schreibtisch*

Ich saß also an meinem schönen Schreibtisch und schrieb den
zweiten Brief an dich. Du weißt, ein Brief ist wie ein Leitham-
mel, gleich zieht er zwanzig Schafbriefe nach.

Ich saß an meinem schönen Schreibtisch. Du kennst ihn
nicht. Wie solltest Du auch. Das ist nämlich ein gut bürgerlich
gesinnter Schreibtisch, der erziehen soll. Der hat dort, wo gewöhnlich die Knie des Schreibers sind, zwei erschreckliche
Holzspitzen. Und nun gib acht. Wenn man sich ruhig setzt,
vorsichtig, und etwas gut Bürgerliches schreibt, dann ist einem wohl. Aber wehe, wenn man sich aufregt und der Körper
nur ein wenig bebt, dann hat man unausweichlich die Spitzen
in den Knien und wie das schmerzt. Ich könnte Dir die dun-

285

DER KOMISCHE KAFKA

kelblauen Flecken zeigen. Und was will das nun bedeuten: »Schreibe nichts Aufgeregtes und laß Deinen Körper nicht zittern dabei.«

AN OSKAR POLLAK 1902. BR1 12

## Mein Schreibtisch

Jetzt habe ich meinen Schreibtisch genauer angeschaut und eingesehn, daß auf ihm nichts Gutes gemacht werden kann. Es liegt hier so vieles herum und bildet eine Unordnung ohne Gleichmäßigkeit und ohne jede Verträglichkeit der ungeordneten Dinge, die sonst jede Unordnung erträglich macht. Sei auf dem grünen Tuch eine Unordnung wie sie will, das durfte auch im Parterre der alten Teater sein. Daß aber aus den Stehplätzen ... aus dem offenen Fach unter dem Tischaufsatz hervor Broschüren, alte Zeitungen, Kataloge Ansichtskarten, Briefe, alle zum Teil zerrissen, zum Teil geöffnet in Form einer Freitreppe hervorkommen, dieser unwürdige Zustand verdirbt alles. Einzelne verhältnismäßig riesige Dinge des Parterres treten in möglichster Aktivität auf, als wäre es im Teater erlaubt, daß im Zuschauerraum der Kaufmann seine Geschäftsbücher ordnet, der Zimmermann hämmert, der Officier den Säbel schwenkt, der Geistliche dem Herzen zuredet, der Gelehrte dem Verstand, der Politiker dem Bürgersinn, daß die Liebenden sich nicht zurückhalten u. s. w. Nur auf meinem Schreibtisch steht der Rasierspiegel aufrecht, wie man ihn zum Rasieren braucht, die Kleiderbürste liegt mit ihrer Borstenfläche auf dem Tuch, das Portemonnaie liegt offen für den Fall daß ich zahlen will, aus dem Schlüsselbund ragt ein Schlüssel fertig zur Arbeit vor und die Kravatte schlingt sich noch teilweise um den ausgezogenen Kragen. Das nächst höhere, durch die kleinen geschlossenen Seitenschubladen schon eingeengte offene Fach des Aufsatzes ist nichts als eine Rumpelkammer, so als würde der niedrige Balkon des Zuschauerraumes, im Grunde die sichtbarste Stelle des Teaters für die gemeinsten Leute reserviert für alte Lebemänner, bei denen der Schmutz allmählich von innen nach außen kommt, rohe Kerle, welche die Füße über das Balkongeländer herunterhängen lassen, Familien mit soviel Kindern, daß man nur kurz hinschaut, ohne sie zählen zu können richten hier den Schmutz armer Kinderstuben ein (es rinnt ja schon im Parterre) im dunklen Hintergrund sitzen unheilbare Kranke, man sieht sie glücklicherweise nur wenn man hineinleuchtet u. s. w. In diesem Fach liegen alte Papiere die ich längst weggeworfen hätte wenn ich einen Papierkorb hätte, Bleistifte mit abgebrochenen Spitzen, eine leere Zündholzschachtel, ein Briefbeschwerer aus Karlsbad, ein Lineal mit einer Kante, deren Holprigkeit für eine Landstraße zu arg wäre, viele Kragenknöpfe, stumpfe Rasiermessereinlagen (für die ist kein Platz auf der Welt), Krawattenzwicker und noch ein schwerer eiserner Briefbeschwerer. In dem Fach darüber –

Elend, elend und doch gut gemeint. Es ist ja Mitternacht, aber das ist, da ich sehr gut ausgeschlafen bin, nur insoferne Entschuldigung als ich bei Tag überhaupt nichts geschrieben hätte. Die angezündete Glühlampe, die stille Wohnung, das Dunkel draußen, die letzten Augenblicke des Wachseins sie geben mir das Recht zu schreiben und sei es auch das Elendste. Und dieses Recht benütze ich eilig. Das bin ich also.

TB1 108 f

DER KOMISCHE KAFKA

### Schlamperei

Lieber Herr Haas!
Darauf daß die Schlamperei Ihnen langweilig werden sollte,
darauf vertraue ich nicht; wer die Schlamperei einmal hat,
dem wird sie nicht langweilig, das weiß ich aus eigener Erfahrung.

Herzliche Grüße
Ihr
Franz Kafka
AN WILLY HAAS 1912. BR1 219

### Diesen elenden Roman

Arme, arme Liebste, möchtest Du Dich doch nie gezwungen
fühlen, diesen elenden Roman zu lesen, den ich da stumpf
zusammenschreibe. Schrecklich ist es, wie er sein Aussehn
ändern kann; liegt die Last auf (mit welchem Schwung ich
schreibe! Wie die Klexe fliegen!) dem Wagen oben, dann ist
mir wohl, ich entzücke mich am Peitschenknallen und bin ein
großer Herr; fällt sie mir aber vom Wagen herunter (und das
ist nicht vorauszusehn, nicht zu verhindern, nicht zu ver-
schweigen) wie gestern und heute scheint sie unmäßig schwer
für meine kläglichen Schultern, dann möchte ich am liebsten
alles lassen und mir an Ort und Stelle ein Grab graben.
Schließlich kann es keinen schönern, der vollkommenen Verzweiflung würdigern Ort für das Sterben geben, als einen eigenen Roman. Gerade unterhalten sich zwei seit gestern recht
matt gewordene Personen auf zwei benachbarten Balkonen
im 8ten Stockwerk um 3 Uhr in der Nacht. Wie wäre es, wenn
ich ihnen von der Gasse aus ein »Adieu« zuriefe und sie gänzlich verließe. Sie würden dort auf ihren Balkonen zusammen-

IM HAUPTQUARTIER DES LÄRMS

sinken und mit Leichengesichtern durch die Geländerstangen
einander ansehn. Aber ich drohe nur Liebste, ich tue es ja
doch nicht.

AN FELICE BAUER 1913. BR2 20

## Ein Bettelbrief

Es wäre vielleicht klug gewesen, wenn ich mit diesem Brief ge-
wartet hätte, bis ich Dich sähe und wüßte, was die zwei Monate aus Dir gemacht haben, denn mich – glaube ich – bringen
diese Monate im Sommer am meisten merklich von der Stelle. Und dann habe ich in diesem Sommer auch nicht ein Kärt-
chen von Dir bekommen, und dann habe ich auch das letzte
halbe Jahr kein Wort mit dir gesprochen, das der Mühe wert
gewesen wäre. Es ist also wohl möglich, daß ich den Brief da
an einen Fremden schicke, der sich über Zudringlichkeit är-
gert, oder an einen Toten, der ihn nicht lesen kann, oder an
einen Klugen, der über ihn lacht. Aber ich muß den Brief
schreiben, darum warte ich nicht erst, bis ich etwa sähe, daß
ich den Brief nicht schreiben darf.

Denn ich will von dir etwas, und will es nicht aus Freund-
schaft oder aus Vertrauen, wie man vielleicht denken könnte,
nein, nur aus Eigennutz, nur aus Eigennutz.

Es ist möglich, daß Du merktest, daß ich in diesen Sommer
mit blauen Hoffnungen ging, es ist möglich, daß Du auch von
ferne merktest, was ich wollte von diesem Sommer, ich sage
es: das, was ich in mir zu haben glaube (ich glaube es nicht immer), in einem Zug zu heben. Du konntest es nur von ferne
merken und ich hätte Dir die Hände küssen müssen dafür,
daß Du mit mir gingst, denn mir wäre es unheimlich gewesen,
neben einem zu gehn, dessen Mund böse verkniffen ist. Aber
er war nicht böse.

289

## DER KOMISCHE KAFKA

Die Lippen nun hat mir der Sommer ein wenig auseinandergezwängt – ich bin gesünder geworden – (heute ist mir nicht ganz wohl), ich bin stärker geworden, ich war viel unter Menschen, ich kann mit Frauen reden – es ist nötig, daß ich das alles hier sage –, aber von den Wunderdingen hat mir der Sommer nichts gebracht.

Jetzt aber reißt mir etwas die Lippen ganz auseinander oder ist es sanft, nein, es reißt, und jemand, der hinter dem Baum steht, sagt mir leise: »Du wirst nichts tun ohne andere«, ich aber schreibe jetzt mit Bedeutung und zierlichem Satzbau: »Einsiedelei ist widerlich, man lege seine Eier ehrlich vor aller Welt, die Sonne wird sie ausbrüten; man beiße lieber ins Leben statt in seine Zunge; man ehre den Maulwurf und seine Art, aber man mache ihn nicht zu seinem Heiligen.« Da sagt mir jemand, der nicht mehr hinter dem Baume ist: »Ist das am Ende wahr und ein Wunderding des Sommers?«

(Hört nur, hört eine kluge Einleitung eines listigen Briefes. Warum ist sie klug? Ein Armer, der bisher nicht gebettelt hatte, schreibt einen Bettelbrief, in dessen breiter Einleitung er mit seufzenden Worten den so mühseligen Weg beschreibt, der zu der Erkenntnis führte, daß Nichtbetteln ein Laster sei.)

Du, verstehst Du das Gefühl, das man haben muß, wenn man allein eine gelbe Postkutsche voll schlafender Menschen durch eine weite Nacht ziehn muß? Man ist traurig, man hat ein paar Tränen im Augenwinkel, schleppt sich langsam von einem weißen Meilenstein zum andern, hat einen krummen Rücken und muß immer die Landstraße entlang schauen, auf der doch nichts ist als Nacht. Zum Kuckuck, wie wollte man die Kerle aufwecken in der Kutsche, wenn man ein Posthorn hätte.

Du, jetzt kannst Du mir zuhören, wenn Du nicht müde bist.

Ich werde Dir ein Bündel vorbereiten, in dem wird alles sein, was ich bis jetzt geschrieben habe, aus mir oder aus andern. Es wird nichts fehlen, als die Kindersachen (Du siehst, das Unglück sitzt mir von früh an auf dem Buckel), dann das, was ich nicht mehr habe, dann das, was ich auch für den Zusammenhang für wertlos halte, dann die Pläne, denn die sind Länder für den, der sie hat, und Sand für die andern, und endlich das, was ich auch Dir nicht zeigen kann, denn man schauert zusammen, wenn man ganz nackt dasteht und ein anderer einen betastet, auch wenn man darum auf den Knien gebeten hat. Übrigens, ich habe das letzte halbe Jahr fast gar nichts geschrieben. Das also, was übrig bleibt, ich weiß nicht, wieviel es ist, werde ich Dir geben, wenn Du mir ein Ja schreibst oder sagst auf dieses hin, was ich von Dir will.

Das ist nämlich etwas Besonderes, und wenn ich auch sehr ungeschickt im Schreiben solcher Dinge bin (sehr unwissend), vielleicht weißt Du es schon. Ich will von Dir keine Antwort darauf haben, ob es eine Freude wäre hier zu warten oder ob man leichten Herzens Scheiterhaufen anzünden könnte, ja ich will nicht einmal wissen, wie Du zu mir stehst, denn auch das müßte ich Dir abzwingen, also ich will etwas Leichteres und Schwereres, ich will, daß Du die Blätter liest, sei es auch gleichgültig und widerwillig. Denn es ist auch Gleichgültiges und Widerwilliges darunter. Denn – darum will ich es – mein Liebstes und Härtestes ist nur kühl, trotz der Sonne, und ich weiß, daß zwei fremde Augen alles wärmer und regsamer machen werden, wenn sie darauf schauen. Ich schreibe nur wärmer und regsamer, denn das ist gottsicher, da geschrieben steht: »Herrlich ist selbständig Gefühl, aber antwortend Gefühl macht wirkender.«

Nun warum soviel Aufhebens, nicht – ich nehme ein Stück (denn ich kann mehr, als ich dir gebe, und ich werde – ja) ein Stück von meinem Herzen, packe es sauber ein in ein paar Bogen beschriebenen Papiers und gebe es Dir.

AN OSKAR POLLAK 1903. BR1 24 ff

DER KOMISCHE KAFKA

### Ich bin zu müde

Ich bin zu müde, ich muß mich durch Schlaf zu erholen suchen, sonst bin ich in jeder Hinsicht verloren. Was für Mühen sich zu erhalten! Kein Denkmal braucht solchen Aufwand von Kräften, um aufgerichtet zu werden.

TB2 134

### Leerer Tag

Heute wage ich es nicht einmal, mir Vorwürfe zu machen. In diesen leeren Tag hineingerufen hätte das einen ekelhaften Widerhall.

TB1 108

### Kraftaufwand

Mir geht es nicht gut, mit dem Kraftaufwand, den ich brauche, um mich am Leben und bei Besinnung zu erhalten, hätte ich die Pyramiden aufbauen können.
Franz

AN FELICE BAUER 1913. BR2 167

### Lieber gleich

Ich bin so müde daß ich mich zu allem lieber gleich entschließe, um nicht nachdenken zu müssen, ob es gehn wird.

BR1 101

## Mein Körper ist zu lang

Mein Körper ist zu lang für seine Schwäche, er hat nicht das geringste Fett zur Erzeugung einer segensreichen Wärme, zur Bewahrung inneren Feuers, kein Fett von dem sich einmal der Geist über seine Tagesnotdurft hinaus ohne Schädigung des Ganzen nähren könnte. Wie soll das schwache Herz, das mich in der letzten Zeit öfters gestochen hat, das Blut über die ganze Länge dieser Beine hin stoßen können. Bis zum Knie wäre genug Arbeit, dann aber wird es nur noch mit Greisenkraft in die kalten Unterschenkel gespült. Nun ist es aber schon wieder oben nötig, man wartet darauf, während es sich unten verzettelt. Durch die Länge des Körpers ist alles auseinandergezogen. Was kann er da leisten, da er doch vielleicht, selbst wenn er zusammengedrängt wäre, zuwenig Kraft hätte für das, was ich erreichen will.

TB1 205

## Über Dicke

Wie ist es, Milena, mit Ihrer Menschenkenntnis? Manchmal schon zweifelte ich an ihr z. B. wenn Sie von Werfel schrieben, es sprach ja daraus auch Liebe und vielleicht nur Liebe, aber doch mißverstehende und wenn man von allem absieht, was W. ist und nur bei dem Vorwurf der Dicke bleibt (der mir überdies unberechtigt scheint, W. wird mir schöner und liebenswerter von Jahr zu Jahr, ich sehe ihn allerdings nur flüchtig) wissen Sie denn nicht, daß nur die Dicken vertrauenswürdig sind? Nur in diesen starkwandigen Gefäßen wird alles zuendegekocht, nur diese Kapitalisten des Luftraums sind, soweit es bei Menschen möglich ist, geschützt vor Sorgen und Wahnsinn und können sich ruhig mit ihrer Aufgabe beschäf-

DER KOMISCHE KAFKA

tigen und sie allein sind, wie einmal einer sagte, als eigentliche Erdenbürger auf der ganzen Erde verwendbar, denn im Norden wärmen sie und im Süden geben sie Schatten. (Man kann das allerdings auch umkehren, aber es ist dann nicht wahr).

AN MILENA POLLAK 1920. BR4 149

### Wunsch, Leichtathlet zu sein

Wenn ich den großen Wunsch habe ein Leichtathlet zu sein, so ist das wahrscheinlich so, wie wenn ich wünschen würde in den Himmel zu kommen und dort so verzweifelt sein zu dürfen wie hier.

TB3 188

### Beim Doktor

Lieber Max – Ich bin gut angekommen und nur weil ich von allen als eine unwahrscheinliche Erscheinung angesehen werde bin ich sehr blaß. – Um die Freude den Doktor anzuschrein bin ich durch eine kleine Ohnmacht gebracht worden, die mich bei ihm auf das Kanapée nötigte und während welcher ich mich – merkwürdig war das – so sehr als Mädchen fühlte, daß ich mich meinen Mädchenrock mit den Fingern in Ordnung zu bringen bemühte. Im übrigen erklärte der Doktor über meinen rückwärtigen Anblick entsetzt zu sein, die 5 neuen Abcesse sind nicht mehr so wichtig, da sich ein Hautausschlag zeigt, der ärger als alle Abcesse ist, lange Zeit für seine Heilung braucht und der die eigentlichen Schmerzen macht

294

IM HAUPTQUARTIER DES LÄRMS

und machen wird. Meine Idee, die ich dem Doktor natürlich
nicht verraten habe, ist, daß mir diesen Auschlag die interna-
tionalen Prager, Nürnberger u. besonders Pariser Pflaster gemacht haben.

AN MAX UND OTTO BROD 1910. BR1 127

## Kopfsalat mit Sahne

Liebster Max, der Unterschied ist der: in Paris wird man be-
trogen, hier betrügt man, ich komme aus einer Art Lachen
nicht heraus. Fast aus dem Koupe bin ich Samstag in die Kam-
merspiele gefahren, man bekommt Lust Karten im Vorrat zu
kaufen. Heute geh ich zu Anatol. Aber nichts ist so gut wie das
Essen hier im vegetarischen Restaurant. Die Lokalität ist ein
wenig trübe, man ißt Grünkohl mit Spiegeleiern (die teuerste
Speise) nicht in großer Architektur, aber die Zufriedenheit,
die man hier hat. Ich horche nur in mich hinein, vorläufig ist
mir freilich noch sehr schlecht, aber wie wird es morgen sein?
Es ist hier so vegetarisch, daß sogar das Trinkgeld verboten
ist. Statt Semmeln gibt es nur Simonsbrot. Eben bringt man
mir Griesspeise mit Himbeersaft, ich beabsichtige aber noch
Kopfsalat mit Sahne dazu wird ein Stachelbeerwein schmek-
ken und ein Erdbeerblättertee wird alles beenden.
Adieu:

AN MAX BROD 1910. BR1 128

## Daß man dem Magen nicht glaubt

Um Mißdeutungen vorzubeugen: ich habe heute schon wieder sehr viel gegessen. Daß man gerade dem Magen des Andern nicht glaubt und der Lunge z. B. ohne weiters und beides

DER KOMISCHE KAFKA

ist doch objektiv in gleicher Weise festzustellen. Niemand sagt: Wenn Du mich ein bischen lieb hast, hör auf zu husten.

AN OTTLA KAFKA 1920. BR 4 122

## Dieses Verlangen

Dieses Verlangen, das ich fast immer habe, wenn ich einmal meinen Magen gesund fühle, Vorstellungen von schrecklichen Wagnissen mit Speisen in mir zu häufen. Besonders vor Selchereien befriedige ich dieses Verlangen. Sehe ich eine Wurst, die ein Zettel als eine alte harte Hauswurst anzeigt, beiße ich in meiner Einbildung mit ganzem Gebiß hinein und schlucke rasch, regelmäßig und rücksichtslos wie eine Maschine. Die Verzweiflung, welche diese Tat selbst in der Vorstellung zur sofortigen Folge hat, steigert meine Eile. Die langen Schwarten von Rippenfleisch stoße ich ungebissen in den Mund und ziehe sie dann von hinten den Magen und die Därme durchreißend wieder heraus. Schmutzige Greißlerläden esse ich vollständig leer. Fülle mich mit Häringen, Gurken und allen schlechten alten scharfen Speisen an. Bonbons werden aus ihren Blechtöpfen wie Hagel in mich geschüttet. Ich genieße dadurch nicht nur meinen gesunden Zustand, sondern auch ein Leiden, das ohne Schmerzen ist und gleich vorbeigehn kann.

TB1 164

## Leichte Übelkeiten

Hie und da bekomme ich leichte oberflächliche Übelkeiten, wenn ich, meistens allerdings in einiger Entfernung, diese gänzlich Nackten langsam zwischen den Bäumen sich vorbei-

IM HAUPTQUARTIER DES LÄRMS

bewegen sehe. Ihr Laufen macht es nicht besser. – Jetzt ist an meiner Tür ein ganz fremder Nackter stehen geblieben und hat mich langsam und freundlich gefragt, ob ich hier in meinem Hause wohne, woran doch kein Zweifel ist. – Sie kommen auch so unhörbar heran. Plötzlich steht einer da, man weiß nicht, woher er gekommen ist. – Auch alte Herren, die nackt über Heuhaufen springen, gefallen mir nicht. –

RT 98

## Neustadt an der Tafelfichte

Heute war ich in Neustadt an der Tafelfichte einem Ort wo man in den Hauptgassen mit unaufgeklappten Hosen ganz im Schnee stecken bleibt, während, wenn die Hosen aufgeklappt sind, der Schnee untendurch bis an die Knie steigt. Hier könnte man glücklich sein. Beste Grüße
FranzK

AN OSKAR BAUM 1911. BR1 133

## Karte mit Gebirgsluft

Liebe Ottla
an Deine Krankheit habe ich ja gar nicht gedacht. Sei vorsichtig und pack Dich ein, ehe Du diese Karte mit ihrer Gebirgsluft in die Hand nimmst!
Dein Franz

AN OTTLA KAFKA 1911. BR1 133

Ich wünsche Deiner Krankheit alles Böse

AN MAX BROD 1906. BR1 46

## Mit der Strömung

Vor einigen Jahren war ich viel im Seelentränker (mañas) auf der Moldau, ich ruderte hinauf und fuhr dann ganz ausgestreckt mit der Strömung hinunter, unter den Brücken durch. Wegen meiner Magerkeit mag das von der Brücke aus sehr komisch ausgesehn haben. Jener Beamte, der mich eben so einmal von der Brücke sah, faßte seinen Eindruck, nachdem er das Komische genügend hervorgehoben hatte, so zusammen: Es hätte so ausgesehn, wie vor dem Jüngsten Gericht. Es wäre wie jener Augenblick gewesen, da die Sargdeckel schon abgehoben waren, die Toten aber noch stillagen.

AN MILENA POLLAK 1920. BR4 147

## Vor der Auslage

Vor der Auslage von Casinelli drückten sich 2 Kinder herum, ein etwa 6 Jahre alter Junge, ein 7 Jahre altes Mädchen, reich angezogen, sprachen von Gott und von Sünden. Ich blieb hinter ihnen stehn. Das Mädchen vielleicht katholisch hielt nur das Belügen Gottes für eine eigentliche Sünde. Kindlich hartnäckig fragte der Junge, vielleicht ein Protestant, was das Belügen des Menschen oder das Stehlen sei. »Auch eine sehr große Sünde« sagte das Mädchen »aber nicht die größte, nur die Sünden an Gott sind die größten, für die Sünden an Menschen haben wir die Beichte. Wenn ich beichte steht gleich wieder der Engel hinter mir; wenn ich nämlich eine Sünde begehe, kommt der Teufel hinter mich, nur sieht man ihn nicht.« Und des halben Ernstes müde, drehte sie sich zum Spaße auf den Haken um und sagte: »Siehst Du niemand ist hinter mir.« Ebenso drehte sich der Junge um und sah dort mich. »Siehst Du« sagte er ohne Rücksicht darauf, daß ich es hören mußte,

aber auch ohne daran zu denken »hinter mir steht der Teufel.«
»Den sehe ich auch« sagte das Mädchen »aber den meine ich
nicht«

TB3 182

### Selbsterkenntnis

Bei einem gewissen Stande der Selbsterkenntnis und bei sonstigen für die Beobachtung günstigen Begleitumständen wird
es regelmäßig geschehn müssen, daß man sich abscheulich
findet. Jeder Maßstab des Guten – mögen die Meinungen darüber noch so verschieden sein – wird zu groß erscheinen.
Man wird einsehn, daß man nichts anderes ist als ein Ratten-
loch elender Hintergedanken.

TB3 76

### Der heimliche Rabe

Ich glaube nicht, daß es Leute gibt, deren innere Lage ähnlich
der meinen ist, immerhin kann ich mir solche Menschen vorstellen, aber daß um ihren Kopf so wie um meinen immerfort
der heimliche Rabe fliegt, das kann ich mir nicht einmal vorstellen.

TB3 189

299

# Kleine Bosheiten

Kleine Konflikte

Du bist die Aufgabe. Kein Schüler weit und breit.

BC 173

A ist ein Virtuose und der Himmel ist sein Zeuge.

ZZ 49

Er läuft den Tatsachen nach wie ein Anfänger im Schlitt-
schuhlaufen, der überdies irgendwo übt, wo es verboten ist.

CM 188

Sein Ermatten war das des Gladiators nach dem Kampf, seine
Arbeit war das Weißtünchen eines Winkels in einer Beamten-
stube.

CM 176

Dass Leute die hinken dem Fliegen näher zu sein glauben als
Leute die gehen. Und dabei spricht sogar manches für ihre
Meinung. Wofür spräche nicht manches?

DE 117

Wenn die Franzosen ihrem Wesen nach Deutsche wären, wie
würden sie dann erst von den Deutschen bewundert sein.

TB1 104

303

DER KOMISCHE KAFKA

Übelkeit nach zuviel Psychologie. Wenn einer gute Beine hat und an die Psychologie herangelassen wird, kann er in kurzer Zeit und in beliebigem Zickzack Strecken zurücklegen, wie auf keinem andern Feld. Da gehen einem die Augen über.

CM 131

Die beste Methode, Katzen, die ein sehr zähes Leben haben, zu töten: man quetscht den Hals zwischen eine geschlossene Tür und zieht am Schwanz.

TB2 84

Er frisst den Abfall vom eigenen Tisch; dadurch wird er zwar ein Weilchen lang satter als alle, verlernt aber oben vom Tisch zu essen; dadurch hört dann auch der Abfall auf.

ZZ 73

Bei Sätzen kann das Unverständnis drin herumkriechen.

RT 33

Bettina und Oberst im Teater: Darf Bettina den Kopf auf Deinen Arm legen? Wenn Bettina keine Läuse hat.

RT 58

Eitelkeit macht hässlich, müßte sich also eigentlich ertöten, stattdessen verletzt sie sich nur, wird ›verletzte Eitelkeit‹.

HAL 65

Lächerlich hast Du dich aufgeschirrt für die Welt.

ZZ 44

KLEINE BOSHEITEN

Was ist das für Volk? Denken sie auch oder schlurfen sie nur
sinnlos über die Erde?

ZFG 148

Niemand will soviel Reformen durchführen wie Kinder.

CM 144

## Oberkontrollor Bartl

Oberkontrollor Bartl erzählt von einem ihm befreundeten
pensionierten Oberst, der bei ganz offenem Fenster schläft:
»Während der Nacht ist es sehr angenehm; dagegen wird es
unangenehm, wenn ich früh von der Ottomane, die beim
Fenster steht, den Schnee wegschaufeln muß und dann anfan-
ge mich zu rasieren.

TB2 227

Auch das Ungewöhnliche muss Grenzen haben.

BK 187

## Die göttliche Abstammung

Ein Mann bezweifelte die göttliche Abstammung des Kaisers,
er behauptete, der Kaiser sei mit Recht unser oberster Herr,
bezweifelte nicht die göttliche Sendung des Kaisers, die war
ihm sichtbar, nur die göttliche Abstammung bezweifelte er.
Viel Aufsehen machte das natürlich nicht; wenn die Brandung
einen Wassertropfen ans Land wirft, stört das nicht den ewigen Wellengang des Meeres, es ist vielmehr von ihm bedingt.

HAL 236

305

DER KOMISCHE KAFKA

*Ozeandampfer*

Der allerunterste Raum des Ozeandampfers, der das ganze Schiff durchgeht, ist völlig leer, allerdings ist er kaum ein Meter hoch. Die Konstruktion des Schiffes verlangt diesen leeren Raum. Ganz leer ist er freilich nicht, er gehört den Ratten.

HAL 297

Zwei Aufgaben des Lebensumfangs: Deinen Kreis immer mehr einschränken und immer wieder nachprüfen, ob Du Dich nicht irgendwo außerhalb deines Kreises versteckt hältst.

ZZ 94

Wenn es möglich gewesen wäre, den Turm von Babel zu erbauen, ohne ihn zu erklettern, es wäre erlaubt worden.

HAL 61

*Der Skeptiker*

Geringe Lebenskraft, mißverständliche Erziehung, Junggesellentum ergeben den Skeptiker, aber nicht notwendig, um die Skepsis zu retten heiratet mancher Skeptiker wenigstens ideell und wird gläubig.

FG 70

Zölibat und Selbstmord stehn auf ähnlicher Erkenntnisstufe, Selbstmord und Märtyrertod keineswegs, vielleicht Ehe und Märtyrertod.

HAL 64

306

KLEINE BOSHEITEN

Das erste Haustier Adams nach der Vertreibung aus dem Paradies war die Schlange.

CM 189

Dem Bösen kann man nicht in Raten zahlen – und versucht es unaufhörlich.

HAL 64

Lass Dich vom Bösen nicht glauben machen, Du könntest vor ihm Geheimnisse haben

ZZ 19

Man lügt möglichst wenig nur, wenn man möglichst wenig lügt, nicht wenn man möglichst wenig Gelegenheit dazu hat.

CM 184

Nur unser Zeitbegriff lässt uns das Jüngste Gericht so nennen, eigentlich ist es ein Standrecht.

HAL 65

*Talmudcitate*

Wenn ein großer Gelehrter abend oder in der Nacht eine Sünde begeht, so darf man sie ihm am Morgen nicht mehr vorwerfen, denn in seiner Gelehrsamkeit hat er sie sicher schon selbst bereut – Stiehlt man einen Ochsen so muß man 2 zurückgeben, schlachtet man den gestohlenen Ochsen, so muß man 4 zurückgeben, schlachtet man aber ein gestohlenes

## DER KOMISCHE KAFKA

Kalb, so muß man nur 3 zurückgeben, weil angenommen wird, daß man das Kalb wegtragen mußte, also eine schwere Arbeit getan hat. Diese Annahme bestimmt die Strafe auch dann, wenn man das Kalb bequem fortgeführt hat.

TB1 206

### Tora lesen

Mit Langer: Er kann Maxens Buch erst in 13 Tagen lesen. Weihnachten hätte er es lesen können, da man nach einem alten Brauch Weihnachten nicht Tora lesen darf (ein Rabbi zerschnitt an diesem Abend immer das Closetpapier für das ganze Jahr) diesmal aber fiel Weihnachten auf Samstag. In 13 Tagen aber ist russische Weihnacht, da wird er lesen. Mit schöner Litteratur oder sonstigem weltlichen Wissen soll man nach mittelalterlicher Tradition erst vom 70ten Jahr, nach einer mildern Ansicht erst vom 40. Jahr sich beschäftigen. Medicin war die einzige Wissenschaft, mit der man sich beschäftigen durfte. Heute auch mit ihr nicht, da sie jetzt zu sehr mit den andern Wissenschaften verknüpft ist. – Auf dem Kloset darf man nicht an die Tora denken, daher darf man dort weltliche Bücher lesen. Ein sehr frommer Prager, ein gewisser Kornfeld, wußte viel Weltliches, er hat alles auf dem Kloset studiert.

TB3 116

… man muss nicht in die Hände spucken, ehe man sie faltet.

HAL 53

KLEINE BOSHEITEN

Einer staunte darüber, wie leicht er den Weg der Ewigkeit ging; er raste ihn nämlich abwärts.

HAL 64

Das Leben ist eine fortwährende Ablenkung, die nicht einmal zur Besinnung darüber kommen läßt, wovon sie ablenkt.

HAL 242

Daß noch der Konservativste die Radikalität des Sterbens aufbringt!

HAL 242

Es gibt nur ein Ziel, keinen Weg. Was wir Weg nennen, ist Zögern.

HAL 220

Das Glück begreifen, daß der Boden, auf dem du stehst, nicht größer sein kann, als die zwei Füße ihn bedecken.

HAL 61

*Die Narrheit des Narren*

Ich glaube, man sollte überhaupt nur solche Bücher lesen, die einen beißen und stechen. Wenn das Buch, das wir lesen, uns nicht mit einem Faustschlag auf den Schädel weckt, wozu lesen wir dann das Buch? Damit es uns glücklich macht, wie Du schreibst? Mein Gott, glücklich wären wir eben auch, wenn wir keine Bücher hätten, und solche Bücher, die uns glücklich

309

machen, könnten wir zur Not selber schreiben. Wir brauchen aber die Bücher, die auf uns wirken wie ein Unglück, das uns sehr schmerzt, wie der Tod eines, den wir lieber hatten als uns, wie wenn wir in Wälder verstoßen würden, von allen Menschen weg, wie ein Selbstmord, ein Buch muß die Axt sein für das gefrorene Meer in uns. Das glaube ich.

Aber Du bist ja glücklich, Dein Brief glänzt förmlich, ich glaube, Du warst früher nur infolge des schlechten Umganges unglücklich, es war ganz natürlich, im Schatten kann man sich nicht sonnen. Aber daß ich an Deinem Glück schuld bin, das glaubst Du nicht. Höchstens so: Ein Weiser, dessen Weisheit sich vor ihm selbst versteckte, kam mit einem Narren zusammen und redete ein Weilchen mit ihm, über scheinbar fernliegende Sachen. Als nun das Gespräch zu Ende war und der Narr nach Hause gehen wollte – er wohnte in einem Taubenschlag –, fällt ihm da der andere um den Hals, küßt ihn und schreit: danke, danke, danke. Warum? Die Narrheit des Narren war so groß gewesen, daß sich dem Weisen seine Weisheit zeigte. –

AN OSKAR POLLAK 1904. BR1 36

# ZU DIESER AUSGABE

Die Suche nach komischen Stellen in Kafkas Werk hat ein überraschendes Ergebnis hervorgebracht: Er hat nicht einfach nur eine komische Seite. Seine Komik ist vielmehr in sein gesamtes Werk eingeflossen, und sie spielt dort nicht selten eine tragende Rolle. Vor allem, wenn es auf diese typisch kafkasche Weise schräg wird, kann man davon ausgehen, dass sein Humor daran nicht unwesentlich beteiligt ist. Man kann seine Romane und Erzählungen vor diesem Hintergrund mit Vergnügen neu lesen und wird ihn dadurch vielleicht sogar besser verstehen; es wird uns jedenfalls den Menschen Kafka näher bringen.

Die vorliegende Sammlung enthält nicht alles, was er an Komischem geschrieben hat. Aber sie bietet einen Überblick über sein gesamtes Spektrum vom einfachen Scherz bis zum scheinbar kompletten Unsinn. Sie enthält Texte aus allen Lebensphasen und Schaffensbereichen. Erzählungen, Kurzprosa und Aphorismen finden sich ebenso wie Auszüge aus Romanen, Briefen und Tagebüchern. In sieben Kapiteln sind sie nach Themen zusammengefasst, die ihn sein ganzes Leben lang immer wieder beschäftigt haben: Das Abenteuer, die ungeheure Welt in seinem Kopfe, das Scheitern, der Mensch, die Mechanismen der Gesellschaft, die Liebe und die Familie.

Die Texte sind im Wesentlichen den gesammelten Werken in zwölf Bänden entnommen, die Hans-Gerd Koch im Fischer Taschenbuch Verlag herausgegeben hat. Die Briefe sind nach der Kritischen Ausgabe zitiert, die vom gleichen Herausgeber im S. Fischer Verlag erschienen ist. Zurate gezogen wurde auch der von Max Brod besorgte Sammelband *Hochzeitsvorbereitungen auf dem Lande*. Die Zitate der *Zürauer Zettel* stammen aus der von Roland Reuß und Peter Staengle liebevoll edierten Ausgabe des Stroemfeld Verlags. Wie bei all diesen Quellen wurden auch im *Komischen Kafka* Orthographie und Zeichensetzung der Originaltexte beibehalten.

Günter Stolzenberger

# Abkürzungen

BCM = Beim Bau der chinesischen Mauer
BK  = Beschreibung eines Kampfes
BK  = Beschreibung eines Kampfes
BR1 = Briefe 1900–1912
BR2 = Briefe 1913–1914
BR3 = Briefe 1914–1917
BR4 = Briefe 1918–1920
DE  = Das Ehepaar
DP  = Der Prozess
DS  = Das Schloß
DV  = Der Verschollene
EL  = Ein Landarzt
HAL = Hochzeitsvorbereitungen auf dem Lande
RT  = Reisetagebücher
TB1 = Tagebücher Bd. 1: 1909–1912
TB2 = Tagebücher Bd. 2: 1912–1914
TB3 = Tagebücher Bd. 3: 1914–1923
ZFG = Zur Frage der Gesetze
ZZ  = Zürauer Zettel

# Inhalt

Kafkas Lieblingswitz
*von Günter Stolzenberger* . . . . . . . . . . . . . . . . . . . . . . . . . 7

## Wunsch, Indianer zu werden

Wunsch, Indianer zu werden . . . . . . . . . . . . . . . . . . . . . . . 11
Ich fragte einen Wanderer . . . . . . . . . . . . . . . . . . . . . . . . 11
Heraus aus dem Winkel! . . . . . . . . . . . . . . . . . . . . . . . . . 11
Ein Reiter ritt . . . . . . . . . . . . . . . . . . . . . . . . . . . . . . . . 12
Die Ersteigung des Knie . . . . . . . . . . . . . . . . . . . . . . . . . 13
Eine Stirn . . . . . . . . . . . . . . . . . . . . . . . . . . . . . . . . . . . 13
Ein Leichenwagen . . . . . . . . . . . . . . . . . . . . . . . . . . . . . 14
Zwanzig kleine Totengräber . . . . . . . . . . . . . . . . . . . . . . 14
Beinbruch . . . . . . . . . . . . . . . . . . . . . . . . . . . . . . . . . . . 15
Das Handgelenk eines Anglers . . . . . . . . . . . . . . . . . . . . 15
Peter und der Wolf . . . . . . . . . . . . . . . . . . . . . . . . . . . . . 16
Wo ist der Müller? . . . . . . . . . . . . . . . . . . . . . . . . . . . . . 16
Das Pferd des Angreifers . . . . . . . . . . . . . . . . . . . . . . . . 17
Es war um Mitternacht . . . . . . . . . . . . . . . . . . . . . . . . . . 17
Kampf der Hände . . . . . . . . . . . . . . . . . . . . . . . . . . . . . . 18
Neues Verkehrsmittel . . . . . . . . . . . . . . . . . . . . . . . . . . . 19
Durch das Parterrefenster . . . . . . . . . . . . . . . . . . . . . . . . 20
Die Aeroplane von Brescia . . . . . . . . . . . . . . . . . . . . . . . 20
Der Vogel . . . . . . . . . . . . . . . . . . . . . . . . . . . . . . . . . . . . 21
Ausbrechen darf man . . . . . . . . . . . . . . . . . . . . . . . . . . . 23
Gespräch mit dem Betrunkenen . . . . . . . . . . . . . . . . . . . 24
Weit verbannt . . . . . . . . . . . . . . . . . . . . . . . . . . . . . . . . . 28
Träumend . . . . . . . . . . . . . . . . . . . . . . . . . . . . . . . . . . . . 28
Mannigfaltigkeiten . . . . . . . . . . . . . . . . . . . . . . . . . . . . . 28

INHALT

## Kafka im Wunderland

Nie gesehene Dinge .............................. 31
Das Eichhörnchen ............................... 31
Wo = F.? ....................................... 31
Verstand in die Hand ........................... 32
Was soll ich tun? .............................. 32
Die Sorge des Hausvaters ....................... 32
Spaziergang .................................... 34
Ich bin so klein, ich bin so groß .............. 37
Ich war steif und kalt ......................... 38
Was denn? Was denn? ............................ 39
Der Engel ...................................... 39
Der Regen ...................................... 41
Als er ausbrach ................................ 43
Die drei Kartenspieler ......................... 43
Hotel Edthofer ................................. 44
Jeder Mensch trägt ein Zimmer in sich .......... 46
In der Loge .................................... 46
Durch die Allee ................................ 48
Ich lebe nur hie und da ........................ 48
Der Bau ........................................ 49
Babel .......................................... 51
Immer wieder verirre ich mich .................. 51
Der Dorfschullehrer ............................ 51
Seelenfreund eines Pferdes ..................... 68
Ein kapitales Stück ............................ 69
Eine vertrackte Geschichte ..................... 70
Nur ein Wort ................................... 72

## Das achte Weltwunder

Eine heikle Aufgabe ............................ 75
Das Gerücht .................................... 75
Das achte Weltwunder ........................... 75
Wir ritten durch die Nacht ..................... 76
Der Turm von Babel ............................. 76

315

## DER KOMISCHE KAFKA

| | |
|---|---|
| Warum wundert Ihr Euch? | 78 |
| Das nächste Dorf | 78 |
| Ein alltäglicher Vorfall | 79 |
| Der große Schwimmer | 80 |
| Ich fragte nur | 82 |
| Die Fragestellung | 83 |
| Die Antwort | 84 |
| Der Riese | 84 |
| Beim Bau der chinesischen Mauer | 84 |
| Was für eine Stille? | 99 |
| Was sind das für Tage! | 100 |
| Lieblingssatz | 100 |
| Ich irre ab | 101 |
| Jenen Wilden | 101 |
| Asketen | 102 |
| Die Entwicklung | 102 |
| Der Gefängnis | 103 |
| Kuriere oder Könige | 103 |
| Erstes Leid | 103 |
| Ein Rest von Glauben | 107 |
| Die immer Mißtrauischen | 107 |
| Besseres Gedächtnis | 108 |
| Das Hindernis | 108 |
| Der fliegende Pfeil | 108 |
| Vor dem Betreten des Allerheiligsten | 109 |
| Glaubst du? | 109 |
| Ach, sagte die Maus | 109 |
| Aus den Forschungen eines Hundes | 110 |
| In dem alten Städtchen | 122 |
| Flüchten | 122 |

## LAUTER NIEMAND

| | |
|---|---|
| Der Ausflug ins Gebirge | 125 |
| Die Schachtel | 125 |
| Der Mensch, ein Sumpf | 126 |
| Ich heiße Kalmus | 127 |

### INHALT

Geschichte des Beters ............................ 127
Kleider ........................................ 129
Alter Schmutzian ................................ 130
Der Kübelreiter ................................. 131
Ein Bericht für eine Akademie ..................... 134
Furcht vor der Arbeit ............................ 145
Er hat sich eingesperrt .......................... 145
Wenn er mich immer frägt ........................ 146
Was stört dich? ................................. 146
Wir sind fünf Freunde ........................... 147
Wir haßten alle ................................. 148
Nebenan ....................................... 148
Fünf Kindergewehre ............................. 149
Der Hammer .................................... 150
Ein Strohhalm? ................................. 151
Niemand wird lesen .............................. 152
Der neuer Geist ................................. 153
Josefine, die Sängerin oder Das Volk der Mäuse ......... 154
Bereitet der Schlange den Weg ..................... 174

### DER GOTT DER ZUSAMMENGEBISSENEN ZÄHNE

Seltsame Gottheiten ............................. 179
Alles fühlt den Griff am Hals ...................... 179
Der Magistratsbeamten .......................... 179
Der neue Advokat ............................... 180
Käfig .......................................... 181
Im Bureau ..................................... 181
Gegenseitige Unzufriedenheit ..................... 181
Mir gefallen Sie auch nicht ....................... 182
Glatze meines Chefs ............................. 182
Die Beschwerde ................................. 183
Ein Gesuch ..................................... 184
Alles muß er sich erzwingen ....................... 187
Viele Richter ................................... 187
Der Nachbar .................................... 188
Die große Portiersloge ........................... 190

317

Poseidon war überdrüssig .......................... 194
Poseidon bei der Arbeit ........................... 194
Das Geschäft der Priester ......................... 195
Zur Frage der Gesetze ............................ 196
Noch viel weiter ................................. 198
Der Unterstaatsanwalt ........................... 204
Man hat mich gewarnt ........................... 206
Es gibt drei Möglichkeiten ........................ 206
Meine Sehnsucht ................................ 218

## DIE MAUS, DIE SICH NICHT TRAUT

Sie schläft ...................................... 221
Sexuelle Wünsche ............................... 221
Zum Frühstück .................................. 222
Dicke duftende Dame ............................ 223
Die Rehberger .................................. 223
Trost und Glück ................................. 224
Agathe und Hedwig .............................. 224
Einladung ...................................... 225
Ohnmacht ..................................... 226
Die Abweisung .................................. 226
Eine kleine Frau ................................. 227
Das Unglück des Junggesellen ..................... 236
Sisyphus ....................................... 237
Schlechte Gedanken ............................. 237
Zölibat und Selbstmord .......................... 238
Der Ehemann ................................... 238
Gebunden sein .................................. 239
Gespenster ..................................... 239
Verehrtes Fräulein, entschuldigen Sie .............. 240
Meine neueste Photographie ...................... 242
Mein Aussehn .................................. 243
Die Liebe und das Wildschwein .................... 243
Ich kann auch Lachen ............................ 244
Meine neuen Ideen .............................. 248
Ich komme nicht ................................ 250

INHALT

Ich komme ganz bestimmt nicht . . . . . . . . . . . . . . . . . . . . 251
Ich glaube, ich komme nicht . . . . . . . . . . . . . . . . . . . . . . 252
Ich komme sicher . . . . . . . . . . . . . . . . . . . . . . . . . . . . . . 252
Ich komme hochstwahrscheinlich . . . . . . . . . . . . . . . . . . . 253
Ein schlauer Traum . . . . . . . . . . . . . . . . . . . . . . . . . . . . 253
Nechápu . . . . . . . . . . . . . . . . . . . . . . . . . . . . . . . . . . . . 254
Ein Rest Verstand . . . . . . . . . . . . . . . . . . . . . . . . . . . . . . 255
Ein Roman der Jugend . . . . . . . . . . . . . . . . . . . . . . . . . . 256


IM HAUPTQUARTIER DES LÄRMS

Das Erbstück . . . . . . . . . . . . . . . . . . . . . . . . . . . . . . . . . 261
Eine Kreuzung . . . . . . . . . . . . . . . . . . . . . . . . . . . . . . . . 261
Vater sein . . . . . . . . . . . . . . . . . . . . . . . . . . . . . . . . . . . . 262
Die geistige Oberherrschaft . . . . . . . . . . . . . . . . . . . . . . 263
Unter meinen Mitschülern . . . . . . . . . . . . . . . . . . . . . . . 264
Meine Erziehung . . . . . . . . . . . . . . . . . . . . . . . . . . . . . . 266
Neue Kleider . . . . . . . . . . . . . . . . . . . . . . . . . . . . . . . . . 269
Berufswahl . . . . . . . . . . . . . . . . . . . . . . . . . . . . . . . . . . . 274
Mein gewesenes Kinderfräulein . . . . . . . . . . . . . . . . . . . 276
Vorwürfe . . . . . . . . . . . . . . . . . . . . . . . . . . . . . . . . . . . . 277
Wucherer . . . . . . . . . . . . . . . . . . . . . . . . . . . . . . . . . . . . 277
Der plötzliche Spaziergang . . . . . . . . . . . . . . . . . . . . . . 278
Wo bleibst du denn? . . . . . . . . . . . . . . . . . . . . . . . . . . . 279
Unbrauchbar . . . . . . . . . . . . . . . . . . . . . . . . . . . . . . . . . 279
Ich kann nicht . . . . . . . . . . . . . . . . . . . . . . . . . . . . . . . . 280
Ein Steinchen . . . . . . . . . . . . . . . . . . . . . . . . . . . . . . . . 280
Nichts geschrieben . . . . . . . . . . . . . . . . . . . . . . . . . . . . . 282
Die Zweifel stehn um jedes Wort . . . . . . . . . . . . . . . . . . 282
Was folgt, ist Irrsinn . . . . . . . . . . . . . . . . . . . . . . . . . . . 283
Strindberg lesen . . . . . . . . . . . . . . . . . . . . . . . . . . . . . . . 284
Vier oder fünf Geschichten . . . . . . . . . . . . . . . . . . . . . . . 284
Im Hauptquartier des Lärms . . . . . . . . . . . . . . . . . . . . . 284
Gut bürgerlich gesinnter Schreibtisch . . . . . . . . . . . . . . . 285
Mein Schreibtisch . . . . . . . . . . . . . . . . . . . . . . . . . . . . . 286
Schlamperei . . . . . . . . . . . . . . . . . . . . . . . . . . . . . . . . . . 288
Diesen elenden Roman . . . . . . . . . . . . . . . . . . . . . . . . . . 288

## DER KOMISCHE KAFKA

Ein Bettelbrief ........................................ 289
Ich bin zu müde ...................................... 292
Leerer Tag ............................................ 292
Kraftaufwand ......................................... 292
Lieber gleich ......................................... 292
Mein Körper ist zu lang .............................. 293
Über Dicke ............................................ 293
Wunsch, Leichtathlet zu sein ......................... 294
Beim Doktor .......................................... 294
Kopfsalat mit Sahne .................................. 295
Daß man dem Magen nicht glaubt .................... 295
Dieses Verlangen ..................................... 296
Leichte Übelkeiten ................................... 296
Neustadt an der Tafelfichte .......................... 297
Karte mit Gebirgsluft ................................ 297
Alles Böse ............................................ 297
Mit der Strömung .................................... 298
Vor der Auslage ...................................... 298
Selbsterkenntnis ..................................... 299
Der heimliche Rabe ................................... 299


### KLEINE BOSHEITEN

Oberkontrollor Bartl ................................. 305
Die göttliche Abstammung ............................ 305
Ozeandampfer ........................................ 306
Der Skeptiker ........................................ 306
Talmudcitate ......................................... 307
Tora lesen ............................................ 308
Die Narrheit des Narren .............................. 309


### ZU DIESER AUSGABE ............................. 311
### ABKÜRZUNGEN ................................... 313